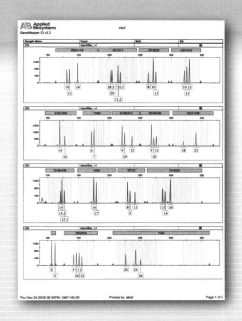

GENJIN刑事弁護シリーズ㉕

Q&A見てわかる
DNA型鑑定〔第2版〕

押田茂實・岡部保男・泉澤章・水沼直樹［編著］

現代人文社

第2版　はじめに

　本書の第1版が世に出てから、およそ10年が経過しました。

　この間、15種のSTRを用いたDNA型鑑定法は全国すべての警察（科学捜査研究所）において採用され、すでにDNA型鑑定は犯罪捜査に不可欠な存在となっています。過去の未解決事件で、DNA型鑑定による再捜査の結果が真犯人逮捕につながったとの報道も見受けられます。さらに一般市民の間でも、DNA型鑑定が刑事事件だけでなく、親子鑑定などの民事事件に有用な方法であるという知識が拡がっています。

　第1版が出版された2010年3月当時は、女児誘拐殺人犯とされていた菅家利和氏が最新のDNA型再鑑定によって再審無罪になるという足利事件の報道が、連日世間を賑わせていたころでした。そして足利事件の衝撃がまだ覚めやらぬ2012年には、東電女性社員殺人事件でも、再審請求段階で実施されたDNA型鑑定の結果、犯人とされていた男性の犯人性が否定されて無罪となりました。足利事件、東電女性社員殺人事件と立て続けにDNA型鑑定による再審無罪判決が出た2010年代初頭は、DNA型鑑定が無罪を争う際の強力な"武器"になりうることが証明された時期でもありました。

　その意味で、第1版出版以後のこの約10年は、DNA型鑑定の進歩、普及とともに、その評価も高まった時期といえるでしょう。

　もっともその反面、現在行われているDNA型鑑定の結果を無批判に信頼し、全面依存するような傾向も出てきています。足利事件で誤鑑定を招いた初期のDNA型鑑定などとは異なり、最新の機器を使った精度の高いDNA型鑑定の結果には、間違いがないというのです。

　しかし、このような考え方は極めて危険であり、誤りというべきです。

　第1版でも述べたとおり、いくら最新の機器を使ったDNA型鑑定であっても、鑑定試料（資料）の採取や保管方法、鑑定方法、鑑定結果に対する鑑

定人の評価などに問題があれば、誤鑑定が生じる危険性は依然として存在します。実際、本書で紹介した事例にも、恣意的な鑑定によって鑑定結果が歪められ、誤判を生じたり、生じるおそれがあったことが報告されています。

いうまでもなく、誤った鑑定は時として人の人生を大きく左右します。これからもDNA型鑑定に携わる科学者の科学に対する姿勢が問われるとともに、法曹関係者にとってDNA型鑑定に対する正確な知識を持つことは、第1版出版時と比べても格段に高まっています。さらに裁判員裁判では、DNA型鑑定に対する知識だけでなく、鑑定の意味や位置づけをいかにわかりやすく正確に裁判員に説明するかも問われます。

第1版同様、本書が、DNA型鑑定の基礎的知識の習得と刑事弁護活動の一助となってもらえれば幸いです。

＊

今回版を改めるにあたっては、実務で問題になった点をいくつか新たな質問項目として加えるとともに、捜査関係者における通達や指針などの資料を付け加えました。それ以外は、いくつかの項目で多少表現を変えた部分を除き、基本的な内容は変更していません。いずれもDNA型鑑定に関する基本的な知識に関するものですので、具体的な事件にあたっては、さらに詳細な文献を参照し、法医学者など専門家に意見を聞くことを厭わないで欲しいと思います。

また、第1版ではDNA型鑑定の手順などを視覚化してわかりやすく説明するためDVDを付録として付けていましたが、昨今インターネット映像が広く普及していることなどに鑑みて、今回は見送りました。ご理解いただければと存じます。

第1部の編著者は、押田茂實（日本大学名誉教授・医学博士）、水沼直樹（弁護士）であり、執筆には第1版同様，鉄堅氏（日本大学医学部社会医学系法医学分野講師）、神谷（旧姓岩上）悦子氏（同非常勤講師）にご協力を戴きました。第2部の編著者は、岡部保男（弁護士）、泉澤章（弁護士）、水沼直樹（弁護士）です。

本書出版にあたり、第1版同様、日本弁護士連合会人権擁護委員会及び同委員、本書で紹介した各事件弁護団の方々、そして現代人文社の成澤壽信氏にご協力・ご配慮を戴きました。

前記各位に厚くお礼を申し上げます。

2019年5月

編著者　押田　茂實

岡部　保男

泉澤　　章

水沼　直樹

第1版　はじめに

　現在、わが国の刑事事件で用いられている DNA型鑑定は、人の DNAの全部を対象とするものではなく、全体のごく一部の多型性を示す部位に注目して行われています。ところが、DNA型鑑定が登場した当初、「究極の科学鑑定」と呼ばれ、「決め手」として取り扱われました。やがて、DNA型鑑定の問題点が明らかになるにつれ、証拠の一つに過ぎず、DNA型鑑定の限界が自覚されるようになりました。日本弁護士連合会人権擁護委員会は、1998年9月に『DNA鑑定と刑事弁護』（現代人文社刊）を出版し、当時、科学警察研究所（科警研）が開発し実用化を進めていた MCT118型鑑定は誤判定の危険性が高く、特に足利事件に関する同研究所のDNA型鑑定は誤りであることを指摘し、DNA型鑑定を過大視することに対し警鐘を鳴らしました。

　これらの危惧は、菅家利和氏に対する宇都宮地方裁判所の再審無罪判決（2010年3月26日宣告）に至る経過によって端的に裏付けられています。

　その後、15種の STRを用いた DNA型鑑定法が開発され、およそ10^{20}（1垓）分の1のレベルまで鑑別できるようになり、計算上では、一卵性双生児でなければ、地球上に同じ DNA型のヒトは見られないレベルにまで発展し実用化されています。

　報道によると、警察庁では2010年度、科警研に「DNAセンター（仮称）」を設置し、各警察署から直接鑑定依頼を受け付ける新方式を導入し、2010年度には年間2万件の DNA型鑑定を行うことを目標としており、科警研の容（被）疑者データベースには2009年度11月末までに約7万人分が登録されているとのことです。

　このように、DNA型鑑定機器の精度の向上とともに DNA型鑑定の方法は急速に進歩し普及しました。しかし、DNA型鑑定が STR多型法により鑑別精度が極めて高くなったことは事実ですが、誤鑑定の危険性は依然として存在することを忘れてはなりません。

　鑑定の際には、鑑定試料（資料）の採取・保管に問題はないか、鑑定方法は適切であるか、鑑定結果の考察が十分か、再鑑定が保証されているかを厳しく吟味する必要があります。

　同時に、DNA型鑑定は前記のとおり、全体のごく一部の DNA部位について型鑑定をしているに過ぎません。別の鑑定方法によって不一致という結果が出る可能性

v

を完全に排除しているわけではありません。DNA型鑑定の持つこの本質的な限界を常に忘れてはなりません。

科学が進歩すればするほど、鑑定人の誠実さと慎重さが一層求められ、科学者の良心がまさに問われています。

一方、前記足利事件の例を引くまでもなく、法曹関係者のDNA型鑑定に関する知識不足も裁判を含む刑事手続には大きく影響します。

そこで、本書では、DNA型鑑定の実際と弁護活動の留意点を中心にQ&A形式でまとめてみました。DNA型鑑定に直面した司法関係者、特に弁護士や事件当事者、選ばれた裁判員等には、DNA型鑑定の実際と弁護活動の留意点などを短時間内に理解することが求められます。例えば、DNA型鑑定の鑑定書が証拠として提出された場合に、鑑定方法の正しさや結果の妥当性を判断するにはどこに注目するべきか、DNA型鑑定を証拠として認めるにはどのような要件を満たすことが必要かなどを理解できなければ、事件解決に向けての第一歩を踏み出せないからです。本書では、そのような問題意識に基づき、DNA型鑑定に関する網羅的・体系的解説やDNA多型そのものの解説は他書に譲り、先に述べたような観点からDNA型鑑定に関する基本的な論点を簡潔なQ&A形式にまとめ、刑事司法手続の実務に即座に役立てていただくことを目的としました。また、書籍では理解しにくいDNA型鑑定の実際と問題点をDVDの映像で視覚化し、理解しやすくするように努めました。

本書の第1部は、「DNA型鑑定の実際と問題点」と題して、DNA型鑑定の基本知識、日本におけるDNA型鑑定、DNA型鑑定の方法、PCR増幅、STR多型、陽性対照・陰性対照、DNA型鑑定書に対するチェックポイントについて、Q&A形式で記述し、さらに実際のDNA型鑑定の状況をDVD映像で理解できるように付録としました。第2部は、「DNA型鑑定と弁護活動」と題して、弁護活動のために、DNA型鑑定書、捜査段階におけるDNA型鑑定、公判前整理手続におけるDNA型鑑定、公判におけるDNA型鑑定についてQ&Aで記述しています。第3部では、DNA型鑑定に関する事件や資料を記述・収録し、弁護活動上の便宜を図りました。

なお、第1部と第2部において、幾つか重複するQ&Aがあり、それらに多少の表現上の差異がありますが、法医学的観点と刑事手続的観点を示すため、敢えて統合・整理をしませんでした。

第1部の編著者は押田茂實（日本大学医学部法医学教授〔研究所〕）であり、執筆には鉄堅氏（日本大学医学部社会医学系法医学分野講師）、岩上悦子氏（同非常

勤講師）にご協力を戴きました。第2部の編著者は岡部保男（弁護士）であり、執筆には木谷明氏（法政大学法科大学院教授）、西嶋勝彦氏（弁護士）、酒井幸氏（弁護士）、水沼直樹氏（平成21年度新司法試験合格者）にご協力を戴きました。付録のDVDは、茂木康宏氏（株式会社ビデオ・パック・ニッポン・プロデューサー）とそのチームに制作をお願いしました。

　本書の出版にあたり、日本弁護士連合会人権擁護委員会及び同委員、DNA型鑑定の実習に参加された多数の弁護士、現代人文社の成澤壽信氏にご協力・ご配慮を戴きました。

　前記の各位に厚くお礼を申し上げます。

2010年3月

編著者　押田　茂實
　　　　岡部　保男

目次

第2版 はじめに ………… ii

第1部 DNA型鑑定の実際と問題点
押田茂實・水沼直樹・鉄 堅・神谷悦子

1 DNA型鑑定の基本知識

Q1 DNA型鑑定はいつからはじまったのですか。………… 3
Q2 現在、DNA型鑑定の方法としては、なにが主流ですか。………… 4
Q3 DNAとはどういうものですか。………… 4
Q4 核DNAとはなんですか。………… 5
Q5 ミトコンドリアDNAとはなんですか。………… 5
Q6 遺伝子座(ローカス)とはなんですか。………… 7

2 日本におけるDNA型鑑定

Q7 日本ではDNA型鑑定はいつ導入されたのですか。………… 8

Q8 マルチローカスプローブ法とシングルローカスプローブ法との
違いはなんですか。………… 9

3 DNA 型鑑定の方法

Q9 DNA 型鑑定はどんな場合に行われるのですか。………… 11
Q10 DNA 型鑑定の対象になるものはどんなものですか。………… 11
Q11 DNA 型鑑定ではなにを調べるのですか。………… 12
Q12 多型検査はどのような作業手順で行われるのですか。………… 13
Q13 MCT118（D1S80）型の型判定はどのようなものですか。………… 14
Q14 MCT118（D1S80）型の問題点はどこにあるのですか。………… 16
Q15 HLADQ α（HLADQA 1）型の型判定はどのようなものですか。………… 17
Q16 TH01 型の型判定はどのようなものですか。………… 18
Q17 PM 型の型判定はどのようなものですか。………… 19
Q18 マルチプレックス STR 多型の型判定はどのようなものですか。………… 19
Q19 ミトコンドリア DNA 多型の型判定はどのようなものですか。………… 21

4 DNA 型鑑定と PCR 増幅

Q20 PCR 増幅法はどのようなものですか。………… 23

5 DNA 型鑑定と STR 多型

Q21 STR 多型とはどのようなものですか。………… 26
Q22 STR 法はどのような手順で行うのですか。………… 27
Q23 Y 染色体 STR 多型とはどんなものですか。………… 29
Q24 X 染色体 STR 多型とはどんなものですか。………… 30
Q25 DNA 型鑑定による親子鑑定とはどのようなものでしょうか。………… 31

6　DNA型鑑定と陽性対照・陰性対照

Q26 陽性対照とはなんですか。⋯⋯⋯ 33

Q27 陰性対照とはなんですか。⋯⋯⋯ 33

Q28 陽性対照・陰性対照となる試料はどんなものですか。⋯⋯⋯ 36

Q29 陽性対照や陰性対照のDNA型鑑定がなされていない場合には、
どのように評価すべきですか。⋯⋯⋯ 36

7　DNA型鑑定のチェックポイント

Q30 DNA型鑑定をチェックするポイントはどこにありますか。⋯⋯⋯ 37

Q31 実際のエレクトロフェログラム（チャート）の見方のポイントは
どこにあるのですか。⋯⋯⋯ 42

Q32 司法研究『科学的証拠とこれを用いた裁判の在り方』
をどう評価したらよいですか⋯⋯⋯ 44

Q33 検出限界以下のピークについて、どう考えたらよいのでしょうか⋯⋯⋯ 45

Q34 DNA型鑑定で開示されるべき書類や情報には、
どんなものがあるでしょうか。⋯⋯⋯ 46

Q35 民間会社のDNA型鑑定はどのようなものですか。⋯⋯⋯ 47

Q36 DNA型鑑定実習の意義はどこにあるのでしょうか。⋯⋯⋯ 48

Q37 どのような場合に、採取されたDNA量が問題となりますか。⋯⋯⋯ 49

Q38 採取されたDNA量は測定できますか。
またその方法はどのようなものですか。⋯⋯⋯ 50

Q39 リアルタイムPCR法とはどのような検査方法ですか。⋯⋯⋯ 51

Q40 RFU値からDNA量は推定できますか。⋯⋯⋯ 52

参考文献⋯⋯⋯ 53

第2部　DNA型鑑定と弁護活動

岡部保男・泉澤章・水沼直樹

1　DNA型鑑定と鑑定書

Q41 DNA型鑑定の知識を取得し理解するためにはどうしたらよいのですか。……… 57

Q42 DNA型鑑定はどのような手順で行われますか。……… 59

Q43 DNA型鑑定の主な問題点はなんですか。……… 59

Q44 DNA型鑑定はどの段階で実施されるのですか。……… 61

Q45 DNA型鑑定が可能な試料にはどのようなものがありますか。……… 63

Q46 DNA型鑑定はどのような人が、どのような「資格」で
行っているのですか。……… 64

Q47 DNA型鑑定書の体裁・内容に関する定めはありますか。……… 66

Q48 DNA型鑑定の「鑑定事項」の具体的内容はどのようなものですか。……… 68

Q49 鑑定事項に「その他参考事項」という項目が付加されることがありますが、
その意義・役割はなんですか。……… 68

Q50 DNA型鑑定とDNA鑑定はどう違うのですか。……… 69

Q51 「鎖長多型」、「配列多型」とはどのようなものですか。……… 70

Q52 「試料」、「資料」、「検体」、「サンプル」の違いはあるのでしょうか。……… 75

Q53 DNA型鑑定の方法はどのようにして選択するのですか。……… 75

Q54 DNA型鑑定書の具体的内容はどのようなものですか。……… 77

Q55 足利事件での鈴木廣一鑑定と本田克也鑑定のそれぞれの鑑定方法は、
どのようなものですか。……… 82

Q56 DNA型鑑定書に添付されているエレクトロフェログラム（チャート）や
図表は、どのような意義を持っていますか。……… 84

Q57 DNA型鑑定のエレクトロフェログラム（チャート）は、
どのように見たらよいのですか。……… 84

Q58 鑑定書及び付属資料の日付の事後変更や改ざんは可能ですか。……… 85

Q59 「検査ノート」または「鑑定ノート」あるいは
「検査メモ」とはなんですか。………… 86

Q60 DNA 型鑑定に誤りはありますか。
あるとしたらどんな場合に起こるのですか。………… 87

Q61 これまでに足利事件の他にも、DNA 型鑑定の信用性または
証明力が否定された裁判例がありますか。………… 90

Q62 DNA 型が「一致する」という鑑定結果の証明力をど
う考えるべきですか。………… 91

Q63 DNA 型鑑定の遺伝子座（ローカス）の一部に不一致があった場合には、
どう考えるべきですか。………… 92

Q64 「孤立否定」とは、どのようなことを意味するのですか。………… 92

Q65 故意に試料（サンプル）が汚染されることはあり得ますか。………… 93

Q66 Y-STR 多型の有用性はなんですか。………… 94

Q67 試料の「全量消費」とはどのようなことですか。………… 94

Q68 アメリカでは DNA 型鑑定の再検査問題について、
どのような議論や裁判例、法律がありますか。………… 95

Q69 鑑定に用いる検査キットや各種検査機器の正確性は信用できますか。………… 98

Q70 鑑定人の氏名欄に複数の人が名を連ねている場合、
誰を「鑑定人」として証人請求すべきですか。………… 99

Q71 異なる結果の DNA 型鑑定書が提出された場合、
その信用性はどのように判断したらよいのですか。………… 99

Q72 DNA 型鑑定を弾劾するにはなにに着目すべきですか。………… 100

2 捜査段階における DNA 型鑑定

Q73 自白事件と否認事件とでは DNA 型鑑定をチェックする姿勢に
違いがあってよいのですか。………… 102

Q74 捜査官は DNA をどのような物から採取しているのですか。………… 102

Q&A見てわかるDNA型鑑定〔第2版〕　目次

Q75 警察が身体拘束中の被疑者からDNAを採取しようとしています。
弁護人としてどう対処すべきですか。………… 104

3　公判前整理手続におけるDNA型鑑定

Q76 DNA型鑑定書を証拠請求できる根拠規定はなんですか。………… 105

Q77 捜査機関によるDNA試料の保存にはどのような
決まりがありますか………… 106

Q78 エレクトロフェログラムや図表が添付されていないDNA型鑑定書には
どう対応すべきですか。………… 108

Q79 エレクトロフェログラム（キャピラリー電気泳動図）の頁番号の表記から、
エレクトロフェログラムの未提出頁が存在する可能性がある場合には、
どうすべきですか。………… 109

Q80 検査ノート（鑑定ノート、検査メモを含む）は、誰に、
どのような根拠で開示請求ができるのですか。………… 110

Q81 「検査ノートはない」と回答された場合には、どう対処すべきですか。………… 111

Q82 エレクトロフェログラムなどの付属資料、検査ノートの証拠開示請求はいつまで
にすべきですか。また、公判前整理手続終了後でも可能ですか。………… 112

Q83 鑑定書についての「不同意」の意義はなんですか。………… 112

Q84 弁護側嘱託によるDNA型鑑定書も、刑訴法321条4項で
証拠請求できますか。………… 113

Q85 DNA型鑑定の証拠能力・証明力に関して裁判所は
どのような態度をとっていますか。………… 114

Q86 足利事件の最高裁決定の誤りはどこに原因があったのですか。………… 116

Q87 なぜ「再鑑定の保証」を証拠能力の要件とすることが必要なのですか。…… 118

Q88 公判前整理手続・期日間整理等において関連資料（エレクトロフェログラム、
鑑定ノート・ワークシート等）を検討する必要はあるのですか。…… 119

Q89 再鑑定の保証について科警研はどのような態度をとっていますか。………… 121

Q90 検察官から残存試料はすでに破棄しましたと言われた場合、
何が言えますか。………… 123

Q91 裁判所が DNA 型鑑定書に「同意」を求めてきた場合には、
どう対処すべきですか。………… 124

Q92 増幅曲線、検量線図を証拠開示請求した場合に、
検察官からはどのような反論が考えられますか。………… 124

Q93 検察官は、DNA 型鑑定書の真正作成が立証趣旨だから、尋問時間は
短時間で足りると主張していますが、どう対処すべきですか。………… 125

Q94 鑑定人・検査者への反対尋問の準備の要点には
どんなものがありますか。………… 126

4 公判における DNA 型鑑定

Q95 裁判員裁判において DNA 型鑑定を裁判員にアピールするポイントは、
どのようなところにありますか。………… 127

Q96 ワークシート類は、どのような観点で検証したら良いのでしょうか。………… 128

Q97 鑑定試料の DNA 型と被告人の DNA 型が一致しない場合には、
どのように対処すべきですか。………… 128

Q98 ワークシートの改ざんの虞はありますか。………… 129

Q99 犯人とされた対象者の DNA 型が現場試料から検出されなかった場合、
どのようなことが言えますか。………… 130

Q100 鑑定人や検査者に対する反対尋問のポイントはどこにあるのですか。……… 131

Q101 出現頻度についての対応はどうすればよいのですか。………… 131

Q102 「DNA 型鑑定の限界」ということが言われることがありますが、
それはどのようなことですか。………… 132

Q103 ワークシートを鉛筆書きしたことに対してどのような反論が
考えられますか。………… 133

Q104 弁護人が再現実験を行う場合、どのように行うべきですか。………… 134

第3部　資料編

1　事件紹介

1　足利事件……… 136

2　飯塚事件……… 138

3　保戸ヶ谷事件……… 139

4　みどり荘事件……… 140

5　東電女性社員殺人事件……… 142

6　鹿児島天文館事件……… 143

7　宮城県自損事故犯人隠避事件……… 144

8　今市幼女誘拐殺害事件……… 145

9　袴田事件……… 147

10　乳腺外科医事件……… 149

2　DNA 型鑑定に関する関係資料

資料1　鑑定に係る検査結果等の資料の追加・補充について（上申）

　　　〔足利事件〕……… 153

資料2　鑑定人の証人尋問例（足利事件）……… 155

資料3　「DNA 鑑定についての指針（1997 年）」決定までの経過

　　　——再鑑定の保証をめぐって……… 159

資料4　微物鑑識実施要領の制定について

　　　（昭和 62〔1987〕年 10 月 30 日、警察庁丁鑑発第 204 号）……… 195

資料 5-1　DNA 型鑑定の運用に関する指針の改正について（通達）

　　　（平成 15〔2003〕年 7 月 7 日、警察庁丙鑑発第 13 号）……… 197

資料 5-2　DNA 型鑑定の運用に関する指針の解釈等について（通達）

　　　（平成 15〔2003〕年 7 月 7 日、警察庁丁鑑発第 534 号）……… 201

資料 5-3　DNA 型鑑定実施に際しての鑑定方法等の指定について（通達）

（平成 15〔2003〕年 7 月 7 日、警察庁丁鑑発第 535 号）‥‥‥‥ 209

資料 6　DNA 型鑑定の運用に関する指針の改正について（通達）

（平成 22〔2010〕年 10 月 21 日、警察庁丙鑑発第 65 号）‥‥‥‥ 212

資料 7　DNA 型鑑定の運用に関する指針の運用上の留意事項等について（通達）

（平成 22〔2010〕年 10 月 21 日、警察庁丁鑑発第 966 号）‥‥‥‥ 216

資料 8　警察庁における DNA 型鑑定業務実施要領の制定について（通達）

（平成 27〔2015〕年 3 月 31 日、警察庁丙鑑発第 11 号）‥‥‥‥ 220

資料 9　DNA 型鑑定の実施における留意事項について（通達）

（平成 28〔2016〕年 1 月 27 日、警察庁丁鑑発第 75 号）‥‥‥‥ 223

資料 10　DNA 型鑑定資料の採取等における留意事項について（通達）

（平成 28〔2016〕年 12 月 1 日、警察庁丁鑑発第 1246 号）‥‥‥‥ 226

資料 11　DNA 鑑定についての指針（2012 年）

（平成 24〔2012〕年 2 月 20 日、日本 DNA 多型学会）‥‥‥‥ 230

付録「写真に見る DNA 型鑑定の実際」‥‥‥‥ 243

索引‥‥‥‥ 256

コラム

科学警察研究所と科学捜査研究所‥‥‥‥ 25

凡例

◎以下の略称を使用した。
（法令）
刑事訴訟法→刑訴法
刑事訴訟規則→刑訴規則

（文献）
・勝又義直著『DNA 鑑定──その能力と限界』（名古屋大学出版会、2005 年）
　→勝又『DNA 鑑定』
・日本弁護士連合会人権擁護委員会編『DNA 鑑定と刑事弁護』（現代人文社、
　1998 年、絶版）→日弁連編『DNA 鑑定と刑事弁護』

◎用語について
・本書では DNA 型鑑定と「型」を入れた表記に統一したが、「DNA 鑑定」と
　の違いは Q50（本書 69 頁）を参照してください。
・試料、資料、検体、サンプルの使い分けについては Q52（本書 75 頁）を参
　照してください。
・DNA 型を検出装置で検出した後コンピュータで処理して出力したエレクト
　ロフェログラム（本書 28 頁などに実物を掲載）は、単にチャートと表記し
　ているところもあります。

第1部
DNA型鑑定の実際と問題点

編著者　押田茂實（日本大学名誉教授〔法医学〕）・水沼直樹（弁護士）
著　者　鉄　堅（日本大学医学部社会医学系法医学分野講師）
　　　　神谷悦子（同非常勤講師）

1 DNA型鑑定の基本知識

Q1

DNA型鑑定はいつからはじまったのですか。

A1

　DNA型鑑定は、1985（昭和60）年3月7日号のネイチャー誌（Nature）に英国レスター大学のアレック・ジェフリーズ（Alec Jeffreys）教授らにより開発されたDNA指紋法（DNAフィンガープリント法）が発表され、その後急速な進歩を遂げ、裁判実務においても脚光を浴び始めました。DNA型鑑定は、ヒトゲノムDNAを含む染色体の全部を対象として型を鑑定する方法ではありません。ここで述べる法医学的なDNA型鑑定は、病気になっても変化しない終生不変の部分のDNA型多型を分析しています。つまり、特定の染色体の一部分における多型に着目する個人識別法です。それぞれ個人に固有の性質をもつことを特徴に、民事裁判のみならず、犯人の特定に有用であるとされ、刑事裁判においても応用されるようになってきました。

　このように、法医学分野のDNA型には、終生不変であるという特徴があります。これは、通常、指紋と同様にヒトが生まれてから死ぬまでの間にDNA型が変化することはないという特徴です。

Polymerase Chain Reaction（PCR）法の開発

　1985（昭和60）年12月20日号のサイエンス誌（Science）に、キャリー・マリス（Kary Mullis）およびシータス社のグループがDNAのPCR（Polymerase Chain Reaction）増幅法を発表しました。このPCR法により、わずか数時間で数百万倍におよぶ特定のDNA領域を複製できるようになり、法医血液学は大きく進歩しました。法医学資料では質・量ともに限られていることが多いのですが、PCR法により、微量の生物資料からたくさんの遺

第1部　ＤＮＡ型鑑定の実際と問題点

伝子情報が得られること、陳旧な資料からも検査ができることなどから、これまでの通常の血液型検査では解決できない個人識別の難題にも光が見え始めました。

Q2
現在、DNA 型鑑定の方法としては、なにが主流ですか。

A2

現在の法医学分野で用いられている DNA 型鑑定は、PCR 増幅法を用いたマルチプレックス STR（Short Tandem Repeat）法が主流となっています。これは、市販のキットを用いて、複数の染色体のうち、15箇所について DNA 型を鑑定する方法です。この方法により約 1 垓人（10の20乗）に 1 人のレベルの確率にまで異同識別能力を高めることができます。このため、一方で犯人性を高度に肯定することが可能であると同時に、他方で無実の者を救済することができる側面をも有しています（警察庁のデータによると、日本人に限定した場合に最も多い出現頻度でかけあわせた場合でも 4 兆7000億人に 1 人としています）。

Q3
DNA とはどういうものですか。

A3

DNA は、デオキシリボ核酸（Deoxyribonucleic acid）の略語で、アデニン（Adenine）、チミン（Thymine）、グアニン（Guanine）、シトシン（Cytosine）という 4 種の塩基からなっています。DNA は、二重らせん構造をとってお

1 DNA型鑑定の基本知識

り、染色体の一部を構成しています。DNA は、この塩基配列の組み合わせによってタンパク質生成の指令を出すことと、遺伝情報を伝達する媒体という役割があります。

　ヒトをはじめとする細胞核を持つ生物（真核生物）には、細胞内にある核に DNA が存在しています。これを、核 DNA といいます。核 DNA は、ミトコンドリア DNA のような核外に存在する DNA と区別されます。

Q4

核 DNA とはなんですか。

A4

　核 DNA を構成するヒト23対染色体は、父と母それぞれから半分ずつが遺伝しています。性染色体については、父の Y 遺伝子を受け継いだ子は男性（XY）となり、X 遺伝子を受け継いだ子は女性（XX）となります。

　DNA に関する研究は、その目的とする分野によって、検討している DNA の部位が異なっています。病気に関する分野では、その病気に関連する特定の部位を検索しています。法医学分野では、病気に関連しない DNA の部位で（病気で DNA 型が変化しては困る）、生涯変わらない DNA の部位の多型を検索しています。

　現在の法医学分野では、この核 DNA のうち、マルチプレックス STR 多型が主流となっています。

Q5

ミトコンドリア DNA とはなんですか。

5

第1部　DNA型鑑定の実際と問題点

動物細胞

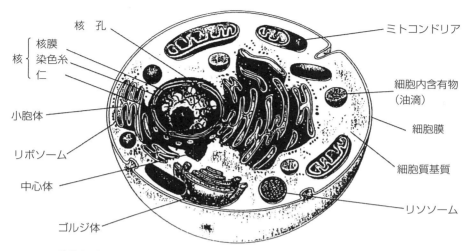

図1　**動物細胞の電子顕微鏡（模式図）**（日弁連編『DNA鑑定と刑事弁護』5頁より転載）

A5

　DNAは、細胞核内に存在するものと（核DNA）、細胞質内のミトコンドリア内に存在するものがあります。ミトコンドリアは細胞内にある小器官であり、細胞核の外にあり、このミトコンドリアは、細胞にエネルギーを供給する働きがあります。なお、ミトコンドリアにあるDNAをmtDNAと表記することがあります。

　ミトコンドリアDNAは、母親から子へ遺伝するところに特徴があります。

　ミトコンドリアは、1つの細胞内に数百程度存在し、それぞれに数個の環状DNAが存在しているため、1つの細胞には千から数千のコピーが存在します。したがって、核DNAに比べて、多くのミトコンドリアDNAが存在することになります。このことから、微量の資料からでもDNA型鑑定が可能であり、陳旧な資料（古い資料）からでもDNA型鑑定が可能です。考古学分野で用いられるのは、このためです。

　なお、母が同じ兄弟間ではミトコンドリアDNAが同じであるなど、様々

1 DNA型鑑定の基本知識

な問題点を有しているため、現在では刑事裁判でミトコンドリア DNA を用いた DNA 型鑑定がなされることは少ないのです。

Q6

遺伝子座（ローカス）とはなんですか。

A6

　ヒトの染色体は、22対の染色体（常染色体）と 1 対の性別を決める染色体（性染色体）の、あわせて23対、46本あります。

　染色体は、対になって存在していますが、子は両親からそれぞれ一本ずつの染色体を受け継ぎ、対立遺伝子を形成します。

　染色体は、各々長さが異なります。この性質に着目して、長い方から第 1 染色体、第 2 染色体とし、第22染色体まであります。第23番目の染色体は、男女の性別を決定する性染色体*です。

　DNA 型鑑定は、染色体の特定の部位に着目して行われる個人識別法であり、このターゲットとした特定の部位のことを遺伝子座（ローカス）といいます。

　なお、「D1S80」という表記は、DNA の第 1 染色体のシングルコピー配列の80番目のローカスという意味であり、DNA 型鑑定する染色体の部位が特定されます。

> **＊性染色体**　染色体には 1 対の性染色体があり、これは男女の性別を決定する遺伝子です。性染色体は X 染色体と Y 染色体との組み合わせからなっており、X 染色体のみからなる場合には女性となり、X 染色体と Y 染色体の 2 本が 1 対の性染色体を構成する場合には男性となります。
>
> 　なお、Y 染色体は父親から息子へと受け継がれる性質をもち、父性由来にその特徴があります。

第1部　ＤＮＡ型鑑定の実際と問題点

2　日本におけるDNA型鑑定

Q7

日本では DNA 型鑑定はいつ導入されたのですか。

A7

　わが国では警察が、1989（平成元）年以降、MCT118（D1S80）型による DNA 型鑑定法を実用化したとされています。その後、1992（平成４）年には「DNA 型鑑定の運用に関する指針」を定め、原則として現場資料と比較対照するための被疑者の血液や被害者の血液等がある場合に実施することとし、MCT118 型に加え、白血球型に関わる遺伝子に着目した HLADQA1 型も犯罪捜査に導入されました。さらに1996（平成８）年には TH01 型および PM 型が導入されて４種類の DNA 多型となりました。2003（平成15）年に改正された指針では、比較対照資料がない場合であっても現場資料のみの DNA 型検査を実施するものとし、STR 多型９座位の検査が始まりました。2006（平成18）年には STR 多型15座位に、アメロゲニン（性別マーカー）鑑定を併せた16座位を用いた DNA 型が、実際の刑事事件で用いられており、2008（平成20）年には Y-STR 型検査も導入されています。

　日本 DNA 多型研究会が発足したのは1991（平成３）年のことであり、学会レベルでのガイドライン「DNA 鑑定についての指針（1997年）」を発表したのは1997（平成９）年12月でした。

　なお、当時において DNA 型鑑定が争われた例として、足利事件や飯塚事件があります。

　2008（平成20）年４月には、警察庁が DNA 型鑑定に関する説明用ビデオ及び DVD「警察における DNA 型鑑定」を作成し、都道府県警察本部に配布しています。

　このビデオ及び DVD に関しては、不備な点がいくつか指摘され、裁判員

裁判でも使用されなくなり、スライドで説明するようになっています。

　平成22年10月21日付け警察庁刑事局長及び刑事局犯罪鑑識官より、「DNA方鑑定の運用に関する指針の改正について（通達）」（資料６）及び「DNA型鑑定の運用に関する指針の運用上の留意事項等について（通達）」（資料７）が出され、平成15年７月７日の通達は廃止されています。

　平成28年１月12日の鹿児島天文館事件の高裁判決後に、平成28年１月27日付け「DNA 型鑑定の実施における留意事項について（通達）」（資料９、本書223頁）が出され、平成28年12月１日付け「DNA 型鑑定資料の採取等における留意事項について（通達）」（資料10、本書226頁）も警察庁刑事局犯罪鑑識官などから出されています。

Q8

マルチローカスプローブ法とシングルローカスプローブ法との違いはなんですか。

A8

　1980年代半ばに英国のジェフリーズ博士らが開発した DNA フィンガープリント法をマルチローカスプローブ法（Multilocus Probe；MLP）ともいいます。この方法は、その後親子鑑定では威力を発揮しました。しかし、個々の DNA バンドがどの染色体に由来しているのか分からないことから、出現頻度を調査するのが大変難しいのみならず、安定した結果を出すには熟練したテクニックが必要とされたうえ、数千から数万塩基の高分子 DNA がかなり多量に必要であるとされています。このような技術的問題や再現性の問題などから、犯罪捜査における個人識別には適当でないことが判明し、1990年代には犯罪捜査に使用されなくなりました。

　MLP 法による DNA の多くのローカスを一度に解析する方法に対し、新たに開発されたのが１つのローカス別に絞って解析するシングルローカスプ

第1部　ＤＮＡ型鑑定の実際と問題点

ローブ（Single locus Probe；SLP）法です。SLP 法は母と父由来の２本のバンドしか検出できないので、MLP 法より識別能力は劣ります。しかし、分析方法は比較的単純で、画像解析による自動読影も可能であることから、刑事事件にもかなり応用されていました。特に米国では一時、PCR 法を刑事事件に応用することに疑問の声が高まったことから、1988（昭和63）年より、FBI が SLP 法を犯罪捜査や刑事事件に使用していた時期がありました。

3　DNA型鑑定の方法

Q9

DNA 型鑑定はどんな場合に行われるのですか。

A9

　DNA 型鑑定は、大災害の時には個人識別法として大変に有用であり、刑事裁判や民事裁判でも実施されています。刑事裁判では犯罪捜査に用いられ、民事裁判では親子関係や兄弟関係等の血縁関係の鑑定に用いられることが多くみられます。

Q10

DNA 型鑑定の対象になるものはどんなものですか。

A10

　DNA 型鑑定の対象となるのは、人体の組織・臓器・体液などで、具体的には、血液や血痕、唾液斑、精液斑、各種臓器、皮膚片、毛髪、骨など人体を構成し、細胞が採取されるものほぼ全てです。また、ふとんや着衣の襟・袖口、たばこの吸い殻などの人体細胞の付着部からも鑑定可能です。もっとも、保存状態が悪い場合に DNA 型鑑定が実施できるかどうかは、各種の鑑定方法によって決まります。

　通常被疑者等の口腔内細胞は任意提出の場合には警察官の指示で採取可能ですが、血液に関しては鑑定処分許可状など必要な令状の発布を受けて、医師により採取することになります（平成28年12月 1 日通達）。

11

第1部　DNA型鑑定の実際と問題点

Q11

DNA 型鑑定ではなにを調べるのですか。

表 1　DNA多型の分類

DNA 多型の種類			検査方法	DNA マーカー
鎖長多型	縦列反復配列多型（遺伝子非翻訳領域）	ミニサテライト	マルチローカス（DNA フィンガープリント）	サザンブロット法	33.6 33.15
			シングルローカス（VNTR）	サザンブロット法	YNH24 CMM101
				PCR 法	D1S80* （MCT118）
			反復配列内塩基置換多型（デジタル DNA）	PCR-サザンブロット法	MD32
		マイクロサテライト（2〜5 反復配列）	常染色体 STR	PCR 法	TH01*、vWA、F13A01、TPOX、CSF1PO、D5S818、D7S820、D13S317
			染色体 STR		DYS393、DYS385 DXS8378、DXS10135
配列多型	遺伝子内塩基置換多型（遺伝子翻訳領域）		点突然変異多型	サザンブロット法 キャピラリー電気泳動法	ABO、HP、SNPs
			多塩基置換多型	PCR-ドットブロット法	HLADQ α * PM*
	ミトコンドリア DNA 多型		D ループ内塩基置換多型	PCR-ダイレクトシークエンス法	16024-191

＊日本の警察庁で以前に採用

A11

　DNA 型鑑定では、個人差（多型）を示す DNA の部位（ローカス）を調べます。DNA 多型には多数の検査方法がありますが（表1参照）、主に2つに分類できます。サテライトと呼ばれる塩基のユニットの繰り返す長さに着目する鎖長多型と、塩基配列そのものに着目する配列多型です。

Q12

多型検査はどのような作業手順で行われるのですか。

A12

　ここでは、主な作業手順を解説します。

1　DNA の抽出

　まず、鑑定試料から DNA を抽出します。具体的には、フェノールと緩衝液の混合液で試料を処理し、タンパク質を変性させたうえで DNA を水層に移行させ、その後クロロフォルムでフェノールを除去する「フェノール・クロロフォルム法」という従来の抽出方法があります。

　一方、これらの有機溶剤を使わず、カラムフィルターを使用する DNA 精製キットも市販されており、またこれらのキットを用い、1回で数多くのサンプルを自動的に抽出できる機器も登場しています。

2　PCR による DNA 増幅

　PCR 増幅法は、ポリメラーゼ連鎖反応（<u>P</u>olymerase <u>C</u>hain <u>R</u>eaction）を利用した DNA 断片の増幅法で、二重の DNA 鎖を分離し、目的の DNA 断片を特定し、再度結合させることで、選択した DNA だけを2の倍数（2^x）的に増幅する方法です（本書Q20、23頁参照）。微量の DNA 抽出液から、全

第1部　DNA型鑑定の実際と問題点

自動の卓上装置により DNA を増幅することができます

　現在では、PCR 増幅のためのキットが発売されており、比較的簡単に
PCR 増幅をすることができます。また、現在の PCR キットは複数のプライ
マーセットを添加することで、同時に複数領域（ローカス）を PCR 増幅す
ることも可能です。

3　PCR 産物の分離

　次に、このようにして増幅された PCR 産物を分離します。その方法には
２種類の方法が利用されています。一つは従来のゲル電気泳動法で、もう
一つは分離効率の高いキャピラリー電気泳動法です。前者には分離するター
ゲットの分子サイズにより、アガロースゲル電気泳動法とポリアクリルアミ
ドゲル電気泳動法があります。後者のキャピラリー電気泳動法は、細いキャ
ピラリーの中で液体状のポリマーを充填し、自動的に PCR 産物の電気泳動
を行う方法で、現在広く使用されています。

4　DNA 型判定

　キャピラリー電気泳動法の場合には分離された PCR 産物をレーザー検出
器で検出し、得られたデータを特殊なソフトにより解析します。この方法は
結果のデータ化により、今まで以上に DNA 多型の解析効率を向上できます。
いずれの方法とも、最終的に、ローカスに対応するラダーマーカーに準じて
型判定しなければなりません。

　一方、従来のゲル電気泳動法の場合には、エチジウムブロマイドや SYBR
Green などの蛍光色素で DNA バンドを染色する方法と銀染色法がありまし
た。

Q13

MCT118（D1S80）型の型判定はどのようなものですか。

A13

　MCT118型は、第1染色体の特定の遺伝子座（ローカス）の塩基配列に着目した鑑定方法で（シングルローカス）、16の塩基配列の繰返し回数の違いから型判定する鑑定方法です。わが国においては1989年より警察関係で最初に導入された方法ですが、その識別能力に問題があると指摘されました（足利事件など）。

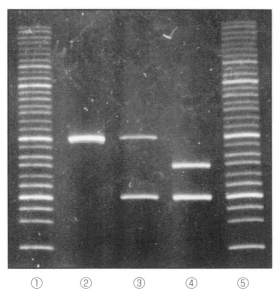

MCT118（D1S80）型
ゲル電気泳動後蛍光染色した。
①と⑤はアレリックラダーマーカー、②は母（24−24型）、③は子（18−24型）、④は父（18−21型）。

①　　②　　③　　④　　⑤

　この MCT118 部位は、16塩基の繰返し構造を有し、アリールとしておよそ14から41まで多くの対立遺伝子を持っています。1つのローカスで27通り以上のアリールをもつ多型はそれまでありませんでした。そのため、当初、この多型を識別するのには、123ラダーマーカー（DNA サイズマーカー）が使用されていました。しかし、この123ラダーマーカーでは MCT118 型のアリールサイズとは全く異なるため、正確に MCT118 型の繰返し回数（アリール）を計算することは困難でありました。そのため、必要に応じてアリールのシークエンスをして正確なアリールサイズを塩基配列で判定しなければなりませんでした。その後、市販の D1S80 検査キットが登場し、付

属されているアレリックラダーマーカーを使用することにより、精度の高いMCT118 型を型判定できるようになりました。現在では、キャピラリー電気泳動法による MCT118 型を解析できるキットが市販されています。

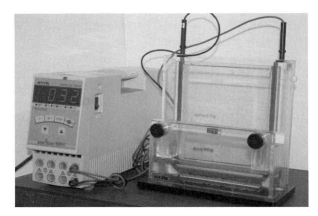

ゲル電気泳動装置

Q14
MCT118（D1S80）型の問題点はどこにあるのですか。

A14
まず、作業手順（従来のゲル分離法）を理解する必要があります。
①DNA の抽出：血痕、精液斑、毛髪など試料によって抽出法が異なります。
②PCR による DNA 増幅：MCT118 型塩基配列をターゲットとして合成した特異なプライマーを用い、試料の PCR 増幅を行います。
③PCR 産物の分離：ゲル電気泳動により、増幅された PCR 産物を分離します。
④染色：分離された DNA バンドを蛍光色素染色液で染色します。
⑤型判定：一緒に泳動したアレリックラダーマーカーと比較して試料

DNA バンドのアリールを決めます。

　MCT118 型は、単一のローカスとして27以上のアリールを持ち、識別能力の高い遺伝マーカーとはいえ、人種や民族、地域や集団によりアリールの出現頻度に偏りがあり、例えば、MCT118 アリール18、24は日本人集団においてはそれぞれ 2 割以上の分布になっており、単一ローカスのみでは識別困難な場合もあります。

　MCT118 型は、STR ローカスより要求される鋳型 DNA の分子サイズが大きいので、室温で保存されている血痕の場合では、数年以上経過すると検出困難なことが多いです。したがって古い試料の検査に対応できないことも問題です。

Q15

HLADQ α（HLADQA1）型の型判定はどのようなものですか。

A15

　この鑑定方法は、第 6 染色体上にある HLADQ α 部位の塩基配列が個人によって一部異なるため、その違いを型判定する鑑定方法です（配列多型）。HLA とは、ヒト白血球抗原を指します。HLA は、クラス 1 抗原とクラス 2 抗原に分類され、クラス 2 抗原は DQ という領域があり、この領域はさらに α 、β に分かれます。HLADQ α 型検査は、市販のキットを用い、ドットブロット・ハイブリダイゼーション法によりアリール1.1、1.2、1.3、2 、3 および 4 を検出でき、合計で21以上の遺伝子の型に分類されます。

　なお、HLADQ α 型を HLADQA1 型と表記する場合もあります。

　240塩基程度の DNA 断片を PCR 増幅して型鑑定する配列多型で、対象となる塩基配列と発色する標識試薬（プローブ）との反応を見ます。この手法をドットブロット・ハイブリダイゼーション法といい、シータス社製の検査

第1部　DNA型鑑定の実際と問題点

キットを用いて行う方法です。

　HLADQα型検査（市販のキット）は、PCR産物を解析する場合には電気泳動法でのバンドと異なり、プローブの発色によって型判定するため、検出感度が高いものの、いずれもわずかな塩基配列の違いであるため、それぞれのアリールごとに特異的なプローブを作るのは容易ではありません。したがって、ドットブロット法による検出キットが発売されていたものの、鑑定の手間の割に識別力が低いなどの問題があり、現在では、検出キットは発売されていません。

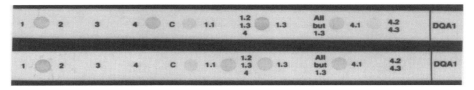

HLADQα型
上段は1.2－4.1型、下段は1.1－1.2型。

Q16
TH01型の型判定はどのようなものですか。

A16

　TH01型は、後述のSTR（Short Tandem Repeat）法の1ローカスで、4塩基を繰返し単位（リピートユニット）とするリピート領域のローカスを利用するものです。日本でも一時警察で取り入れていましたが、この当時にはゲル電気泳動で判定していました。その後マルチプレックスSTR多型が利用されるようになり、日本の警察でも単一ローカス方法として使用されなくなっています。

Q17
PM型の型判定はどのようなものですか。

18

3 DNA型鑑定の方法

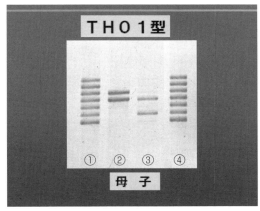

THO1型
ポリアクリルアミドゲル電気泳動後銀染色法によりバンドを検出した。①と④はアレリックラダーマーカー、②は母（8－9型）、③は子（6－8型）。

A17

　PM型鑑定は、ポリマーカー（Poly Marker）の略で、塩基の一部が置換して、2ないし3種類の異なるアリールに分かれる遺伝子座（ローカス）を5箇所（GC、D7S8、HBGG、GYPA、LDLR）について、それらのDNA型を鑑定する方法です（配列多型）。HLADQα型鑑定と併用されることが多くみられました。

　これらのローカスではアリール数が少ないので、各アリールに特異的なプローブで型判定します。

　PM型検査は市販のキットを用い、HLADQα型と類似する方法で増幅されたPCR産物をドットブロット・ハイブリダイゼーションします。HLADQα型と同様に、手間の割に識別力が低いため、今では使われていない方法です。この検査キットも後に発売が中止となっています。

Q18
マルチプレックスSTR多型の型判定はどのようなものですか。

第1部　ＤＮＡ型鑑定の実際と問題点

A18

　STR は、Short Tandem Repeat の略であり、短い塩基配列の繰返しの意味
です。STR 法は、2 ～ 5 塩基を繰返し単位（リピートユニット）とするリ
ピート領域のローカスを利用するもので、PCR 増幅される DNA 断片の長さ
は300bp（塩基）以下と短いものがほとんどです。そのためにある程度分解
されている試料からもターゲットローカスが増幅されるので、現在では最も
応用されている DNA 型鑑定方法です。

1　作業手順

　STR 多型は、電気泳動で分離しやすい多型システムであり、数多くのロー
カスがヒトの遺伝子上に存在しています。当初は個々のローカスごとに
PCR 増幅していたものの、その後、検査技術の進歩に従って複数のローカ
スを同時に増幅できるようになりました。これをマルチプレックス STR 多
型（multiplex STR polymorphism）といいます。その後、マルチプレックス
STR 多型のローカスの組み合わせは改良が重ねられ、現在では15～16のロ
ーカスの STR を一本のチューブに入れて同時増幅し型判定するキットが発
売されています。

　また、マルチプレックス STR は、数種類の異なる色素を組み合わせるこ
とで可能となりました。アレリックラダーは別の色素を標識とし、試料とア
レリックラダーに共通の標識サイズマーカーを加えて増幅断片長の長さを比
較する型判定方法です。

　現在では、標識色素の微妙な大きさの違いを補正するジーンスキャンとい
うソフトウェアが自動計算し、試料 DNA の PCR 産物の長さを正確な塩基数
として出力するタイピングソフトが開発されています。

2　特徴

　このマルチプレックス STR 検査キットは誤差が小さく、正確性も高いも
のです。STR 法は、D1S80 型と異なり、識別能力が著しく向上したと共に、

ある程度劣化した試料（通常では数十年経過した陳旧な試料）からも、判定が可能です。

ただし、STR多型は1つのローカス自体の識別力は高くはありません。なお、STR型DNA型鑑定についての詳細は後に述べます（本書Q21〜Q24、26頁以下）。

Q19

ミトコンドリアDNA多型の型判定はどのようなものですか。

A19

ミトコンドリアDNAは、前述（本書Q5、5頁）したように細胞質にある細胞小器官の環状のゲノムです。ミトコンドリアDNAは約16569塩基対です。

1 特徴

①母系遺伝　受精の際に精子の核だけが卵子に入り、他の細胞成分を持ち込まないと言われています。したがって、母親のミトコンドリアが直接子に引き継がれます。

②構造　細胞内のミトコンドリアDNAは平均4〜5コピーを持っています。各細胞には何百ものミトコンドリアが含まれていますので1細胞あたりのDNA量は核DNAより遙かに豊富であることがわかります。そのため、古い試料や微量な試料（骨や歯、毛幹など）などのDNA型鑑定に適します。

③検査法　ヒトのミトコンドリアDNAのターゲット領域（HV1やHV2）をPCR増幅して、領域に対応するミトコンドリアDNAプライマーを用い、DNAシークエンス（塩基配列の顕出）を行います。

第1部　ＤＮＡ型鑑定の実際と問題点

2　参照配列

　ミトコンドリア DNA 多型を鑑定する際には、スタンダードの配列との参照が必要です。アンダーソン（Anderson）らは1981年に最初にヒトのミトコンドリア DNA の塩基配列を発表しました。この研究はイギリスのケンブリッジの実験室で行ったため、ケンブリッジ参照配列（Cambridge Reference Sequence：CRS）とも呼ばれています。

3　問題点

　ミトコンドリア DNA は、母親から子へと受け継がれるため、母系で結びつく親族はすべて同じミトコンドリア DNA を持ち、このミトコンドリア DNA を有する人を一人に絞ることはできません。また、父との関係が問題となる DNA 型鑑定には使用できません。

　STR 法と違い、DNA の塩基配列の多型であるため、混合試料の場合には区別がつきません。1 個人の中に 2 つ以上のミトコンドリア DNA 多型（ヘテロプラスミー）が存在することがあります。ミトコンドリア DNA はコピー数が多いため、核 DNA よりもコンタミネーション（汚染・混入）が起こりやすく、さらに、塩基配列の検出について、検査方法によって検査の精度が問題視されることもあります。

22

4 DNA型鑑定とPCR増幅

Q20

PCR 増幅法はどのようなものですか。

A20

A1でも述べましたように、PCR 増幅法の発見は、限られた試料から
DNA 型鑑定する上で革命的な出来事でした。

1 PCR 増幅法の発見

1985年のある夜、キャリー・マリス（Kary Mullis）は花咲くトチノキ並
木を通り抜け、カリフォルニアのアメリカスギの森へと車を飛ばしながら、
新しい DNA シークエンシングの方法を考えていました。そこで彼は、特定
の DNA 領域の数を倍増させ、それを無限に繰り返す方法を思いついたので
す。互いに逆向きの２つのオリゴヌクレオチドと DNA ポリメラーゼを用い
れば、ターゲット DNA を２倍に増幅でき、そして生じた産物は次の反応の
ターゲットとなり、反応サイクルを繰り返すごとに効率よく産物が２倍ず
つ増幅してゆきます。

いわゆる PCR は in vitro（試験管内）のサイクル反応による DNA の２の
倍数に増幅するシステムです。ポリメラーゼ連鎖反応（Polymerase Chain
Reaction；PCR）は in vivo（生体内）における DNA 複製現象を模倣した反
応で、特定の DNA 領域を in vitroで選択的に増幅することができます。こ
の反応には、一本鎖鋳型 DNA、プライマー（鋳型 DNA の既知配列の末端に
相補的なオリゴヌクレオチド配列）、デオキシヌクレオチド三リン酸（dNTP）、
および DNA ポリメラーゼが必要です。適切な温度条件下で反応を行うと、
目的の鋳型に相補的な新しい DNA 鎖が酵素により合成されます。

2 PCR 増幅の原理

　PCR 増幅の原理は、加熱して二重鎖を解きほぐし、冷却して再度二重鎖を構成する過程を繰り返すことで DNA を増幅します。具体的には、まず二重鎖の DNA を加熱し 1 本ずつに分離し（変性）、プライマーと呼ばれる複製部分を特定する DNA 配列を添加し冷却します。プライマーと 1 本の DNA とを結合させ（アニールまたはアニーリング）、DNA ポリメラーゼを適温に上げてプライマーを伸張させる作業手順を経ます。この作業手順を繰り返し行うことで指数関数的に DNA がコピーされます。およそ三十数回繰り返すことで、10億以上に DNA 断片が増幅します。

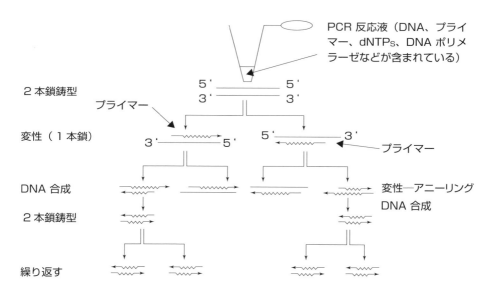

PCR 反応原理（変性、アニーリング、DNA 合成）

3 マルチプレックスPCR

　現在では、PCR 増幅のためのキットが発売されていますので、比較的簡単に PCR 増幅をすることができます。また、現在では、同時に複数領域（ローカス）を PCR 増幅できるキットが発売されています。これをマルチプレックス PCR（multiplex PCR）といいます。

4 注意点

　PCR 増幅法によると汚染物質がわずかに混入しただけでもそれを数百万倍程度にも増幅してしまうので、鑑定結果に重大な影響を及ぼすことがあります。したがって、鑑定室の環境を整え、作業服の衛生状態を管理するように配慮する必要があります。

　なお、細菌などに汚染された DNA は、人に特異的なプライマーを使用すれば増幅されません。

Column

科学警察研究所と科学捜査研究所

　科学警察研究所は、科警研（かけいけん）と略称され、警察庁におかれた機関です。犯罪科学に関する総合的な研究機関として、法科学第一部、法科学第二部、法科学第三部、法科学第四部、犯罪行動科学部、交通科学部、附属鑑定所、法科学研修所などで構成されています。

　一方、科学捜査研究所は、科捜研（かそうけん）と略称され、各都道府県警察に置かれた機関です。つまり、科警研は国の機関で、科捜研は都道府県の機関です。両者は上下関係にあるものではなく、それぞれ独立した機関です。

第1部　DNA型鑑定の実際と問題点

5　DNA型鑑定とSTR多型

Q21

STR 多型とはどのようなものですか。

A21

STR 法とは、Short Tandem Repeat の略で、縦列反復する短い塩基配列の長さ（鎖長）に着目して個人識別する型鑑定をいいます。

STR 法は、２から５（通常４）塩基をリピートユニットとする短いローカス（STR）を用いるもので、PCR 増幅すると PCR 産物のサイズが約100から400bp（塩基）程度で短いため PCR による分析に適しています。

PCR 増幅法を用いることで、ごくわずかな試料であっても、STR 法による DNA 型鑑定は可能となります。また、近年ではマルチプレックス STR で鑑別が可能となったため、個人識別の精度はきわめて高くなり、およそ１垓（10の20乗）人に１人のレベルにまで特定できます。

もっとも、この STR 法も万能ではなく、後で挙げる（Q30、37頁参照）問題点や注意事項などについても検討を要します。

なお、STR 法は、試料の保管状況に問題がない場合、陳旧で微量な試料からでも鑑定が可能となります。

26

Q22

STR法はどのような手順で行うのですか。

A22

　STR法の作業手順は、Q20（本書23頁）で述べたようにDNAの抽出、PCR増幅、PCR産物の分離およびSTR型の分析などの4つのステップとなります。現在のマルチプレックスSTR法では、10種類以上の遺伝子座（ローカス）を同時に判定できるため、各々の遺伝子座の出現頻度を掛け合わせることによって識別能力が一層高くなります。

　検出結果は、コンピュータで処理されて次頁のエレクトロフェログラムの写真のように出力されます。エレクトロフェログラムのチェックポイントについてはQ31（本書42頁）を参照してください。

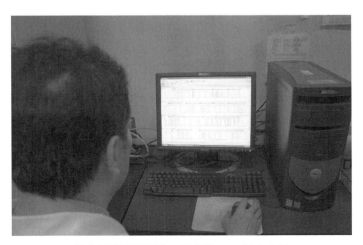

検出結果を画面上で確認しているところ

第1部　DNA型鑑定の実際と問題点

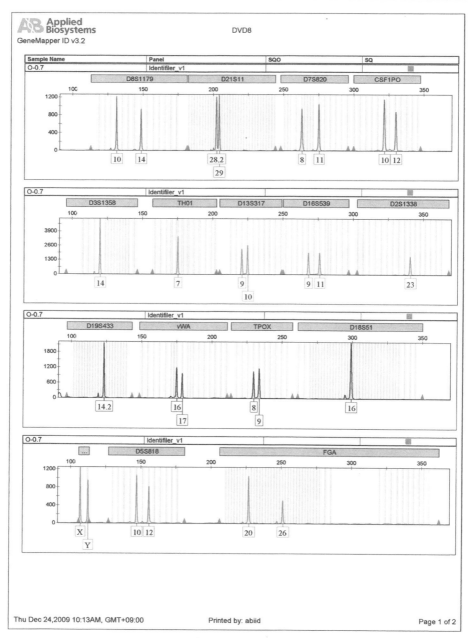

15STR 型と X・Y 染色体マーカー

STR 型検出器にかけた後、自動的に出力されたエレクトロフェログラム（チャート）

5 DNA型鑑定とSTR多型

①最上段の Applied Biosystems はメーカー名です。
②上段左側の D8S1179の、D8 は第8染色体常染色体、S はこの DNA マーカーがシング
　ルコピー配列であり、1179は特定の染色体でマーカーが発見され、分類された順番を示し
　ています。このマーカーの型は10－14型、ピークは鮮明。
③2段目の左側の D3S1358D は14－14型、ピークは鮮明。
④下段左側の Amelogenin（性別識別マーカー）は、XY 型で男性、ピークは鮮明。
⑤最下段左側の記載は、印刷日時です［曜日・月・日・時刻（グリニッジ標準時）］。同右側の記
　載は頁数です。

　Applied Biosystems 社のアイデンティファイラー　キット（AmpFℓSTR® Identifiler™
PCR Amplification Kit）の場合では、
D8S1179、
D21S11、
D7S820、⎫ 図上段
CSF1PO（Human c-fms proto-oncogene for CSF-1 receptor gene）、⎭
D3S1358、
TH01（Human tyrosine hydroxylase gene）、
D13S317、⎬ 図2段目
D16S539、
D2S1338、
D19S433、
vWA（Human von Willebrand factor gene）、
TPOX（Human thyroid peroxidase gene）、⎬ 図3段目
D18S51、
D5S818、⎫ 図最下段
FGA（Human fibrinogen alfa chain gene）⎭
の15座位の STR 多型と Amelogenin の性別識別の X・Y 染色体マーカーです。

Q23

Y 染色体 STR 多型とはどんなものですか。

A23

　Y 染色体の DNA マーカーでは父系の家族関係をたどることができます
（ミトコンドリア DNA では母系の家族関係をたどることができます）。すな
わち Y 染色体の DNA マーカーは、父から男子へのみ、ほぼそっくりそのま

29

第1部　ＤＮＡ型鑑定の実際と問題点

ま遺伝します。Y 染色体の DNA 型鑑定は特に男性に関わる事件に有効であり、性犯罪の場合には精液と膣液の混合斑痕では容易に男性の DNA 型鑑定ができるようになっています。また、精子が得られにくい資料（少精子症や無精子症など）の場合でも役立ちます。

　Y 染色体にも常染色体のように数多くの STR 多型ローカスが存在しています。現在までに発表されている Y-STR マーカーは200以上あるといわれています。2001年に初めて ReliaGene Technologies 社から Y-PLEX™ 6 が発売され、このキットを使用すると、DYS19、DYS389Ⅱ、DYS390、DYS391、DYS393 および DYS385a/b の６つのローカスが検出できます。その後、各集団のデータベースが報告され、法医学の実際に応用されています。現在、Promega 社から PowerPlex® Y 11 ローカスキットや Applied Biosystems 社からの Yfiler™ 16 ローカスキットが販売されています。これらのキットを強姦事件における DNA 型鑑定や男性同士の血縁関係などの鑑定に使用しています。

Q24

X 染色体 STR 多型とはどんなものですか。

A24

　男性の X 染色体 STR 型は母由来で、女性の X 染色体 STR 型は両親に由来しており、X 染色体 STR 多型は、兄弟・姉妹の鑑定や母子鑑定にも有用となっています。現在、ドイツの Biotype 社から Mentype® Argus X-8 キットが販売されています。このキットを使用して 8 ローカスの X-STR 多型を鑑定できます。

30

5 DNA型鑑定とSTR多型

Q25

DNA型鑑定による親子鑑定とはどのようなものでしょうか。

A25

　通常親子関係の争い（遺産相続等に関連）に関しては、警察は家庭内の争いに関与しないとして対応されていたケースが多く見られます。最近老人が死亡した数年後に相続に関連して、数十年前の親子関係に関する争いの相談が増加しています。

　日本ではご遺体は通常火葬されており、ご遺体の試料で親子鑑定を施行することが「不可能」とされるケースが多く、民事関係の争いであるが、高額な遺産に関する争いもあり、放置することはできない状況と判断されます。

⑴　親子関係者が生存している場合

　関係者から DNA 型鑑定資料（血液や口腔内細胞など）を採取できるので、STR 型鑑定により親子関係が存在するか否かは、判断可能であります。孤立否定ではなく、複数の座位での否定の場合には、親子関係は完全に否定されます。

⑵　親子関係者が死亡している場合

　この場合には、採取できる DNA 型鑑定試料の有無が問題となります。死亡者本人が火葬されている場合には、遺留試料の有無が問題であり、当人が使用していた義歯、歯ブラシや病院に入院中に手術したときのカルテの有無（特に手術時の血液型検査シート保存の有無）、信用できる臍帯の有無、当人が着用して汚れや血液の付着が目立つ衣服の有無などが注目されます。

①　父親や母親の片方が死亡している場合

　夫婦の間に３人以上の実子が生存していれば、父や母と３人以上の子どもの STR 型鑑定により、ほぼ正確な（死亡した）父親や母親の STR 型が判明す

31

第1部　ＤＮＡ型鑑定の実際と問題点

るので、複数の座位での否定により、親子関係は完全に否定されます。

② 子どもがなかったり、父親も母親も死亡している場合

相手方が男性の場合には、Y-STR 型が一致するかどうかが焦点になります。男性の兄弟や死者の叔父や従兄弟の存在が注目されます。相手方が女性の場合には、X-STR 型で判別がつくかどうかが問題であります。女性の姉妹や叔母や従姉妹のミトコンドリア DNA 型が一致するかどうかも注目されます。

6 DNA型鑑定と陽性対照・陰性対照

Q26

陽性対照とはなんですか。

A26

　陽性対照とは、あらかじめ DNA 型の判明している対照試料のことをいい、実際に判明している DNA 型が検出されたことをもって、鑑定過程に誤りがなかったことを証明する役割を担っています。また、陽性対照が正確に検出されることにより、使用されている試薬のチェックやコンタミネーションの有無を判断するのにも役立つことになります（34頁のエレクトロフェログラム写真参照）。

Q27

陰性対照とはなんですか。

A27

　DNA 型鑑定における陰性対照とは、何も付着していない対照試料や PCR 反応液に使用されている滅菌水などについて検査した場合、なんらの陽性反応を示さないことにより、検査器具などに汚染がなかったことを証明します。また、使用した試薬は陰性試料から何も検出されないことの証明にもなりますし、試料によっては、その素材自体からは陽性反応を示さないことを証明する役割もあります（35頁のエレクトロフェログラム写真参照）。

第1部　DNA型鑑定の実際と問題点

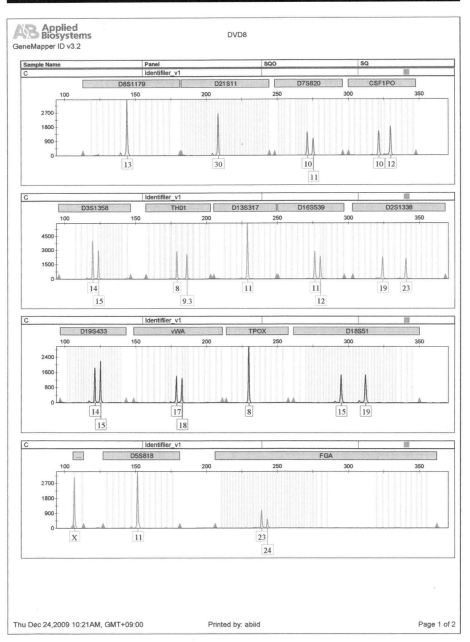

陽性対照

あらかじめ DNA 型の判明している全てのローカスが正確に表示されているかをチェック。

6 DNA型鑑定と陽性対照・陰性対照

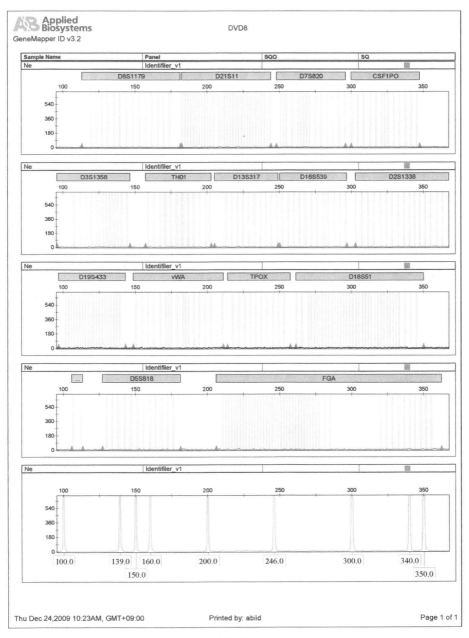

陰性対照

全てのローカスでピークが見られないことをチェックします。最下段はサイズマーカーです。

第1部　DNA型鑑定の実際と問題点

Q28

陽性対照・陰性対照となる試料はどんなものですか。

A28

　陽性対照となる試料は、予め DNA 型が明らかになっている DNA 試料のことです。

　陰性対照となる試料は、肉眼で全く斑痕が付着していない布や板など試料と同じ基質や滅菌水などのことです。

Q29

陽性対照や陰性対照の DNA 型鑑定がなされていない場合には、どのように評価すべきですか。

A29

　陽性対照や陰性対照の鑑定が行われていない場合や、これらの鑑定結果が明示されていない場合には、鑑定過程に誤りがないことが証明されず、また、検査器具が汚染されているなどの可能性を否定できません。したがって、この場合の鑑定書の結果は信用することができず、証拠としての価値がないと考えるべきです。

7 DNA型鑑定のチェックポイント

Q30
DNA 型鑑定をチェックするポイントはどこにありますか。

A30

つぎの項目について、十分チェックする必要があります。

(1) 鑑定試料について

①試料の採取日時、採取場所、採取部位、採取量の表示があるか。

②何を、どれくらい、使用（消費）したかの客観的な写真があるか。

③鑑定試料の保存状態と条件は鑑定に適しているのかどうか。

(2) 鑑定方法と再現性について

①鑑定事項は適正か。

②鑑定方法はどのような方法か、確立した方法か、他に鑑定方法はないか。

③鑑定人は熟練者か。

④市販の機器・薬品等で再現可能か。

⑤鑑定の手順が正しいか。特に微量の試料の場合、ABO 式血液型などの検査だけで試料を全量消費してしまって、後のDNA 型鑑定が試料量の不足で鑑定不能となることなどに要注意。

(3) 鑑定結果の表示と考察

①陽性対照と陰性対照の鑑定を実施しているか。

その結果の一覧表が鑑定書に表示されているか。

②電気泳動写真やエレクトロフェログラム（チャートともいう。日時、誤差の範囲などチェック）の表示の有無。

試料の写真の有無、他に検討すべき項目の有無。

実施した検査方法が具体的に読み取れるか。

③試料汚染、機器汚染などの可能性はないか。

37

第1部　DNA型鑑定の実際と問題点

④出現頻度の正確性・妥当性があるか。

⑤被疑者・被告人が「外国人」の場合の出現頻度が示されているか。

(4)　再鑑定の保証

①残余試料はあるか。どこにあるか。どのように保管されているか。

②なぜ、全量消費したのか。

実際の鑑定経緯を知る方法

　以下では、上記のチェックポイントに基づいて実際の鑑定経緯をどのように知るかを解説します。

(1)　鑑定試料について

　鑑定書については鑑定の結果だけでなくプロセスも吟味する必要があります。

　①試料の採取部位、採取日時、採取場所の表示があるか、何をどれくらい使用したか。いつ、どこから、何を採取したのかは、鑑定では非常に重要な事項になります。これらが写真などで明らかでない場合には、鑑定結果の信頼性を低めます。

　なお、採取部位・場所については、次のことに注意が必要です。血液を注射器で直接人体から採取した場合と、シーツ等から斑痕（血痕）を採取した場合では、大きく異なります。前者の場合には、採取された血液は一人分ですが、後者の場合には複数の血液などが付着している可能性があります（混合斑痕）。

　②また、採取経緯や残量を示す客観的な写真が添付されているかを確認する必要があります。写真がない場合には、鑑定経緯や残余試料に対する信用性が低下します。

(2)　鑑定方法と再現性について

　鑑定事項は事件の真相究明に合致しているかどうか、鑑定方法はどのような方法を用いたか、それは確立した方法か、市販の薬品等で再現可

能か、鑑定は熟練した者が行ったか、他に鑑定方法はないのかなどが問われます。

　①鑑定事項が適正か確認すべきです。

　これは、鑑定結果を吟味する前提です。

　②鑑定方法の確認が必要です。

　その方法は科学的である必要があり、「いつでも」、「どこでも」、同じ結果が得られなければなりません。また、鑑定結果には再現性がなければなりません。鑑定方法は、鑑定人独自の方法であってはならず、学会等で認められた方法に従う必要があります。他の鑑定方法がある場合には、どの方法が望ましいのかの検討も有用です。基本的には、市販の機器や薬品などを用いて鑑定されなければなりません。鑑定結果に再現性がなくなるからです。

　③鑑定すべき事項が何であるのか。

　どのような条件を前提に鑑定したかを明らかにすることで、鑑定事項に対する正確な評価が可能となります。たとえば、鑑定すべき事項が、シーツについた付着物が精液であることを前提として、「付着物のDNA型を鑑定すること」とされていたのか、そのような前提がなかったのかを確認します。当該付着物が精液でなかったことが明らかになれば、鑑定結果の信用性はなくなります。また、たとえば混合斑痕のあることを前提とした鑑定か否かの検討も有意義です。

　④鑑定は、熟練した者が行う必要があります。

⑶　鑑定結果の表示と考察の根拠について

　陽性対照と陰性対照の鑑定を実施しているかの検討を要します。

　①陽性対照と陰性対照がなければ鑑定結果の正確性や信用性が減じます。対象試料、陽性対照、陰性対照の結果の一覧表が表示されていなければなりません。なぜなら、比較対照できる状態こそが、鑑定結果に対する信頼性につながるからです。

　②エレクトロフェログラム（チャートと呼ぶこともあります。日時の

チェック、誤差の範囲などが明示されたもの）があるかを検討します。これは、結果の一覧表で明示された根拠となるためです。また、エレクトロフェログラムの日時により、採取日から鑑定実施日までの経過日数が明らかとなります。誤差の範囲を考慮することで、鑑定結果の正確性や信頼性が高まります。

　その他に検討すべき項目の有無や他の検査方法の有無があります。これには、鑑定結果の客観性、妥当性を保証する意義があります。なぜ当該方法を用いたのかという考察が鑑定結果に対する信頼性に影響します。

　③コンタミネーション（試料や器具の汚染）の有無の確認を要します。DNA 型鑑定は感度の高い鑑定ですから、試料採取の際の作業手順に試料汚染や取り違えの可能性はないか、清潔に管理された検査室であったかどうかなどが保証されているかを確認すべきです。

　④出現頻度は、それぞれのローカスについて関係するアリールの出現率を表したものです。被疑者・被告人が「外国人」の場合に、「日本人」をもとに作成された出現頻度を、そのまま用いて良いのかという点も吟味が必要となります。この場合、「その国の人の」出現頻度に照らし合わせて検討すべきです。

⑷　再鑑定の保証について

　①試料に残量があるかどうか、それはどこにあるのか、どのように保管されているのか。残量がない場合には、どういう経緯で全量消費したのかの検討が必要となります。

　試料に残量があれば再鑑定のために、どこに、どれくらい、どのように保管されているのかが重要となります。

　②全量消費は再鑑定を不可能にするため、原則としては許されません。

　鑑定試料が全量消費された場合、なぜ全量消費したのか、それはやむを得なかったのかを明らかにする必要があります。やむをえない全量消費ではない場合、鑑定結果の証拠能力に問題があります。

STR 多型の一例（出現頻度計算）

No.	ローカス	型	出現頻度	
1	D8S1179	11-15	0.104	0.128
2	D21S11	31-32.2	0.087	0.002
3	D7S820	10	0.231	0.231
4	CFS1PO	7-10	0.009	0.233
5	D3S1358	15-16	0.408	0.295
6	TH01	6-7	0.239	0.263
7	D13S317	8-10	0.262	0.121
8	D16S539	12	0.141	0.141
9	D2S1338	18-22	0.171	0.067
10	D19S433	13	0.251	0.251
11	vWA	19	0.077	0.077
12	TPOX	8-12	0.443	0.039
13	D18S51	15	0.166	0.166
14	D5S818	9-11	0.126	0.286
15	FGA	22-25	0.192	0.101
16	Amelogenin	X/Y		

$$0.6214 \times E\text{-}20$$
$$0.00000000000000000000062$$
（1垓人に1.7人）

上記の表によると、この対象者は、No1.に記載されているローカス D8S1179、すなわち第8染色体の1179部位について、11型と15型が検出され、11型の出現頻度は、0.104、15型の出現頻度は0.128であることを意味します。同様にNo3.においては10型のみが検出され、その出現頻度は0.231ということです。なお、No16.のAmelogenin は性別に関する型です。

(参考) 実際の鑑定経過を知るには、検査ノート等を参照します。そのポイントは以下のとおりです。

　①まず、検査ノート等があるか確認すべきです。検査ノート等とは、実際の鑑定や検査の経緯を記したノート等をいいます。ノートに記載された検査年月日と、鑑定実施日が一致しているか確認すべきです。鑑定実施と異なる日に検査ノート等を作成したのであれば、そこに記載された情報の信用性が疑われることになります。

　また、検査ノート等の提出が可能か確認すべきです。提出が可能な場合にはこれを参照し、実際のノート作成者が誰かを確認すべきです。また、検査ノート等が証拠開示されない場合には、鑑定の証拠能力に問題があります。

　②検査ノート等が作成されていない場合、鑑定経緯を知ることができ

第1部　ＤＮＡ型鑑定の実際と問題点

ません。そこで、なぜ検査ノートが作成されないのかを調べ確認すべき
です。廃棄したとすれば、誰が指導し、何時からそうしているのかを確
認する必要がある。

Q31

実際のエレクトロフェログラム（チャート）の見方のポイン
トはどこにあるのですか。

A31

　STR 多型のエレクトロフェログラム（チャート）の見方。次頁のエレクト
ロフェログラム写真の①〜⑦の番号が本文中の数字と対応しています。

①最初に、検査してデータを打ち出した日時をチェックします。鑑定嘱託日
　時、検査日時、鑑定書提出日時との整合性をチェックします。

②データの枚数のチェックをします。全体で何枚出力しており、それが全て
　裁判に提出されているかどうかのチェックをします。

③サンプル名のチェック。検査した検体を固有名詞で確認できるかどうか、
　検査ノートとの対照が可能かどうかのチェックをします。

④ID のチェック。

⑤STR 多型の各ローカス名のチェック。結果記載に矛盾がないかどうかのチ
　ェックをします。

⑥STR 多型の各ローカスのピークの数と形と高さのチェック。通常１人の
　データではピークは１本（ホモ型）か２本（ヘテロ型）です。３本以上
　のピークが見られれば複数の DNA 型が検出されている可能性が高いこと
　になります。２回以上検査していれば各回毎にそのピークの高さに違い
　があるかどうかのチェックをします。ピークの高さは PCR 産物の最終的
　な DNA の濃度を反映しています。

⑦最も重要なことはベースライン（基線）の揺れがなく（又は少なく）、直

42

7 DNA型鑑定のチェックポイント

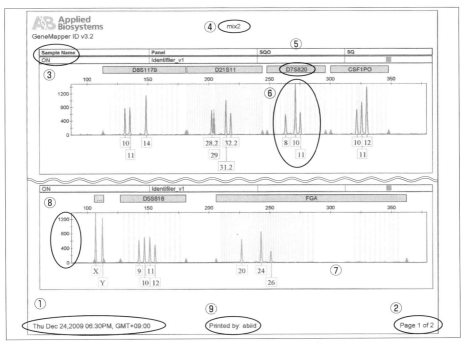

STR多型のエレクトロフェログラム（チャート）の見方
写真中の番号と本文の説明が対応しています。

線状になっているかどうかです〔これが結果的にはこの鑑定の正当性を表しています〕。

⑧RFU目盛

　科学捜査研究所では150RFU以上のピークを読み取っているので、通常0－2000（3000）RFUとなっている。陰性対照のチェックの時に、100RFU以下の表示をしてベースライン（基線）のチェックをしているのは慎重な鑑定人と認められる。

⑨印刷場所

　エレクトロフェログラムを印刷した機器等の名称が表示されます。

43

Q32

司法研究『科学的証拠とこれを用いた裁判の在り方』をどう評価したらよいですか。

A32

　2013（平成25）年３月に発行された『科学的証拠とこれを用いた裁判の在り方』（法曹会）は、司法研修所が委嘱した平成22年度司法研究のテーマでした。その研究員は、岡田雄一氏（当時東京地方裁判所所長判事[委嘱時東京高等裁判所判事]）、遠藤邦彦氏（当時大阪地方裁判所判事）、前田巌氏（当時名古屋高等裁判所判事[委嘱時東京地方裁判所判事]）で、協力研究員は黒﨑久仁彦氏（東邦大学医学部教授）です。

　同書は、もともと足利事件の誤判原因を裁判所が主体となって調査・分析するために企画されたと言われています。しかし、実際に出版された同書の内容は、個別事件における誤判原因の調査・分析ではなく、前半は、DNA型鑑定に限らず科学的証拠一般を刑事裁判に採り入れることに関する原則や諸課題について検討し、後半は、DNA型鑑定の基礎的な知識や認定上の課題を検討するという内容となっています。

　当代第一線の法医学者と裁判官が共同で執筆・編集しており、DNA型鑑定が証拠上重要な意味を持つ事件を担当する法曹関係者の間ではスタンダードな書物として広く読まれています。その意味では特にDNA型鑑定が争点となる裁判対策においては、必読文献といえるでしょう。

　ただし、前半の科学的証拠の刑事裁判における諸原則の具体的な事件への適用にあたっては法曹内でも論争があり、後半のDNA型鑑定に関する部分でも、示唆的な表現にとどまる部分が多いことや実際の誤鑑定（足利事件のMCT118法など）の分析がないこと等の批判もあります。もとよりすべての文献は時間的、分量的な限界はあるのですから、同書のみに依拠するのではなく、常に批判的な視点を持って利用すべきでしょう。

Q33

検出限界以下のピークについて、どう考えたらよいのでしょうか。

A33

　科学捜査研究所で使用している3130xlでは、検出限界（蛍光強度）として150 RFU 以上のピークを読み取っており、それ以下のピークは読まないことになっており、２回の検査で150 RFU 以下のピークが検出された場合には、「不詳」、「不能」等と表示しています。しかし、『科学的証拠とこれを用いた裁判の在り方』では、「(1)　検出限界の設定と信頼性」の項目（110-111頁）で、

　　検出限界以下とはいえ、それが検体に含まれる DNA によるピークと理解されるものであれば、事案によっては対照者との相反の疑いや、混合斑痕の疑いなど、事実認定を左右する情報が含まれることになることもあり、型を明らかにするという積極方向では用いるべきではないとしても、検出された型以外の型が含まれているのではないか（それが合理的な疑いを入れる事情となり得るのではないか）という観点からの検討が必要な場合もあろう。……このような問題の有無は、鑑定書だけでなく、エレクトロフェログラム等の検討をしなければ明らかにならないから、挙証者及び反対当事者は、エレクトロフェログラム等の検討も欠かすことはできないといえる。また、閾値未満のピーク様のものが、上記のいずれに当たるかについては、専門家の知見を求めるのが相当であろう。

と記載されています。つまり、150 RFU 以下のピークに関しては、エレクトロフェログラムについて、法医学者などの専門家の知見を求めることが重要と考えられます。実際にこのような依頼を受けて検討したこともあります。

45

Q34

DNA型鑑定で開示されるべき書類や情報には、どんなものがあるでしょうか。

A34

　科学捜査研究所で施行されている DNA 型鑑定では、通常「鑑定書」としてA4判１‐２枚の書類しか開示されていないことが多くなっています。証拠開示を請求することにより、エレクトロフェログラムや鑑定経過に関する書類が開示されることがあります。その際、「鑑定ノート」の開示を求めると、最近では「鑑定ノート」は作成していないので存在しないと答えることが多くなっています。

　しかし、DNA 型検査に関しては、鑑定・検査に関する書類を作成しないで鑑定・検査を施行することはあり得ないことは常識です。

　司法研究『科学的証拠とこれを用いた裁判の在り方』では、「⑵　開示されるべき情報の保存、管理の重要性」（46-47頁）において、

　　DNA 型鑑定に関しては、警察庁では、平成22年10月21日警察庁刑事局長通達「DNA 型鑑定の運用に関する指針」の６項において、「鑑定書その他鑑定結果又はその経過等が記載されている書類については、刑訴法等の定めに従い適切に取り扱うとともに、将来の公判などに備えて適切に保管しなければならない」と定め、同日付け警察庁刑事局犯罪鑑識官・同刑事企画課長通達「DNA 型鑑定の運用に関する指針の運用上の留意事項等について（通達）」は、指針６「その経過等が記載された書類」とは、「鑑定に用いた検査方法やその経過の記録（ワークシート等）、鑑定結果に関わる各種分析データ等を意味するものである。これらは鑑定の客観性・信用性を担保するものであり、鑑定内容の確認や精査等が必要となる場合に備え、適切に保管しておくこと。」と定めており、各都道府県警本部の科捜研ごとに、そのような書類の作成、保管に努めて

いるようである。

と記載されています。そして欄外には、

　　例えば、大阪府警察本部の科捜研では、所定の用紙に、鑑定嘱託から鑑
　　定書作成までの各日付や資料返却までの保管状況、資料の現状写真、鑑
　　定の各段階で使用したチューブ・試薬・機材の種類、DNA 精製の日付・
　　方法・精製量、DNA 定量の日付・方法・濃度、精製 DNA 使用状況に関
　　して精製 DNA 量（濃縮の有無）・DNA 使用量・残 DNA 量・残 DNA の
　　措置、DNA 型判定に関し 1 回目、2 回目それぞれの PCR 増幅と電気泳
　　動の量、最終 DNA 型判定結果等を記載し、またその用紙にエレクトロ
　　フェログラムを添付する運用を行っているとのことである。

と記載されています。

　このように、開示請求の際に、「鑑定ノート、ワークシート等」の DNA
型鑑定の際に作成した書類すべてを開示請求することが重要です。

Q35
民間会社の DNA 型鑑定はどのようなものですか。

A35

　民間会社における DNA 型鑑定の問題点は複数あります。

①父子鑑定のケースで、日本の民間会社で発行された DNA 型（17座位＋ア
　メロゲニン）で、「父親と思われるものは、子の生物学的な父として除外
　されない。DNA 遺伝子座の解析から得られた鑑定結果に基づくと、父子
　である確率は99.999996%である」と記載されていました。しかし、
　D2S1338座位では、「母：20　22、子：22　23で父：21　24」と記載
　されていました。ところが、この鑑定は、採血後に米国で検査が施行され
　ており、原レポート（英語）を確認したところ、Note：として「突然変
　異の可能性」が記載されていました。しかし、日本語の「DNA鑑定報告

47

第1部　DNA型鑑定の実際と問題点

書（J社）」には、「突然変異の可能性」に関して一切記載されていません
でした。

②フィリピン人の女児が日本人男性（67歳）との間に産まれた子であると
　装うために、日本人の男性の DNA 検体を子のフィリピン人の父親の検体
　として検体をすり替えて鑑定業者に依頼したというケースが表面化しまし
　た（NHK、2014〔平成26〕年12月3日）。鑑定物件に関しては、必ず鑑
　定人自身が目の前で検体を採取するか確認する必要があります。

③父子関係に関する DNA 型鑑定の際に、検査した子は男であるのに、子の
　試料として記載されていた数箇所で「女」と記載されていたケースがあり
　ました。この会社の鑑定書の特徴として、「記載されている事項はすべて
　真実である」と記されていました。しかし、明らかに男の子であることは
　資料の写真から明らかであるのに、鑑定書の訂正には時間がかかっていま
　した。

④検査受託会社自体は検査しておらず、外国に外注しているため、当該受託
　会社（鑑定名義会社）から証人出廷を拒否された事例があります。このよ
　うな会社では、鑑定結果を鑑定書に記載するだけで、検査結果を裏付ける
　エレクトロフェログラムも開示しません。

　試料の杜撰な扱いのほか、最近では検査自体を東南アジア等の外国に外注
するケースもみられ、鑑定を依頼する際には慎重な判断が必要です。民間で
施行した「DNA による親子鑑定」が裁判で信用できないとして、再鑑定を
依頼されたケースも経験しています。民間の DNA 型鑑定業者を選定するに
当たり、証人出廷が可能か、エレクトロフェログラムの提供があるか、等を
確認する必要があります。

Q36
DNA 型鑑定実習の意義はどこにあるのでしょうか。

A36

　日本大学医学部法医学教室では DNA 型検査（MCT 118型）の医学生実習を1993（平成５）年から開始し、翌年から弁護士や司法修習生も参加して、各人の血液について自分で MCT 118型を検査していました。一般財団法人材料科学技術振興財団（MST）鑑定科学技術センターで、DNA 型鑑定（STR型）や指紋・筆跡鑑定などの見学を弁護士を対象に実施していました。

　その後2015（平成27）年より、弁護士自身が自分の血液や口腔内細胞を用いて自分で STR 型を検査する実習を開始しました。弁護士自身が白衣を着てピペッティングも各自行い、自分の責任で検査することにより、教科書を読んだり、見学しただけでは実感できない精密な検査法の一部を経験することにより、DNA 型鑑定の問題点や危険性などを体感できるようになりました。抽出液のほんの一部から DNA 型が検査されていることに驚き、かなりの量の抽出液が使用されないで保存されていることにも気付くことになります。多数の弁護士がこの DNA 型鑑定実習を体験し、体験記も報告しています（高取由弥子：第一東京弁護士会報 No.510〔2015年〕28～29頁、遠藤達也：京都弁護士会刑事弁護ニュース第69号〔2016年〕14～15頁）。このような DNA 型鑑定実習は弁護士だけではなく、裁判官や検察官も体験することが望まれます。

Q37

どのような場合に、採取された DNA 量が問題となりますか。

A37

　従来の DNA 型鑑定は、強制わいせつ事件や強姦事件など、被告人等の対象者と被害者との接触の有無が争われる事案において、対象者の DNA の有無が争点となっていました。

第1部　ＤＮＡ型鑑定の実際と問題点

　しかし、対象者と被害者とが接触したことに争いがなく、接触した態様に
争いがある事例では、接触した行為態様によって付着する DNA 量が異なる
等の理由から、付着した DNA の量自体が争点となると考えられます。

　後記の乳腺外科事件（本書149頁）では、被告人である医師が、被害者と
される女性の胸部を接触したことには争いはなく（なお、いつの時点で接触
したかについて争いがありましたが、いずれかの時点では接触したことには
大きな争いはありませんでした）、公訴事実記載の犯行態様や被告人が主張
する事実（女性患者の胸部を複数回触診したり、術式確認のために上級医と
打ち合わせした際に唾液が飛沫したりした等）で、どれくらいの量の DNA
が患者の胸部に付着するか、ということが争点となりました。

Q38

採取された DNA 量は測定できますか。またその方法はどのよ
うなものですか。

A38

　刑事事件における DNA 型鑑定において、必ずしも採取された DNA の「総
量」を測定するわけではありません。また、そうするべきでもありません。
なぜなら、「総量」を測定することは、ガーゼ等の採取試料を全量消費する
ことになるからです。

　もっとも、採取試料を分割して一部を保存し、他の一部を鑑定試料とした
上で鑑定した場合、下記のとおり、DNA 鑑定の工程で測定した DNA抽出液
の濃度から、DNA 量の概算値を計算することができます。

　現在の DNA 型鑑定に際して行われる DNA の定量方法は、Q39（次頁）
で解説するリアルタイム PCR 法（PCR 増幅と名称が似ていますが、別の検
査工程です）という方法です。この方法は、PCR 増幅の前段階の準備とし
て行う検査で、同検査にはヒトゲノム DNA 定量キット等を用います。

50

このDNA濃度から推計されるDNA量は、採取試料のうち、DNA型鑑定に供せられた試料のDNA量を測定するものであり、残余試料（残りのガーゼ試料等）のDNA量を測定するものではありません。リアルタイムPCR検査は、あくまでもPCR増幅のためのDNA適正量を決定するための検査です（なお、Q40、52頁参照）。

Q39
リアルタイムPCR法とはどのような検査方法ですか。

A39
　リアルタイムPCR法は、PCR反応によって増幅するDNAに蛍光物質（DNAが増幅すると共に蛍光強度が増加する性質を有する物質）を付着させ、蛍光物質を目印として、リアルタイムにモニターする検査方法です。リアルタイムPCRを行うと、初発のDNA量が多ければ多いほど、少ないPCRサイクルで一定の蛍光強度に達します。

　予めDNA濃度がわかっている試料を標準試料として（**図1**は、4つの濃度〔段階希釈したもの〕を標準試料として用いた例）、標準試料と鑑定試料について、リアルタイムPCR法で測定し、蛍光強度とPCRサイクル数とを

図1　増幅曲線（イメージ図）

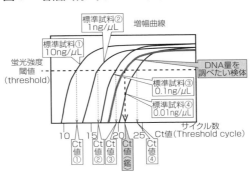

51

第1部　DNA型鑑定の実際と問題点

図2　検量線図（イメージ図）

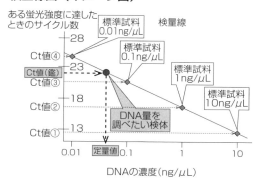

軸として、増幅曲線を作成します。増幅曲線により、ある一定の蛍光強度に達した際、すなわち、増幅曲線の指数関数的増幅領域の適当なところに閾値（Threshold Line）を設定した場合、閾値と増幅曲線の交差する時点の各PCRサイクル数（Ct値; Threshold Cycle）を求めます。

標準試料のDNA濃度は予め判明しているため、Ct値とDNA濃度をプロットすることで、検量線を作成します（**図2**）。この検量線は概ね直線で表されますので、これに鑑定試料のCt値を当てはめると、鑑定試料のDNA量が判明します。さらに、ヒトゲノム定量キットでは、融解曲線を作成することで、非特異的反応によるエラーがなく、PCR増幅が正しく行われているかが確認できます。

Q40
RFU値からDNA量は推定できますか。

A40
　RFU値はRelative Fluorescence Unitsの略で、相対蛍光単位などと訳され、測定された蛍光強度を示しています。RFU値は、十分なDNA量がある場合

に高値になる傾向がありますが、必ずしも DNA 量に比例するものではありません。RFU 値から DNA 量を推定することができるという報告も、現在のところ見当たりません。

◎参考文献

- Jeffreys AJ, Wilson V, Thein SL. Hypervariable 'minisatelite' regions in human DNA. Nature 1985; 314: 67-73.
- White RM, Greenwood JJD. DNA fingerprinting and the law. The Modern Law Review 1988; 145-155.
- Nakamura Y, Leppert M, Connel O', et al. Variable number of tandem repeat (VNTR) markers for human gene mapping. Science 1987; 235: 1616-1622.
- Saiki RK, Scharf S, Mullis KB,et al.Enzymatic amplification of β-globin genomic sequences and restriction site analysis for diagnosis of sickle cell anemia. Sciennce, 1985; 230: 1350-1354.
- Mullis KB. The unusual origin of the pclymerase chain reaction. 1990. Scientific American 262 (4). 56-65.
- Morling N. PCR in forensic genetics. Biochem Soc Trans 2009; 37: 438-440.
- Kasai K, Nakamura Y, White R. Amplification of a variable number of tandem repeat s (VNTR) locus (pMCT118) by the polymerase chain reaction (PCR) and its application to forensic science. J Forensic Sci 1990; 35: 1196-1200.
- Budowle B, Lindsey JA, DeCou JA, et al. Validation and population studies of the loci LDLR, GYPA, HBGG, D7S8, and Gc (PM loci), and HLA-DQ alpha using a multiplex amplification and typing procedure. J Forensic Sci 1995; 40: 45-54.
- Higuchi R, von Beroldingen CH, Sensabaugh GF, et al. DNA typing from single hairs. Nature 1988; 332: 543-546.
- Tully G, Sullivan KM, Gill P. Analysis of 6 VNTR loci by 'multiplex' PCR and automated fluorescent detection. Hum Genet 1993; 92: 554-562.
- Tie J, Wang X, Oshida S. Genetic polymorphisms of l5 STR loci in a Japanese population. J Forensic Sci 2006; 51(1): 188-189.
- Roewer L, Arnemann J, Spurr NK, et al. Simple repeat sequences on the human Y chromosome are equally polymorphic as their autosomal counterparts. Hum Genet 1992; 89: 389-94.
- Tie J, Uchigasaki S, Oshida S. Genetic polymorphisms of eight X-chromosomal STR loci in the population of Japanese. Forensic Sci Int 2009 (in press).
- Greenberg BD, Newbold JE, Sugino A. Intraspecific nucleotide sequence variability

第1部　DNA型鑑定の実際と問題点

surrounding the origin of replication in human mitochondrial DNA. Gene 1983; 21: 33-49.

- 岡田薫．DNA 型鑑定による個人識別の歴史・現状・課題；レファレンス2006；7-31.
- 田辺泰弘．DNA 型鑑定について．研修2008；No.717：64.
- Honma M, Yoshii T, Ishiyama I, et al. Individual identification from semen by the deoxyribonucleic acid (DNA) fingerprint technique. J Forensic Sci 1989; 34: 222-7.
- 日本DNA多型学会，DNA鑑定検討委員会．DNA鑑定についての指針（1997年）．平成9年12月5日.
- 押田茂實．死人に口あり．実業之日本社，東京，2004.
- 日本弁護士連合会人権擁護委員会編．DNA 鑑定と刑事弁護．現代人分社，東京，1998.
- 押田茂實，大野曜吉．DNA 鑑定の読み方．季刊・刑事弁護，東京，1997；12：144-149.
- 千葉正悦，武藤亨，押田茂實，江角真理子．PCR を用いた簡便な MCT118（D1S80）検出法とその親子鑑定への応用．法医学の実際と研究 1993; 36: 45-49.
- 押田茂實．DNA 鑑定の進歩と真相究明．日大医誌 2007; 66: 241-242.
- ドリズィン　AS，レオ　RA（伊藤和子訳）．なぜ無実の人が自白するのか－DNA 鑑定は告発する．日本評論社，東京，2008.
- ジム・ドワイヤー，ピーター・ニューフェルド，バリー・シェック（西村邦雄訳，指宿信監訳）．無実を探せ！イノセンス・プロジェクト　DNA 鑑定で冤罪を晴らした人々．現代人文社，東京，2009.
- 勝又義直．DNA 鑑定　その能力と限界.名古屋大学出版会，名古屋，2005.
- Jian Tie et al. Polymorphisms of six Y-chromosome STRs in a Chinese population. 2004, Legal Med.; 41-46.
- 押田茂實，鉄　堅，岩上悦子．法医学における DNA 型鑑定の歴史．日大医学雑誌　2009; 68(5): 278-283.
- 押田茂實．法医学現場の真相――今だから語れる「事件・事故」の裏側．祥伝社新書，2010.
- 押田茂實．法医学者が見た再審無罪の真相．祥伝社新書，2014.
- 押田茂實．死体からのメッセージ．洋泉社新書，東京，2018.
- 勝又義直．最新DNA鑑定　その能力と限界．名古屋大学出版会，名古屋，2014.
- 本田克也．DNA鑑定は魔法の切り札か．現代人文社，東京，2018.
- 本田克也．刑事裁判の事実認定と法医学．判例時報，2373: 127－135.
- 司法研修所編．科学的証拠とこれを用いた裁判の在り方．法曹会，東京，2013.

第2部
DNA型鑑定と弁護活動

編著者　岡部保男(弁護士)・泉澤章(弁護士)・水沼直樹(弁護士)
執筆協力　木谷 明(弁護士)
　　　　　西嶋勝彦(弁護士)
　　　　　酒井 幸(弁護士)

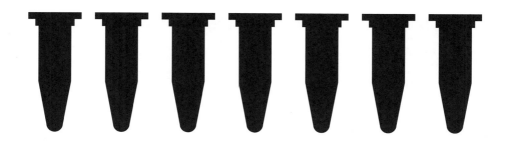

1 DNA型鑑定と鑑定書

Q41

DNA 型鑑定の知識を取得し理解するためにはどうしたらよいのですか。

A41

DNA 型鑑定を理解するには、次の知識が必要です。

1 遺伝法則、細胞の構造と機能、DNA の構造と機能などの知識です。

DNA の構造や DNA の複製のしくみを分かり易く解説した本としては、工藤光子/中村桂子著『(DVD＆図解) 見てわかる DNA のしくみ』(講談社ブルーバックス、2007年) がお薦めです。

詳しい細胞のことを図解つきで学ぶには、『Newton ムック 細胞のすべて』(ニュートンプレス、2009年) が、細胞、DNA などを視覚的にも理解しやすく説明しています。なお、細胞特にミトコンドリアについては、研究が著しく進歩していますので、最新の研究成果に留意してください。

2 次に、DNA 型鑑定の原理、鑑定方法、手順の知識が必要です。

本書の付録「写真で見るDNA型鑑定の実際」(243頁以下) をご覧ください。DNA 型鑑定が実際にどのように行われているか、その際の注意点は何かなどを、文章と映像で説明しておりますので、DNA 型鑑定のイメージをつかむことができます。

①比較的コンパクトな解説書として、勝又義直『DNA 鑑定』(名古屋大学出版会、2005年) があります。

②詳しい専門書としては John M. Butler 著・福島弘文他監訳『DNA 鑑定とタイピング』(共立出版、2009年) があります。

第2部　DNA型鑑定と弁護活動

　③DNA の発見を含めて「科学的な証明」とは何かを知るには、福岡伸一著『生物と無生物のあいだ』（講談社新書、2007年）の第 2 章「アンサング・ヒーロー」が参考になります。

　「ある病原体がその病気の原因であることを立証するためにはどのような条件がそろえばよいのだろうか」、「患者のサンプルを顕微鏡で調べるとほとんどの検体からも、細かく律動しながら一斉にうごめく米粒のような微生物が発見され、一方で、健康な人からはそれが見つからないという厳然たる事実があれば、この時点でこの微生物が病気をもたらす原因菌であるといえるだろうか。否である」、「微生物の存在と病気の発症とはあくまでも相関関係にあるにすぎない。相関関係が原因と結果の関係、すなわち因果関係に転じるためには、もうひとつ次へのステップフォワードが必要なのである。野口英世がはまり込んだ陥穽も実はここにあったのだ」、「その微生物を健康な動物に接種すると人為的に病気を起こすことに成功した。これは立派な病原体の証明ではなかったのか。残念ながらまたしても否である」、「顕微鏡で見ると明るく透明な液体の中に細かく律動する微生物が見える。他には何も見えない。しかし、見えないからといって、病巣から取り出した液体の中に、その微生物以外に何者もいないかどうかはわからない」、「たとえ、今、何も存在しないように見えている明るく透明な背景に、焦点を結ぶことのないきわめて微細な何者かが潜んでいるとしても」（同書29～31頁）。

　DNA 型鑑定の問題は、この問題と本質的には同じことです。顕微鏡下でも見えない領域で、「ある DNA 型が存在する、他方、それ以外の DNA 型は存在しない」ということを決定する条件は何か、その条件を満たしたかどうかをどのようにして確認できるのかということです。

　同章後半において、ロックフェラー医学研究所の研究者オズワルド・エイブリー（1877～1955年）が、遺伝子の本体がたった 4 つの要素だけからなる核酸すなわち DNA であることを突き止めた経過が記されています。エイブリーは極めて精緻な実験を繰り返してこの大発見に至ったことが紹介されています。

　なお、第 4 章「シャルガフのパズル」は、DNA 増幅のしくみ（PCR）を

58

1 DNA型鑑定と鑑定書

分かりやすく解説しています。

3 DNA 型鑑定をより深く理解したい場合は、DNA 型鑑定の実際に詳しい法医学者・研究者から直接に解説を聞いたり、さらに、機会を得て DNA 型鑑定を実際に行っている現場を見学するか、実習することです。見学や実習をすると、文献的知識が具体的なイメージとして把握でき理解が深まります。

法科大学院、司法研修所、裁判所、検察庁、各弁護士会の研修などにおいて、この見学や実習をカリキュラムに組み込むことが望まれます。

4 DNA 型鑑定を含め科学的鑑定に関して調査研究し情報提供を目的として、日弁連人権擁護委員会鑑定問題特別部会が2010年6月に発足しました。そこに問い合わせると、文献、法医学者、DNA 鑑定に関する事件に詳しい弁護士の紹介等について相談できます。

Q42

DNA 型鑑定はどのような手順で行われますか。

A42

DNA 型鑑定は、犯罪現場などに遺留された物件や痕跡、被害者や被疑者等から試料を採取することからはじまります。この試料から極めて微量のDNA を抽出し、抽出した DNA を100万倍～1000万倍に増幅します。さらに、これをDNA 型の解析装置で解析して、DNA 型を判定します（詳しくは本書Q12、13頁以下参照）。

Q43

DNA 型鑑定の主な問題点はなんですか。

59

第2部　DNA型鑑定と弁護活動

A43

1　大きく分けて二つの問題点があります。

第一は、DNA型鑑定が信頼できるか、正確かという問題です。

第二は、DNA型鑑定が信頼でき、正確だとしても、全体のごく一部の
DNA部位について型鑑定をしているに過ぎませんから、別の鑑定方法によ
って不一致という結果が出る可能性を完全に排除しているわけではありませ
ん。DNA型鑑定はこの本質的な限界を持っており、DNA型鑑定の結果を過
大に評価すると判断を誤るという問題です。

以下では、DNA型鑑定の信頼性、正確性の問題点を指摘します。

2　試料の採取から型判定に至るまで、各段階で精密な作業を何度も繰り
返すことが必要であり、この間に試料が汚染されたり、他人のDNAその他
の物質が混入したりする可能性があります。また、微細な手順を何度も繰り
返す過程において、使用する試薬の間違い、使用量の間違い、手順の間違い
などのミス、機器の入力設定・操作のミス、試料を他の試料や物件と接触さ
せるミスなどによるエラーを犯す危険が潜んでいます。さらに、DNA抽出
装置、DNA増幅装置、解析装置の誤作動などの危険もあります。これらの
ミスや危険は目で直接に確かめることはできませんので、判定結果が正しい
かどうかを確認することは必ずしも容易ではないのです。

3　DNA型鑑定の主な問題点を列挙すると以下のとおりです。

①鑑定方法の原理が科学的に確立しているか。

②鑑定が専門的知識、技術、経験を持っている者によって行われたか。

③具体的な鑑定方法が適正かつ信頼できる方法か。

④試料の採取場所と部位はどこか、採取は適法にして適正であったか。

⑤試料の採取時→保管中→検査中に、試料に汚染・混入の危険はなかっ
　　たか。例えば、咳・くしゃみなどによる検査者のDNAの混入、空気中
　　に浮遊している物質の混入、マイクロピペットなどの使用器具を検査

60

1 DNA型鑑定と鑑定書

試料や対照試料の試験管（チューブ）に接触させるなどのことがなかったか。

⑥試料のDNAは鑑定可能な量及び状態であったか。

⑦鑑定におけるDNAの抽出、DNAの増幅、DNAの分離・解析・判定・記録などの装置が正常に作動したか、これらの過程で用いた器具・試薬等に汚染や誤りがなかったか。

⑧DNA型の出現頻度のデータが信頼できるか、出現頻度の確率計算に誤りはないか。

4　本書では、DNA型鑑定の具体的な問題点について、それぞれの該当箇所で詳しく解説しています。

①DNA型鑑定の原理については、3〜7頁

②使われている用語・術語については、4〜10、24〜36、69〜75頁

③具体的な鑑定方法のイメージについては、243〜254頁

④鑑定書そのものについては、66〜69頁

⑤鑑定の経過の説明については、38〜42、77〜83頁

⑥鑑定の結論の意味については、39〜40、78〜80頁

⑦鑑定の結論の信用性については、37〜44、87〜93頁

⑧DNA型鑑定の技術的な難しさや問題点については、37〜44、87〜89頁

⑨DNA型鑑定に対して刑事手続での対応方法については、102頁以下

Q44

DNA型鑑定はどの段階で実施されるのですか。

A44

1　捜査段階、逮捕後、起訴後、裁判段階とあらゆる段階で行われます。まず、試料（「資料」、「サンプル」、「検体」ともいいます。本書Q42、59頁

第2部　DNA型鑑定と弁護活動

参照）の採取がいつ、誰によって、どのようにして行われるかが問題になります。

　試料の採取の時期は、大別して①警察が具体的な事件と直接には関係ない事件で採取しデータベースとする場合、②捜査官・検察官が具体的な事件の捜査において採取する場合、③裁判段階で裁判所が鑑定手続（刑訴法12章）に基づいて行う場合、④弁護人がいずれかの段階で採取する場合があります。足利事件では、上告審段階で、弁護人は未決勾留中の被告人の毛根付毛髪を入手し、弁護人依頼のDNA型鑑定を行いました。

　2　試料の採取には、鑑定処分許可状及び身体検査令状の発付を受けて、血液等を強制採取する場合と、口腔粘膜等の任意提出を受けてこれを領置し、検査する場合があります。このほかに、ゴミ箱からの収集物等から試料を採取して検査する場合もあります（例えば、足利事件では警察はゴミとして自宅前に投棄されたティッシュペーパーから体液を採取し、DNA型鑑定をしました）。

　(1)　身体の拘束を受けている被疑者からその口腔粘膜の採取を、指紋や足型を採取することと同視し令状によらずできるとする見解があります（岡田薫「DNA型鑑定による個人識別の歴史・現状・課題」レファレンス平成18年1月号〔2006年〕20頁）。

　なお、警察庁の「DNA型鑑定の運用に関する指針の解釈等について」（刑事局鑑識課長平成15年7月7日付通達、平成22年10月21日廃止）は、口腔内細胞の採取については「証拠能力を確保するため、刑事訴訟法等の定めに従い適切に採取すること」とし、具体的な法手続には触れていません。

　これに対して、日本弁護士連合会（日弁連）は、「採取については、具体的な事件捜査の必要がある場合に限り採取できるものとすべきであり、被疑者からの採取は原則として令状によるべきであり、例外的に任意に採取を行う場合は、書面により、採取の意味、利用方法などの説明を十分に行うべきこととしています」（「警察庁DNA型データベース・システムに関する意見書」1頁、9頁〔2007年12月21日付〕日弁連ホームページ）。

1 DNA型鑑定と鑑定書

(2) ごく少量の血液の採取については、刑訴法218条3項に規定されている処分に準じてできるという見解と、これに否定的な見解があります（岡田薫「DNA型検査における個人識別」捜査研究668号〔2006年〕28～29頁参照）。

前記鑑識課長の通達では、「被疑者の身体からの採血は、その形態から任意の採血には問題があるため、鑑定処分許可状の発付を得て行うこと。さらに、採血に際して被疑者の抵抗が予想される場合など、直接強制が必要な場合は、鑑定処分許可状と併せて身体検査令状の発付を得て行う必要がある」としています。

DNAの強制的採取に関する判例は見当たりませんが、強制採尿については身体検査令状に関する218条5項が捜索差押令状に準用されるべきであるとして、令状を必要とする旨の決定（最決昭和55年10月23日・刑集34巻5号300頁）があります。同決定は、「体内に存在する尿を犯罪の証拠として強制的に採取する行為は捜索・差押の性質を有するものとみるべきであるから、捜査機関がこれを実施するには捜索差押令状を必要とすると解するべきである」としています。血液採取は、DNAを犯罪と犯人を結びつける証拠として、体内の血液を強制的に採取する行為であり、かつ、DNAが究極的な個人情報であることを考慮すると、鑑定処分許可状と併せて身体検査令状の発付を受けて行うべきであるとの見解が裁判実務の大勢です（松尾浩也監修『条解刑事訴訟法〔第4版〕』〔弘文堂、2009年〕416頁、435頁）。採血は採血する資格を有する医師（医師法17条）によって行われるべきです。（本書Q75、104頁参照）。

Q45

DNA型鑑定が可能な試料にはどのようなものがありますか。

A45

　警察庁の「DNA型鑑定の運用に関する指針」（警察庁刑事局長平成15年7月7日付通達〔資料5‐1、本書197頁〕、平成22年10月21日廃止〔資料6、本書212頁〕）によれば、「DNA型鑑定の対象となる主な資料」は、「血液・血痕、精液・精液斑、精液及び膣液等の混合液・混合斑、唾液・唾液斑、毛根鞘の付いた毛髪、皮膚、筋、骨、歯、爪、臓器等の組織片」としています。この他に、鼻汁も組織片を含んでおりDNA型鑑定の対象となります。

　尿は尿道から脱落した細胞を鑑定しますが、一般的には鑑定が困難な場合が多いといわれています。精液と膣液の混合物は、条件によっては、両者を分離し検査が可能です。両者を分離できない場合には、精子の量が少ないと犯人のDNA型は検出不能といわれています。

　DNA型鑑定が可能な量は、それぞれの試料と状態により可否が決まりますので一概には決めることはできません。参考例としては、血痕は2㎜×2㎜程度、精液は1㎜×1㎜程度、臓器は2㎜角、毛髪は毛根があれば1、2本で可能であるといわれています（田辺泰弘「DNA型鑑定について」研修717号〔2008年〕69〜71頁）。

　試料の経年変化や汚染による鑑定の可否については、試料の存在していた環境によりDNAの分解や汚染の有無及び程度に大きく影響しますので、一概には決められません（本書Q10、11頁参照）。可否の判断は、具体的な試料についてDNA型鑑定の専門家等に相談するべきでしょう。DNAを超低温（−80℃）で保存すれば相当長期間を経ても（半永久的に）DNA型鑑定が可能といわれています。

Q46

DNA型鑑定はどのような人が、どのような「資格」で行っているのですか。

A46

　1　ほとんどの刑事事件の DNA 型鑑定は、警察庁科学警察研究所（科警研）の技官または警視庁及び道府県警察の各科学捜査研究所（科捜研）の鑑定技術職員が行っています。科捜研の鑑定技術職員は、「鑑定員」の「認定書」の交付を受けた者でなければ DNA 型鑑定はできないことになっています。

　警察庁の「DNA 型鑑定の運用に関する指針の改正について」（警察庁刑事局長平成15年 7 月 7 日付通達〔資料 5 - 1 〕）及び「DNA 型鑑定の運用に関する指針の解釈等について」（警察庁刑事局鑑識課長同日付通達〔資料 5 - 2 、本書201頁〕）は、「（鑑定員の資格について）DNA 型鑑定は、高度の専門的知識及び技能を必要とするほか、警察における統一的な運用を図る必要があることから、鑑定書の作成については、科学警察研究所長が交付する DNA 型鑑定資格認定書（以下「認定書」という）を有する鑑定技術職員が行う。なお、認定書を有しない鑑定技術職員が検査補助者として作業に当たることは差し支えない」、「（鑑定員の認定について）認定書は、科学警察研究所法科学研修所の所要の研修課程を終了し、DNA 型鑑定に必要な知識及び技能を修得したと認められる者に対し、科学警察研究所長が交付する。なお、『所要の研修課程』とは、年度ごとに策定される『法科学研修所教養計画の指針』において定める DNA 型鑑定に係る課程をいう」と定めています。「法科学研修所教養計画の指針」は、科警研のホームページでは公開しておらず、指針の内容及び研修課程の具体的な内容についてはわかりません。

　前記「認定書」取得者の DNA 型鑑定の知識及び技能がどの程度であるかについてはわかりません。

　2　この他に、大学や研究所の法医学教授等や法医学研究者又は DNA 研究者などが警察や検察庁の鑑定委嘱を受け、あるいは裁判所から鑑定命令を受けて行う場合もあります。

第2部　DNA型鑑定と弁護活動

3　個々の鑑定人の知識及び技能は人により差異があります。鑑定人が、どのような経歴と実績を持っているかを検証・確認することが必要・不可欠です。

Q47
DNA 型鑑定書の体裁・内容に関する定めはありますか。

A47

1　刑訴法12章165条以下、刑訴規則12章128条以下に、鑑定に関する規定があります。同規則は「鑑定の経過及び結果は、鑑定人に鑑定書により又は口頭でこれを報告させなければならない」（129条）と規定していますが、記載事項や体裁については具体的に定めていません。

2　国家公安委員会規則「犯罪捜査規範」（平成20年改正）9 章「鑑識」188条 1 項は、「鑑定を嘱託するに当たっては鑑定嘱託書により、次に掲げる事項を具して行わなければならない。

一　事件名

二　鑑定資料の名称及び個数

三　鑑定事項

四　当該鑑定に参考となるべき次に掲げる事項

　　イ　犯罪の年月日時

　　ロ　犯罪の場所

　　ハ　被害者の住居、氏名、年令及び性別

　　ニ　被疑者の住居、氏名、年令及び性別

　　ホ　鑑定資料の採取年月日及び採取時の状態

　　ヘ　事件内容の概要その他参考事項

と定めています。

同条 2 項は、鑑定嘱託書には鑑定人に予断・偏見を与える事項を記載し

てはならないとしています。

同192条は、

「鑑定を嘱託する場合には、鑑定人から、鑑定の日時、場所、経過及び結果を関係者に容易に理解できるよう簡潔平明に記載した鑑定書の提出を求めるようにしなければならない」と定めています。

3 警察庁刑事局長「DNA 型鑑定の運用に関する指針の改正について」（平成15年 7 月 7 日付通達〔資料 5‐1〕）は、DNA 型鑑定の意義・活用の目的、基本的考え方、鑑定員、鑑定資料、比較対照資料、鑑定記録の取扱いなどを指針として示していますが、鑑定書の形式・体裁・内容については特に示していません。

4 以上のように、形式・体裁は法律的には特に決まっていません。

最近の DNA 型鑑定書では、①標題（鑑定書）、②事件名（事件番号）、③鑑定嘱託機関、④作成日（提出日）、⑤鑑定人名、⑥鑑定受託に至る経過、⑦鑑定事項（鑑定対象試料の表示及びその由来の記載を含む）、⑧DNA 抽出法、⑨DNA 増幅法、⑩DNA 検査法、⑪検査結果、⑫説明、⑬鑑定、⑭結論、⑮署名押印が本文に記載されている例が一般的です。この他に、鑑定人及び補助者の知識・技術・経歴を記載する場合もあります（本書77頁以下参照）。

さらに、付属資料として、⑯表（検査経過と結果の一覧表など）、⑰写真（試料採取の状況写真、電気泳動結果写真等）、⑱エレクトロフェログラム（キャピラリー電気泳動図）、⑲シークエンス・データあるいはジェネティック・アナライザー・ランデータ等のデータ、⑳関係文献が添付されます。これらの付属資料は鑑定の経過及び結果を裏付けるものであって、鑑定書にとって本文と一体となるものであり、欠くことができないものです。

Q48

DNA 型鑑定の「鑑定事項」の具体的内容はどのようなもので
すか。

A48

　DNA 型鑑定の主たる鑑定事項は、「２つ以上の試料の DNA 型を明らかに
すること」、「それらの由来に同一性があるか否かを判定すること」です。

　それと同時に、それらの試料の存在（付着）場所、その位置、存在（付
着）状況、存在（付着）原因、形状、成分、物質名、存在（付着）時期の推
定、人・獣等の由来の識別等についても、必要に応じて検査・鑑定を行いま
す（本書Q30、37〜42頁、Q54、77〜81頁）。

　例えば、強姦事件の捜査・裁判において、同一由来の DNA 型が検出され
たとしても、どの組織（精液か口腔粘膜か）から採取された DNA か、それ
がいつ遺留されたかにより、必ずしも被疑者・被告人と犯行を結びつけるこ
とができない場合がありますので、DNA 検出の組織や DNA が遺留された時
期も鑑定事項の内容とすることが必要になります。

　なお、ある人の精液由来の DNA に同一人の口腔粘膜由来の DNA を混入
させた場合に、その由来を識別できるかという問題があります。その識別は
一般的な DNA 型検査では困難です。精子に由来する DNA であることの確
認（予備試験、精子確認試験）を別に行うことが必要です（本書253〜254
頁）。

Q49

鑑定事項に「その他参考事項」という項目が付加されること
がありますが、その意義・役割はなんですか。

A49

　鑑定書の「その他参考事項」には、一般的には、鑑定人が鑑定主文を導出する過程で参考とした情報を記載します。

　ときには、裁判官・検察官・弁護人又は捜査官が設定した「鑑定事項」が、専門家である鑑定人から見ると、必ずしも問題の核心を突いていない、あるいは「鑑定事項」として不適切であると考えられる場合があります。そのような場合に鑑定人は、この項目に、問題の核心の所在、適切な鑑定事項を示し、それに対する鑑定経過及び結論を記載することがあります。

　なお、注意を要するのは、鑑定人の予断・偏見に基づく記載、誤解を生ずるおそれのある記載や余事記載がなされている場合です。犯罪捜査規範188条2項は、「鑑定嘱託書中に、鑑定人に予断又は偏見を生ぜしめるような事項を記載してはならない」と規定しています（本書Q47、66頁）。予断や偏見を与えるおそれのある記載や鑑定の範囲を逸脱している記載については、当該部分または鑑定書全体について証拠排除の申立をすべきかどうかを、検討すべきです。

　また、このような問題のある記載は、鑑定人の適性を判断する材料にもなり得ます。鑑定の前提を誤っていないか、事件との関係で利害関係や予断・偏見がないか、科学的根拠ではなく推測に基づいているのではないかなどに十分注意して検討すべきです。

Q50

DNA 型鑑定と DNA 鑑定はどう違うのですか。

A50

　一般論としては、ほぼ同義で使われています。「DNA 鑑定」も「DNA 型鑑定」も、多くの場合には「鎖長多型」と「配列多型」を鑑定方法として

第2部　DNA型鑑定と弁護活動

います。「DNA 型鑑定」と称する場合は、「鎖長多型」の「型」鑑定に重点を置いていることを示しているといってよいでしょう。

　わが国では、警察庁科学警察研究所（科警研）は、従来から「DNA 型鑑定」といい、日本 DNA 多型学会は「DNA 鑑定」といい、日弁連人権擁護委員会は『DNA 鑑定と刑事弁護』（現代人文社、1998年）において「DNA 鑑定」と表記しています。わが国の DNA 関係の出版物でも両表記が行われています。アメリカ連邦法「2004年万人のための司法手続法」の邦訳では「DNA 検査」と表記し、ドイツ「司法手続における DNA 型鑑定制度を改正するための法律」（2005年 8 月17日公布）の邦訳では「DNA 型鑑定」と表記しています。本書では、「型」鑑定に重点を置いて説明していますので「DNA 型鑑定」と表記しています。

Q51
「鎖長多型」、「配列多型」とはどのようなものですか。

A51

　1　DNA の鑑定手法には、現在のところ大きく分けて 2 つあります。

　塩基（A＝アデニン・T＝チミン・C＝シトシン・G＝グアニン）のユニットの反復（繰り返し）回数に着目する「鎖長多型」と塩基配列そのものの違いに着目する「配列多型」です（本書Q11、12〜13頁参照）。

　2　「鎖長多型」は「塩基ユニットの反復（繰り返し）回数」の「数」により「○○型」とし、その「型」の一致・不一致を鑑定します。

　例えば、足利事件において鈴木廣一大阪医科大学教授の DNA 型鑑定書には「Identifiler® で検査できる DNA 型一覧」という記載があります（表3a〔次頁に掲載〕の 4 段目）。

　その表中に「マーカー名称 FGA、染色体の存在部位 4q28、基本反復単位

70

Identifiler®で検査できるDNA型一覧　表3a

マーカー名称	染色体の存在部位	基本反復単位	アレル数*
TPOX	2p23–pter	AATG	8
D2S1338	2q35–q37.1	TCTA(TCTG)1-3(TCTA)n	13
D3S1358	3p	TCTA complex	9
FGA	4q28	CTTT	16
D5S818	5q23.3–q32	AGAT	9
CSF1PO	5q33.3–q34	AGAT	10
D8S1179	8q	TCTA complex	11
TH01	11p15–5	AATG	7
vWA	12p12–pter	TCTA(TCTG)3-4(TCTA)n	10
D13S317	13q22–q31	TATC	9
D16S539	16q24–qter	GATA	9
D18S51	18q21.3	AGAA	19
D19S433	19q12–13.1	AAGG	16
D21S11	21q11.2–q21	TCTA complex	16
Amelogenin**	Xp22.1–p22.3	X：106 塩基	
	Yp11.2	Y：112 塩基	

*さらに多数の人を調査すれば稀なアレルも検出されるので、記載以上にある。
**AmelogeninはSTRではないが、性別判定用として市販のSTRキットに含まれている。

PowerPlex®ES　Monoplex System, SE33(JOE)

名称	染色体の存在部位	基本反復単位	アレル数*
SE33	6q14	AAAG complex	>30

本書Q21～22、26～27頁参照。（出典：前記鈴木廣一大阪医科大学教授の鑑定書）

第2部　DNA型鑑定と弁護活動

Yfiler®で検査できるSTR一覧　　表３b

マーカー名称	基本反復配列	アレル数*
DYS456	AGAT	6
DYS389I	(TCTG)3(TCTA)n	6
DYS390	(TCTG)8(TCTA)n(TCTG)1(TCTA)4	4
DYS389II	(TCTG)n(TCTA)p(TCTG)q(TCTA)r	11
DYS458	GAAA	7
DYS19	(TAGA)3TAGG(TAGA)n	10
DYS385	GAAA	19
DYS393	AGAT	9
DYS391	TCTA	7
DYS439	GATA	8
DYS635	(TCTA)4(TGTA)2(TCTA)2(TGTA)2(TCTA)2(TGTA)0,2(TCTA)n	7
DYS392	TAT	12
GATAH4	(TAGA)nN12(GATC)2AA(TAGA)4	6
DYS437	(TCTA)n(TCTG)2(TCTA)4	5
DYS438	TTTTC	6
DYS448	(AGAGAT)nN42(AGAGT)8,9	8

*さらに多数の人を調査すれば稀なアレルも検出されるので、記載以上にある。
本書Q23、29頁参照。（出典：前同）

1 DNA型鑑定と鑑定書

Table-The distribution of frequencies at fifteen STR loci Japanese population (n=1350)

表 5

	D8S1179	D21S11	D7S820	CSF1PO	D3S1358	TH01	D13S317	D16S539	D2S1338	D19S433	vWA	TPOX	D18S51	D5S818	FGA
5						0.0015									
6						0.2233									
7	0.0004		0.0030	0.0100		0.2667	0.0011	0.0004				0.0004		0.0026	
8			0.1267	0.0011		0.0663	0.2670	0.0019				0.4544		0.0067	
9	0.0007		0.0456	0.0467		0.3985	0.1289	0.3537				0.1141		0.0859	
9.1			0.0004												
9.2									0.0004						
9.3						0.0348									
10	0.1326		0.2189	0.2233		0.0089	0.1148	0.1967				0.0307	0.0022	0.2007	
10.1			0.0004												
10.2										0.0011					
10.3			0.0007												
11	0.1089		0.3285	0.2078			0.2211	0.1870		0.0037		0.3630	0.0044	0.2922	
11.2										0.0007					
12	0.1226		0.2348	0.4185	0.0019		0.2022	0.1785		0.0404		0.0356	0.0478	0.2352	
12.2										0.0052					
13	0.2248		0.0348	0.0689	0.0007		0.0511	0.0726	0.2874		0.0004	0.0011	0.1993	0.1667	
13.2										0.0300					
14	0.2048		0.0059	0.0178	0.0289		0.0130	0.0081		0.3496	0.1941	0.0007	0.2222	0.0089	
14.2										0.0881					
15	0.1344		0.0004	0.0052	0.3959		0.0007	0.0011		0.0507	0.0267		0.1681	0.0011	
15.2										0.1148					
16	0.0641			0.0007	0.3063				0.0085	0.0052	0.1841		0.1256		
16.2										0.0193					
17	0.0063				0.1996				0.0974		0.2826		0.0815		0.0033
17.1													0.0004		
17.2										0.0030					
18	0.0004				0.0633				0.1589	0.0004	0.2256		0.0481		0.0215
19					0.0030				0.2089		0.0737		0.0363		0.0670
20									0.1056		0.0100		0.0219		0.0889
21				0.0004					0.0148		0.0026		0.0156		0.1307
22									0.0504		0.0004		0.0130		0.2015
22.2															0.0019
23									0.1467				0.0074		0.2052
23.2															0.0048
24									0.1078				0.0037		0.1570
24.2															0.0011
25									0.0615				0.0015		0.0733
25.2															0.0019
26									0.0289				0.0007		0.0319
27		0.0011							0.0085				0.0004		0.0078
28		0.0422							0.0022						0.0022
28.2		0.0048													
29		0.2467													
30		0.3370													
30.2		0.0044													
30.3		0.0011													
31		0.1033													
31.2		0.0711													
32		0.0193													
32.2		0.1189													
33		0.0026													
33.1		0.0022													
33.2		0.0404													
34		0.0007													
34.2		0.0041													
Ob.H	0.822	0.792	0.779	0.734	0.727	0.702	0.807	0.771	0.864	0.754	0.784	0.627	0.844	0.770	0.856
Ex.H	0.841	0.793	0.770	0.725	0.705	0.715	0.807	0.764	0.870	0.769	0.792	0.647	0.853	0.784	0.857
PD	0.955	0.929	0.910	0.885	0.855	0.870	0.935	0.907	0.969	0.913	0.924	0.812	0.961	0.920	0.961
P	0.377	0.235	0.990	0.150	0.262	0.340	0.338	0.447	0.322	0.146	0.745	0.170	0.151	0.082	0.130

Ob.H:observed heterozygosity,Ex.H:expected heterozygosity,PD:power of discrimination,P:Probability value of exact test.

（出典：前同）

CTTT、アレル（＝アリール）数 16」という記載があります。

　その意味は、マーカーは FGA、第 4 染色体の長腕*の第28部位に存在する DNA であって、基本反復単位は CTTT であり、反復回数は16種類（17、18、19、20、21、22、22.2、23、23.2、24、24.2、25、25.2、26、27、28）あることを表しています。

　その場合に、当該鑑定対象の DNA 型が CTTT を17回反復していれば、4q28 部位については17型と判定します。

　次に、頻度データ（前頁表 5 の最右列）を見ます。鑑定書には頻度データの表が付属しています。FGA（4q28）の17型は、出現頻度は0.0033と記載されています。これにより、17型の出現頻度が分かります（前記鈴木廣一大阪医科大学教授の鑑定書 表 3 a 及び表 5 ）。

　このような方法で、15又は16の染色体の各部位の DNA の型を判定し、それぞれの頻度を掛け合わすと出現頻度が算出できます。それにより出現頻度の確率を求めて、同一由来の可能性の確率を示しているのです。

　　＊染色体のくびれを中心にして短い部分を短腕【p】、長い部分を長腕【q】と表示します。

　3　配列多型は「塩基配列」そのものの違いの有無により一致・不一致を鑑定します。

　理解のために一例を示せば、ミトコンドリア DNA（16200－）のダイレクトシークエンス・データの塩基配列では次のような違いがあります（前記足利事件における本田克也筑波大学教授の鑑定書）。

　遺留された DNA の塩基配列

　　16200－　（省略）CATAAAGCATT<u>T</u>ACCGTACA……

　被疑者の血液による DNA の塩基配列

　　16200－　（省略）CATAAAGCATT<u>C</u>ACCGTACA……

　上段の <u>T</u> と下段の <u>C</u> において両者の DNA の塩基配列に違いが見られます。これが塩基配列そのものの違いに注目する「配列多型」です。

Q52

「試料」、「資料」、「検体」、「サンプル」の違いはあるのでしょうか。

A52

　一般には、DNA 型の鑑定に供する物体（血液、体液、血痕、毛根等）を「試料」または「資料」、ときには「検体」とよんでいます。本質的な違いはありません。但し、鑑定対象の「試料」の DNA そのものをいう場合や DNA が付着している衣類の一片などの物件をも含めていう場合もあります。

　大学の研究室などでは、検査・分析などに供する物質や生物等を「試料」または「検体」と呼ぶ例が多いようです。

　他方で、日本 DNA 多型学会の「DNA 鑑定についての指針（1997年）」及び警察庁刑事局長の「DNA 型鑑定の運用に関する指針の改正について」（平成15年7月7日付通達〔資料5‐1〕）、国家公安委員会規則「DNA 型記録取扱規則」（改正平成18年10月30日付）などでは、鑑定の対象物体を「資料」と呼んでいます。

　なお、ときには「物件」、「サンプル」という場合があります。それは「資料」と同義で使われたり、あるいは DNA が付着していると見られる物体をいう場合もあります。

　本書では、原則として「試料」と表記していますが、ときには文意を明確にするために「検体」という表記もしています。また、参考文献等を引用・紹介の場合には、その表記法に従っています。

Q53

DNA 型鑑定の方法はどのようにして選択するのですか。

第2部　DNA型鑑定と弁護活動

A53

1　鑑定の方法は、鑑定事項や目的を考慮して、試料を最も適切に鑑定できる方法を選択します。

現在一般的なのは、常染色体のマイクロサテライト（short tandem repeat＝STR*）多型の検査と、性染色体であるX及びY染色体のSTR多型の検査などです。他にミトコンドリアDNA多型の検査も利用されることがあります。

なお、DNA型検査キットのメーカーや製品**ごとに、DNA抽出試薬、DNA型増幅試薬、DNA型解析装置、検査座位等に特異性があり、検査内容にも差異があります。

　　＊STR＝塩基（A・T・C・G）の短い配列の反復繰返回数を調べ、その回数を型とする検
　　査方法。

　　＊＊例えばメーカーとしてはApplied Biosystem社、Promega社。製品名としては、
　　AmpF1 STR® identifiler™、PowerPlex® ES、AmpFl STR® Profiler Plus™ ID、AmpFl
　　STR® SEfiler™ など。

2　警視庁及び道府県警察本部の各科学捜査研究所（科捜研）は、「DNA型記録取扱規則」（国家公安委員会規則平成18年10月30日改正）により、MCT118及びアメロゲニン*並びに次の座位についてDNA型を鑑定することとしています（同規則2条及び3条）。イ　D8S1179、ロ　D21S11、ハ　D7S820、ニ　CSF1PO、ホ　D3S1358、ヘ　TH01、ト　D13S317、チ　D16S539、リ　D2S1338、ヌ　D19S433、ル　vWA、ヲ　TPOX、ワ　D18S51、カ　D5S818、ヨ　FGA。

なお、これらの検査結果であるDNA型記録は、科捜研所長または警察署長は警察庁刑事局犯罪鑑識官に電磁的に送信することになっています（同規則3条及び4条）。前記のように、それらの記録はデーターベースとして利用されます。

　　＊STR解析と一緒に実行できる性判別遺伝子（そのマーカー）。アメロジェニンと表記さ

1 DNA型鑑定と鑑定書

れる場合もあります。

Q54

DNA型鑑定書の具体的内容はどのようなものですか。

A54

　足利事件再審請求抗告審で裁判所の職種鑑定により2009（平成21）年5月に作成・提出された2通の鑑定書（鈴木廣一大阪医科大学教授鑑定書、本田克也筑波大学教授鑑定書）を例に、概要を比較して見てみましょう（なお、下表は各鑑定書の目次順に並べてあり、必ずしも項目及び内容において対応関係にはありません。標題項目以外は、内容を理解しやすくするための編著者による要約です）。

鈴木廣一鑑定書 （平成21年5月6日）	本田克也鑑定書 （平成21年5月25日）	本書関連Q&Aの頁
鑑定書	鑑定書	Q47、66頁
A. 鑑定結果の要約 （試料①（本件半袖下着の裁断布片）と試料②（請求人の血液・口腔粘膜）は、検査したDNA型の多くが異なるので、同一人に由来しない）	第1章　緒言 （鑑定事項・鑑定試料＝本件二つの試料のDNA型を明らかにし、二つの試料が同一人に由来するか否かを判定すること・試料の採取等）	Q45、63頁

77

B. この鑑定にかかわる手続事項 （鑑定受託経過・鑑定事項＝本件二つの試料の DNA 型を明らかにし、二つの試料が同一人に由来するか否かを判定すること・試料の採取等）	第2章　DNA 抽出法 （裁断布片は DTT 及びプロテナーゼの混合バッファ液等により3段階の抽出法。その後、手動により数次の抽出法を採り、DNA を抽出。 血液・口腔粘膜抽出液は自動抽出装置により DNA 抽出）	Q47、66頁 243〜254頁
C. この鑑定の結論 （試料①と試料②は、検査した33個の DNA 型のうち26個が異なるので、同一の人に由来しない）	第3章　DNA 検査法 1. DNA 鑑定のための男性由来 DNA の確認 　1）アメロジェニン PCR 　2）Quantifiler®キットによる男性由来 DNA 定量 2. DNA 型鑑定のための検査 　1）MCT118 部位の DNA 型検査 　2）Y 染色体 STR 部位の型判定 　3）MCT118 部位及び Y-STR 部位の PCR ダイレクトシークエンス 　4）ミトコンドリア DNA 高変異部位のダイレクトシークエンス	Q63、92頁 Q13〜14、14〜16頁 Q19、21〜22頁

D．この鑑定の経過	第4章　検査結果	Q55、82頁
1．鑑定検査の流れ	1）アメロジェニン領域	Q63、92頁
1）DNA 抽出	の PCR による性別判定	Q21～30、
2）DNA の濃度の測定	2）MCT118 部位の DNA	26～42頁
3）DNA 型を含む部分の	検査による型判定（菅家氏	243～254
増幅（PCR）	は18/29であり、下着遺留	頁
4）DNA 型の解析	精液は18/24である。なお、	
5）DNA 型の判定	PCR ダイレクトシークエ	
2．検査の実際	ンスによっても確認され	
2－1．試料	た）	
2－2．DNA の抽出	3）Y-STR 型検査の結果	
2－3．DNA 型検査	（検査した8部位のうち5	
2－4．DNA 型の解析	部位両者の DNA は異なっ	
2－5．15STR、Mini、AML、	た）	
及び SE33 の検査結果	4）ミトコンドリア DNA	Q26～29、
2－6．Y 染色体 STR の検査	ダイレクトシークエンスに	33～36頁
結果	よる塩基配列（2箇所で	
2－7．陰性対照と陽性対照	相違が確認された）	
	5）結果の要約	
	（8部位で不一致となった）	

E. 検査結果の解釈	第5章　説明	Q20、23頁
1. 常染色体多型マーカーの検査（15STR の「組合せセット」を持つ人の存在頻度は、最大でも4兆7千億分の1である）。	1）試料からの DNA 抽出について	Q21、26頁
	2）PCR 法について	
2. Y 染色体多型マーカーの検査（16個の STR が型の塊として父親から男児へそのまま伝達される。これを YSTR ハプロタイプという。試料①と②は YSTR ハプロタイプが異なっていたから、試料①と②の由来する男性は異なる。）	3）電気泳動による型判定について	
	4）平成3年11月25日付鑑定書の問題点について（①同鑑定書の電気泳動写真[*]について	
	②MCT118 型の遺伝子頻度のデータについて	Q15、17～18頁
	※足利事件科警研鑑定書	
	③HLADQα 検査について）	
F. 鑑定に関する基本的事項と鑑定方法の精度	第6章　鑑定	Q18、20～21頁
1. DNA	MCT118 型は18／24と18／29で不一致、ミトコンドリアダイレクトシークエンスは2箇所で違いがあり、Y-STR型は3部位で一致し、5部位で不一致。検査のミスや、突然変異を考慮しない限り、　1部位でも不一致であれば、それぞれの DNA の由来する個人は他人であると判断でき	
2. 遺伝的多型		Q19、21～22頁
3. 鑑定方法と精度		Q63、92頁
4.（欠番）		
5. 現在の技術水準での DNA型検査の一般的結論（すべてが一致するのは、もはや偶然とはいえないようになる。逆に一致しない型があ		

る場合は、由来する個人が異なるからである）	るので、いかなる偶然性を排除しても、本件においては、MCT118 に加えて、Y-STR5部位で不一致の結果は、両者に由来する個人が同一人である可能性はあり得ないと言っても過言ではない。	
G．鑑定人及び鑑定補助人の知識と技術の根拠（鑑定人・補助人の DNA 研究歴等）	第 7 章　結論 （前章と同旨）	Q46、64～66頁
H．DNA 型鑑定の発展と検査を巡る科学論争		Q 1 、 3 ～ 4 頁 Q 7 、 8 ～ 9 頁
鑑定書に添付した表、写真、図及び資料（表 9 枚、写真14葉、図47枚、資料 6 部）	（添付資料） 写真 6 枚、図16枚、表 2 枚、ダイレクトシークエンスデータ 4 頁、泳動チャート資料40頁	Q31、42～43頁 Q56～57、84～85頁

第2部　DNA型鑑定と弁護活動

Q55

足利事件での鈴木廣一鑑定と本田克也鑑定のそれぞれの鑑定方法は、どのようなものですか。

(表1a)

	試料② (血液、口腔粘膜)		試料① (半袖下着)	
Identifiler®				
D8S1179				
D21S11				
D7S820				
CSF1PO				
D3S1358				
TH01				
D13S317				
D16S539				
D2S1338				
D19S433				
vWA				
TPOX				
D18S51				
D5S818				
FGA				
Amelogenin	X	Y	X	Y
SE33				
Yfiler®				
DYS456				
DYS389I				
DYS390				
DYS389II				
DYS458				
DYS19				
DYS385				
DYS393				
DYS391				
DYS439				
DYS635				
DYS392				
GATAH4				
DYS437				
DYS438				
DYS448				

*アレル18は試薬キット添付のアレリックラダー外のアレルであるが、型解析図からアレル18と判断される。図4,7を参照.

（出典：鈴木廣一大阪医科大学教授の前記鑑定書）

82

（表２）DNA抽出結果一覧

試料②（抽出：H21/2/13）

	抽出対象	DNA濃度* ng/μl	抽出方法	
	擦過口腔粘膜	39.9	Wako DNAエキストラクター FMキット使用	
	採血血液	344.4		

試料①（抽出：H21/2/3）

抽出検 体番号	抽出対象	DNA濃度 ng/μl	分離・抽出方法	試料の部位
1**	精子分画	測定されず	上皮細胞を処理後、沈渣か らDTTを用いてNaIでDNAを 抽出→アルコール沈殿	非切り抜き部
2**	精子分画	測定されず		非切り抜き部
3**	精子分画	測定されず		非切り抜き部
4**	精子分画	測定されず		非切り抜き部
5***	精子分画	測定されず		試料①を含まない

（抽出：H21/2/16）

抽出検 体番号	抽出対象	DNA濃度 ng/μl	分離・抽出方法	試料の部位
6	精子分画	1.3	Promega製Differex™ System使用、下層（精子細 胞部分）からDNA抽出 PK処理（DTT）→アルコール 沈殿	参考資料1の②
7	精子分画	2.9		参考資料1の②
8	精子分画	-0.9		参考資料1の③

（抽出：H21/2/23）

抽出検 体番号	抽出対象	DNA濃度 ng/μl	分離・抽出方法	試料の部位
6'	精子分画	21.2	QIAGEN製　GIAamp^RDNA Investigator Kit 使用 （上皮細胞を取り除き、沈渣 からDNA抽出）→アルコー ル沈殿	参考資料1の②
7'	精子分画	21.2		参考資料1の②
8'	精子分画	21		参考資料1の③
9	精子分画	21.7		参考資料1の④
10	精子分画	22.7		参考資料1の⑤
11**	精子分画	21.5		非切り抜き部

*DNA濃度は参考値.
**No.1～5、No.11は対照として精子の付着していないであろう部分を切り取ってDNAを抽出.
***No.5は、抽出操作において試料をいれないで、Identifiler®解析まで行った陰性対照.

本書Q30、37～42頁参照。（出典：前同）

第2部　DNA型鑑定と弁護活動

A55

1　鈴木廣一大阪医科大学教授の鑑定では、検査の種類は、以下のとおりです。①常染色体の多型マーカー検査（15STR と SE33）、②Y 染色体多型マーカーの検査（16YSTR）（本書82頁の表１a、同83頁の表２参照。核検査の結果は個人情報保護のためマスキングしています）。

2　本田克也筑波大学教授の鑑定では、検査の種類は、以下のとおりです。①アメロジェニン領域の PCR による性別判定、②MCT118 部位の型判定、③Y-STR 型検査、④ミトコンドリア DNA シークエンスによる塩基の配列多型。

Q56

DNA 型鑑定書に添付されているエレクトロフェログラム（チャート）や図表は、どのような意義を持っていますか。

A56

エレクトロフェログラム（チャート）や図表は、検査経過や結果が正しいか否かを確認するために不可欠な資料です。これらが添付されていない鑑定書は経過や結果を裏付ける根拠を示す裏付けを欠き、鑑定書としては重要部分の欠落があるというべきです（本書Q31、42頁、252頁参照）。

Q57

DNA 型鑑定のエレクトロフェログラム（チャート）は、どのように見たらよいのですか。

84

A57

　「DNA 型記録取扱規則」（国家公安委員会規則。2006年）では、MCT 118 型に加え STR 多型では16常染色体（15＋性染色体 1 ）の遺伝子座（ローカス）について鑑定することとしました。さらに2008年には Y-STR についても鑑定することとしました。これにより試料、陰性対照、陽性対照について少なくとも16のローカスの鑑定を実施しますから、 1 つの遺伝子座につき、（試料の数＋ 2 つ）の鑑定結果のエレクトロフェログラムが表記されることになります。それらエレクトロフェログラムのピークの位置と高さを比較します。特に位置が重要です（本書Q21～Q29、26～36頁参照）。

　複数の試料のピークの位置が異なっている場合には、同一由来ではない可能性があります。また、陽性対照の位置と異なっている場合にも、同一由来ではない可能性があります。

　陰性対照からは、ピークは出ません。もしピークが出たときには、試料・試薬器具に何らかの汚染や検査ミスがあったものと判断します。

　ピークの高さは、抽出した DNA 量により左右されますので、差異が生じることがあり、必ずしも検査の正確性に疑問があることを意味するものではありませんが、著しく低い場合には検査の正確性を検証することが必要です。

　なお、エレクトロフェログラムのピークのない部分（基底線）にゆれ（ノイズ）が多く出ている場合にも、検査結果に疑問を挟む余地があります。ピークかゆれ（ノイズ）かの見極めは容易ではありません。

Q58

　鑑定書及び付属資料の日付の事後変更や改ざんは可能ですか。

A58

　DNA 解析（検出）装置のコンピュータが、エレクトロフェログラム（チャート）などに自動的に作動日時をデータとして記録し、出力します（本書26頁のエレクトロフェログラム最下部左側印字部分）。しかし、意図的に日時等の変更等をやろうとすると可能です。その疑いがある場合は、鑑定時前後の他の鑑定（検査）を記録したエレクトロフェログラムや検査ノート等の開示を求め、その連続性等をチェックすることが必要です。

Q59

「検査ノート」または「鑑定ノート」あるいは「検査メモ」とはなんですか。

A59

　DNA 型鑑定をはじめとする鑑定を実施する際に、実際に鑑定作業を行った鑑定者が記載・作成するノートやメモの総称です。

　検査ノートには、検査の日付や試料の量、検査過程上のメモ、実施した方法などが記載されます。したがって、検査ノートを閲覧することは、実際の鑑定状況を把握するのに非常に役立ちます。検査ノートには、通常は当該鑑定のみならず、同時に及びその前後に行われた他の鑑定も、年・月・日・時の順に記載されていますので、試薬、手順、操作時間等が適正に行われたかを確認する資料となります（本書Q30、37頁参照）。

　日本 DNA 多型学会による「DNA 鑑定についての指針（1997年）」は、「2,一般的注意」の「5）再鑑定への配慮」において、「すべての鑑定において、鑑定人は法廷の求めがあれば鑑定経過を詳細に記録した鑑定ノートを開示するべきであるが、資料の全量を用いた場合にはとりわけあてはまる」と鑑定ノートの重要性を明記しています（前記指針は本書186～193頁に掲載して

あります）。

Q60

DNA 型鑑定に誤りはありますか。あるとしたらどんな場合に起こるのですか。

A60

　DNA 型鑑定も細胞・化学に関する科学的鑑定（検査）の一つです。科学的鑑定（検査）に誤りはつきものであり、それが科学者の常識です。そして現実の裁判でも DNA 型鑑定が信用できないとされた事例がありました（本書Q61、90頁）。

　1　誤りが生ずる原因・環境はいろいろありますが、大別すると次のようにいえます。

　①鑑定方法・技術が科学的レベルで確立していない。

　②検査環境が DNA 鑑定を行うに適したクリーン状態になく、汚染・混入等の危険があった。

　③鑑定人の知識が不十分であったり、技能が未熟であった。

　④検体を取り違えた。

　⑤鑑定人が、手順、試薬の量、抽出・増幅等の所要時間の設定などを誤った。

　⑥検査試料が微量過ぎて反応が不鮮明であったため型判定を誤った。

　⑦試料が採取から検査完了までのどの段階かで汚染したか、作為的な汚染が行われた。

　⑧検査装置に故障等があったり、装置のソフトウエアが何らかの誤作動をした。

　⑨キット等の試薬に異常があった。

⑩判定に過誤があった。

⑪鑑定書の記載時に記載ミスをした。

などが考えられます。

2　警察庁の犯罪鑑識官は、捜査員等に対し次の点を留意事項として指摘しています。

(1)　資料収集・保管の適正

　「鑑定に着手するまでの段階における鑑定対象資料の収集・保管です。分かり易い例でいえば、現場に遺留されただ液の採取をする警察官がくしゃみをして当該遺留資料に自分のだ液を混入させてしまえば、鑑定が困難になります」、「資料の汚染や混合を防ぐため、資料採取には細心の注意を払い、決められた手順に従って慎重かつ適正な資料採取が行われる必要があります」、「立会人による確認、写真撮影及び関係記録への明示などにより、当該資料がどこにどのような状態で存在し、それがいつどのように採取されたかを立証できる措置を講じておくことも重要不可欠です」、「資料の適正な保管もまた重要であり、当該資料が科捜研に送付されるまでの保管や受け渡し状況を明確に記録化しておく必要があります」、「取調べや資料の出し入れ等の過程で誰がどのように触ったかが問題となった場合がありますから、その保管や取扱いには注意が必要です」、「鑑定の段階においても、マイクロチューブに鑑定嘱託番号等を付すなどして、資料の取違えなどが起きないよう十分な注意が払われていることは言うまでもありません」（田辺泰弘「DNA型鑑定について」研修719号〔2008年〕76～80頁）。

　つまり、これらの注意を欠いた場合には、エラー、ミス、誤鑑定の危険性があるということです。

(2)　コンタミネーション

　一般的には本来の資料（試料）に別資料（試料）を混入させることや検査器具の汚染をコンタミネーション（汚染）といいます。DNA型鑑定では、コンタミネーションはどの段階で生じても結果に重大な影響を及ぼします（本書36頁参照）。「PCR増幅装置は、高感度のものですので、ひとたび別

人の DNA が混入すると、それがわずかなものであっても増幅されてしまいますし、本来の検査対象の DNA がもともと分解している場合には、混入した方の DNA だけが増幅されてしまい、そうなると誤鑑定となってしまいます」、「また、増幅した DNA が、増幅前の別の DNA 液に混入してしまいますと、前者の DNA の数が圧倒的に多いので、同様に誤鑑定となってしまいます」（前掲・田辺論文）。

3　このコンタミネーションの危険性は、DNA 型鑑定の根本問題であり、前記のとおり直接的な接触もあるほか、空気中の微少な霧状の微粒子からのものもあると指摘されています（勝又『DNA 鑑定』132頁）。

これらの危険やその結果生ずる誤鑑定を防止するには、日本 DNA 多型学会「DNA 鑑定のための指針（1997年）」の指摘する「一般的注意」及び「親子鑑定について」において指摘する諸点を厳しく吟味することが必要です（前記「指針」は本書186〜193頁）。

これらの危険については、勝又『DNA 鑑定』121〜150頁が参考になります。また、日弁連編『DNA 鑑定と刑事弁護』（絶版ですが、弁護士会図書館に所蔵）は、125頁以下にその危険性と問題点を指摘しています。

4　鑑定経過及び結果の過誤の有無は、当該鑑定書及び付属書類から発見できることも稀にはありますが、基本的には困難です。過誤の有無を確認するには、別の独立した機関で、別の専門家によって、再検査を実施することが必要にして不可欠です。

それでも、捜査関係者や鑑定関係者が鑑定試料に作為を加えたときは、誤りの発見は容易ではありません。それだけに、試料の採取と保管の過程は厳密に管理されるべきであり、それらの検証可能性が保証されることが必要です。

5　再検査の保証については、日本 DNA 多型学会の前記「指針（1997年）」策定の議論において日弁連人権擁護委員会鑑定問題事例調査研究特別

第2部　DNA型鑑定と弁護活動

委員会推薦の、弁護士委員は再検査の保証を強調しましたが、科警研関係者の強い反対で前記の表現に留まったといういきさつがあります（この経過の詳細は前掲『DNA 鑑定と刑事弁護』228頁〜245頁参照：本書159〜195頁に転載、同旨勝又『DNA 鑑定』147〜148頁）。

　足利事件の例を見ても、再検査の保証が不可欠であることは明らかです。

Q61

これまでに足利事件の他にも、DNA 型鑑定の信用性または証明力が否定された裁判例がありますか。

A61

　主な例として以下の裁判例があります。

①みどり荘事件（無罪：福岡高判平成 7 年 6 月30日判時1543号181頁）：ACTP2 型（本書140頁）。

②北方連続殺人事件（無罪：佐賀地判平成17年 5 月10日判時1946号 3 頁。福岡高判平成19年 3 月19日最高裁ウエブサイト高裁判例集）：ミトコンドリア DNA 型。

③小田原強盗殺人事件（有罪：東京高判平成11年 4 月28日判タ1013号245頁）：ミトコンドリア DNA 型。たばこの吸殻に付着した唾液について控訴審で実施したミトコンドリア DNA 型が被告人と不一致だったが、資料が微量であった可能性があり、時間の経過により DNA が分解した可能性もあり、採取・保管中の汚染の可能性がないとはいえないなどとして、被告人が吸ったものではないと明らかになったわけではないとした（田辺泰弘「DNA 型鑑定について」研修718号〔2008年〕79〜82頁。

④この他の事例については、三井誠「DNA 鑑定の証拠能力・証明力」『松尾浩也先生古稀祝賀論集　下巻』（有斐閣、1998年）493頁以下を参照してください。

90

Q62

DNA型が「一致する」という鑑定結果の証明力をどう考えるべきですか。

A62

1 STR多型法によるDNA型鑑定が一致するとの鑑定結果が出た場合、例えば、検査した15ローカスがすべて一致した場合には、同一由来の他人が存在する確率は、計算上は10^{20}人（1垓人＝1京の1万倍）につき1人というレベルであるといわれています（押田茂實ほか「法医学におけるDNA型鑑定の歴史」日大医学雑誌68巻5号〔2009年〕282頁）。

科警研では、無作為抽出の日本人1350人のDNAから15座位の「型」を調べ、それぞれの出現頻度を計算したところ、もっとも出現しやすい場合でも、約4兆7000億人に1人であり、各型の出現頻度で計算すると、何「京」人に1人という数字になる場合も少なくないとしています。「もちろん、DNA型鑑定は、前記のとおり、細胞内のDNAすべてを解明して比較対照するわけではないので、その鑑定によって生物学的に同一人と断定することはできません」、「しかしながら、DNA型鑑定の信頼性が確立し、その型分類がこれだけ精緻になっていることに照らせば、DNA型鑑定には、事実上、絶対的な個人識別能力があるといってよいと思います」としています（田辺泰弘「DNA鑑定について」研修716号〔2008年〕75～78頁）。

2 しかし、すべてのDNA型を検査したわけではありませんから他の鑑定法で検査したところ、不一致ということを完全に排除できるわけではありません。DNA型鑑定の限界であり、このことを忘れてはなりません。争いのある事件のときは、「試料」の採取・保管・鑑定時の汚染・混入・作為等がないかを改めて検証することが必要です。

同時に、DNA型鑑定以外の証拠を総合的に検証して、「合理的な疑い」が

第2部　DNA型鑑定と弁護活動

残るか否かを判断するべきです。

Q63

DNA 型鑑定の遺伝子座（ローカス）の一部に不一致があった場合には、どう考えるべきですか。

A63

　検査した DNA 型のローカスのうち、2 ローカス以上が一致しない場合には同一由来ではないと考えるべきです。何らかの理由で、偶然的に 1 ローカスが不一致になることは想定されますが、2 ローカス以上が偶然的に不一致になることは考え難いからです。

　1 ローカスのみが不一致の場合には、孤立否定といいます（次問参照）。

Q64

「孤立否定」とは、どのようなことを意味するのですか。

A64

　STR 法のいくつかの型判定のうち、1 つの型だけについて同一由来が否定された場合を「孤立否定」といいます。

　それだけでは、DNA 型が同一由来ではないと即断することは問題があります。誤判定による場合もあり、汚染や突然変異など何らかの理由で偶然的に孤立否定が生じた可能性もあるからです。このような場合にはまず、鑑定そのものに誤りがなかったか確認するために、他の鑑定方法により再鑑定をします。または、他の独立した信頼できる機関で、別の鑑定人によって再鑑定を行うことが必要です。

なお、汚染により孤立否定が生じた可能性がある場合において、汚染が資料の存在する物件全体に及んでいて孤立否定が生じた場合には、その物件の他の部位を再検査しても、前検査と同じく汚染により孤立否定が生じることになるから、再検査によっても孤立否定か否かを解明できない可能性があります。

Q65

故意に試料（サンプル）が汚染されることはあり得ますか。

A65

あってはならないことですが、事件関係者・捜査官・鑑定関係者がそのような行為を絶対にしないという保証はありません。

ジム・ドワイヤー他著（西村邦雄訳＝指宿信監訳）『無実を探せ！イノセンス・プロジェクト──DNA鑑定で冤罪を晴らした人々』（現代人文社、2009年）は、第5章「白衣による不正行為」において、①アメリカの12州で検察側の証人であった郡監察医主任で血清学者がDNA型鑑定に関し偽りの証拠、偽りの証言をしたため1990年に有罪判決を受けた例、②テキサス州の48郡の検死官の職にあった法医学者が検死解剖をしていないにも拘わらず、多数の虚偽の解剖報告書を提出していた例、③ニューヨーク州北部地方では、手強い事件の場合、州警察官が、証拠品に指紋を付着させるという手段に訴えた例などを紹介しています（同書131〜141頁）。わが国においてこのような事例が、これまで及び今後、絶無であるとの保証はありません。弁護人としては常にその可能性をも念頭に置き検討する必要があります。しかし、これを立証することは現実には大変困難です。したがってDNA型鑑定の分析を厳密に行うとともに、同鑑定書以外の証拠により、被告人・被疑者と犯行を結びつける確実性をきちんと検証し、それが薄弱または皆無に近ければ、作為による汚染の蓋然性・可能性を指摘すべきでしょう。また、検察官及び裁判官は、わが国においても、前記のアメリカの例のような危険が

第2部　DNA型鑑定と弁護活動

あることに留意するべきです。

Q66

Y-STR 多型の有用性はなんですか。

A66

　Y-STR とは、男性特有のY染色体上の STRです。Y-STR が個人識別で有用なのは、性犯罪における男性 DNA を混合瘢痕の中から直接検出できるからです。これには他の染色体と同様に多くの STR が含まれているので、１回の PCRで多数のローカスの判定が可能になります。但し、Y-STR それぞれのアリールの出現頻度が独立に遺伝することを仮定できず、出現頻度を掛け合わせることはできませんので、出現頻度はそれぞれの STR のアリールの組合せの出現頻度とするとしています。また、サンプル集団の信頼性を理論的に検定できない点も問題点として指摘されています（勝又『DNA鑑定』57～59頁、118頁）。

　足利事件では、鈴木廣一鑑定書及び本田克也鑑定書でも Y-STR 検査をしています（本書Q54、77～81頁）。

Q67

試料の「全量消費」とはどのようなことですか。

A67

　採取した試料を、鑑定過程で全て使いきることをいいます。事後の再鑑定が不可能になるので、行ってはならないことです。鑑定試料の全量消費を禁止する旨の法規は存在しないものの、犯罪捜査規範186条は、試料の保存に留意することを命じています。また、日本 DNA 多型学会の「DNA 鑑定のた

めの指針（1997年）」においても、「再鑑定への配慮」を求めています。

　ところが、警察庁刑事局長の「DNA 鑑定の運用に関する指針の改正について」（平成15年7月7日付通達）においては、残余資料は「原則廃棄」とし、しかも「採取困難な資料」についてさえ、「再鑑定を考慮し、適切に措置すること」とし、「残余資料を保存する」とはしておりません。これでは再鑑定の保証を欠くと言わざるを得ません。

　なお、全量消費を禁じることは捜査及び裁判に不都合であるとして、再鑑定の保証を DNA 型鑑定の証拠能力の要件にすべきではないとの主張があります（後藤眞理子「45　DNA 型鑑定」小林充＝植村立郎編『刑事事実認定重要判決50選　下〔補訂版〕』〔立花書房、2009年〕214頁、田辺泰弘「DNA 型鑑定について」研修719号〔2008年〕109頁以下）。

　全量消費をしなければ鑑定できない場合には、捜査段階での鑑定を行わずに試料を超低温（−80℃）で保存し、鑑定方法及び技術の進歩を待つか、またはその後の裁判手続において、裁判所が訴訟関係人の意見を徴して鑑定人を定め、訴訟関係人またはその推薦する DNA 型鑑定の専門家が立ち会って鑑定を行う等の方法によるべきです。あるいは、刑訴法179条の証拠保全の手続を検察官に類推適用して、捜査段階の DNA 型鑑定について、裁判所が関与し、全量消費の必要性、鑑定方法及び鑑定人の選任等の相当性をチェックすることにより証拠能力を付与すると解することも検討されるべきです。

　立法論としては、DNA 型鑑定の証明力の高さと誤判定の危険とその場合の重大性を考慮して、再検査の保証と、再検査ができないおそれのある微量の試料についての鑑定条件（例えば、捜査段階では証拠保全手続類似の制度など）を法律で規定するべきです。

Q68

アメリカでは DNA 型鑑定の再検査問題について、どのような議論や裁判例、法律がありますか。

A68

1　再検査問題についての議論は、米国学術会議（National Research Council：NRC）の勧告「NRCⅡ」が参考になります。

「1989年には"DNA テクノロジーに関する米国学術会議（National Research Council：NRC）が開かれた。1992年、"DNA Technology in Forensic Science" と題された報告書がこの研究会議から発表された。この報告書では法科学に DNA 解析を用いることを推奨していたが、激しい批判にあってしまった。そのため、第2の委員会が設立され、DNA 解析に関する統計問題が慎重に検討されたのである。1996年には、"The Evaluation of Forensic DNA Evidence" が発表され、そのなかで勧告が行われている。今日のアメリカの法廷では、DNA を証拠として扱う際にこの勧告が慎重に考慮されている」（John M. Butler 著・福島弘文他監訳『DNA 鑑定とタイピング』〔共立出版、2009年〕539頁）。

前記「NRCⅡ」の勧告は以下のとおりです。

RECOMMENDATIONS TO IMPROVE LABORATORY PERFORMANCE

Recommendation 3.1.　Laboratories should adhere to high quaulity standards（such as those defined by TWGDAM* and the DNA Advisory Board）and make every effort to be accredited for DNA work（by such organizations as ASCLD-LAB）**.

Recommendation 3.2.　Laboratories should participate regularly in proficiency tests, and the results should be available for court proceedings.

Recommendation 3.3.　Whenever feasible, forensic samples should be divided into two or more parts at the earliest practicable stage and the unused parts retained to permit additional tests. The used and saved portions should be stored and handled separately. Any additional tests should be performed independently of the first by personnel not involved in the first test and preferably in a different laboratory.

＊TWGDAM　1998年北アメリカで DNA 鑑定に従事する研究者を支援するために、FBI

がスポンサーとなり、DNA 解析手法技術作業部会（TWGDAM）が設立され、その後、1998年に名称がDNA科学解析手法作業部会（SWGDAM）に変更された（前掲『DNA 鑑定とタイピング』341頁）。

＊＊ASCLD-LAB　アメリカ社会犯罪研究局（ASCLD）とその研究所認定委員会（ASCLD/LAB）は、アメリカ合衆国ならびに世界において、認定プログラムを実施重要な役割を負っているという（前掲書342頁）。

　これはきわめて適切・重要な勧告です。特に3.3.は、「再鑑定の保証」に関する勧告としてわが国でも参考にすべきです。同書に邦訳がないので編著者による上記原文の参考仮訳を以下に掲載します（この部分の翻訳及び複製許可取得済。Translated & Reprinted with perimission from *The Evaluation of Forensic DNA Evidence, 1966* by the National Academy of Sciences, Courtesy of the National Academies Press, Washington, D.C.）。

　（本書編著者による上記原文の参考仮訳）

　研究所における検査能力改善のための勧告

　勧告3.1.　研究所は高い品質保証基準（TWGDAM＊ や DNA 諮問委員会で定義された基準等）を忠実に遵守し、DNA 検査業務が（ASCLD-LAB＊＊ 等の組織によって）認定（信頼）されるようあらゆる努力をすべきである。

　勧告3.2.　研究所は定期的に技能検査を受け、その検査成績は法廷の審理に役立つものでなければならない。

　勧告3.3.　法医学試料は、可能な場合はいかなるときも、可能なかぎり早い段階で二つ以上に分割し、未使用試料は追加（再）検査に備えて保存すべきである。検査で使用した試料と保存した試料は別個に保管し、取り扱うべきである。追加（再）検査は最初の検査とは独立して、最初の検査に関わっていない者によって、異なる研究所で行うのが望ましい。

　2　裁判例については、前掲『無実を探せ！イノセンス・プロジェクト──DNA 鑑定で冤罪を晴らした人々』が参考になるでしょう。ここで紹介されている誤判事例が、後記の「2004年万人のための司法手続法」の制定に大きな影響を与えたと評されています（中川かおり「2004年万人のため

の司法手続法」外国の立法226号〔2005年〕)。

3 DNA 鑑定の再検査に関する法律としては、前記「2004年万人のための司法手続法」第228A章「有罪判決後の DNA 検査について」において概略次のように規定しています。

第3600条【DNA 検査】 有罪判決確定者につき、一定の条件を満たす場合には、有罪判決を下した裁判所は特定の証拠について DNA 検査を命じなければならない。但し、同法制定（2004年10月30日）から60月以内又は有罪判決を受けてから36月以内のいずれか遅い期限内に申立が行われた場合に限る。

第3600A条【生体証拠の保存】 政府は、被告人が連邦犯罪により拘禁刑に服している場合には、その犯罪の捜査又は訴追において保全された生体証拠を保存しなければならない。但し、一定の場合に適用除外がある（以上、前掲中川かおり論文参照）。

Q69

鑑定に用いる検査キットや各種検査機器の正確性は信用できますか。

A69

個々の製品それ自体の製造・保管・運用上の瑕疵がないかどうかについて、直接に確認する方法は現在のところないというべきです。

ただし、陽性対照及び陰性対照（本書Q26〜29、33〜36頁を参照）について正確な判定がなされていることが確認できたときは、一応、検査キット及び検査機器は、正常に作動していると考えられています。しかし、試料についての判定が正確かどうかは必ずしも保証できません。

同時に、キットや検査機器の誤操作、異常作動は後から検証できる場合と

1 DNA型鑑定と鑑定書

そうでない場合があります。コンピュータシステムの誤作動を後から検証することは容易ではなく、誤作動の検証ができなかったからといって、誤作動がないことの保証にはなりません。

Q70

鑑定人の氏名欄に複数の人が名を連ねている場合、誰を「鑑定人」として証人請求すべきですか。

A70

鑑定における指揮命令、結論の判断など、鑑定事項の重要・核心部分の実質的な責任者が鑑定人です（本書Q46、64〜66頁）。

まずは、検察官に実際の鑑定人が誰であるかを求釈明し、その「鑑定人」を証人請求します。その請求書には、その尋問結果によって、実際の「鑑定人」が別人であったことが分かったときは、その別人を請求する旨を明記すべきです。

Q71

異なる結論の DNA 型鑑定書が提出された場合、その信用性はどのように判断したらよいのですか。

A71

これまでに指摘した DNA 型鑑定の問題点を総チェックします。それによっても、特段の瑕疵がない場合もあります。つまり鑑定書の対比では、優劣、過誤、信用性の有無は分からないのが現実です。

その場合には、別の独立した機関で、別の鑑定人によって再鑑定をし、信

99

第2部　DNA型鑑定と弁護活動

用性（証明力）の当否を確認することが必要です（本書Q67〜68、94〜98頁）。

Q72

DNA型鑑定を弾劾するにはなにに着目すべきですか。

A72

以下のチェックポイントに何らかの瑕疵、問題があれば、その証拠能力及び証明力（信用性）に疑問を抱くべきであり、それらの瑕疵、疑問等を具体的に指摘することが必要です（本書Q30、37〜42頁）。

(1)　試料の採取状況・状態・保管に関する問題

　①発見された試料・体液は何か（精液か、口腔粘膜か、皮膚かなど）。

　　誰によりどのように採取されたか。

　　その採取状況の記録はあるか。

　②被告人のDNAの試料は何か。

　　誰によりどのように採取されたか。採取に違法性・不当性はないか。

　③それぞれのDNA試料は、どこで、どのように保管されていたか。保管中にDNAの分解、汚染・他のDNAの混入の危険はなかったか。

(2)　鑑定方法、機関、鑑定人、鑑定場所に関する問題

　①鑑定方法が理論的及び実践的にみて、科学的に確立しているといえるか。いわゆる「一般的承認」を得た方法であるか。

　②鑑定機関の中立・公正性は確認できるか。

　　科警研及び科捜研の中立性・公正性を確認できたか。

　③鑑定人は、所要の資格を持っているか。

　　その資格はどのような研修・訓練を受けて得たか。

　　鑑定人の技量、経験、実績として疑問はないか。

　④鑑定場所は、汚染・混入等の危険はないか。

100

鑑定場所を現実に確認したか、あるいは映像等でその状況を確認したか。

(3) 鑑定装置・器具・試薬、手順・操作の問題

　①鑑定機器・装置・器具・試薬に異常がないことを確認できたか。

　　どのように確認したか。

　　確認記録はあるか。

　②鑑定の手順・操作に誤りはないことを確認できたか。

　　具体的な手順・操作を確認したか。

　　その記録はあるか。

　③鑑定中に混入の危険はなかったことを確認できたか。

　④同時に、他の鑑定を行っていなかったか。

(4) 鑑定書の記載・付属資料の添付

　①鑑定書及び付属書類等所要の書類は提出されたか。

　②鑑定書等の記載に過誤はないか。キャピラリー電気泳動図（エレクトロフェログラム）などと整合性はあるか。

　③人種別の差異のデータを含めて、出現頻度の根拠及び算定に過誤はないか。

　④鑑定書の結論は明確か。

　　他の判定・解釈をする余地はないか。

(5) 鑑定人の証言（証言前後を通じて確認します）

　①鑑定人は、鑑定付属書類及び検査ノート等を求めに応じて提出しているか（本書Q56、84頁、同Q59、86頁）。

　②鑑定人は、端的に率直に証言しているか。

　③鑑定人は、鑑定の限界及び危険性について認識しているか。

　④鑑定人は、捜査機関との癒着・特殊な関係等はないか。捜査機関の期待する鑑定人ではないか。

　⑤鑑定人は、当該事件に利害関係はないか、特に強い関心を示すことはないか。

第2部　DNA型鑑定と弁護活動

2　捜査段階におけるDNA型鑑定

Q73

自白事件と否認事件とでは DNA 型鑑定をチェックする姿勢に違いがあってよいのですか。

A73

　一部の法律実務家の中には、自白事件と否認事件で事件に対する取り組み方に差異があってよいという見解があります。

　しかし、足利事件など公判廷で当初自白して有罪判決を受けたが、後に無実が明らかになった事例は希有ではないことを思い起こしてください。

　刑事裁判では、自白の有無にかかわらず、証拠構造、証拠能力、証明力、責任能力、適正手続の履行等を厳格に検討し、いささかでも問題があれば積極的にそれを取り上げることが、法律家、特に弁護人の重要な責務です。

　ことに DNA 型鑑定は、その証明力が高いと理解されているだけに、誤鑑定の場合には他の証拠以上に誤判に結びつく危険が大きくなります。自白・否認を問わず、慎重にして厳密なチェックが必要です。

Q74

捜査官は DNA をどのような物から採取しているのですか。

A74

　1　よく行われているのは、鼻や口腔粘膜からの綿棒による採取、衣類やティッシュペーパー等への付着物からの採取、コップやカップなど食器の飲み口や持ち手からの採取、吐き捨てた唾や痰・歯ブラシ・ヘアブラシ・爪・

たばこの吸殻などからの採取です。ゴミ置き場等のゴミ袋の中からこれらを拾い出して採取することもあります（足利事件のティッシュペーパーの例など）。このようにして収集した物件を「遺留品領置」の手続等を踏んで押収することは適法であり特段の問題はないというのが、警察・検察実務の見解です（田辺泰弘「DNA型鑑定について」研修717号〔2008年〕75〜76頁）。

2　特殊な採取方法での成功例として次のような場合があるようです。

　○財布に付着した皮膚細胞。○痴漢行為者の指に付着した被害者の体液。被害者の胸に付着した猥褻犯の唾液。○拳銃の銃把に付着した掌の扁平細胞。○事故車両の運転席のエアバッグに付着した唾液。○ひき逃げ容疑車両のタイヤに付着した組織片。○ロープや工具、衣服などに付着した皮膚細胞（素手で強く握った場合には付着する場合がある）。○襟、袖、めがねの鼻パッド、防止の汗止め、指輪の内側、軍手、サンダル等に付着した皮膚細胞（身体との接着が強いものから検出できた例がある）。○箸、飲料用アルミ缶の飲み口、マスクなどに付着した唾液（田辺泰弘・前掲論文69〜71頁）。

3　足利事件控訴審判決（東高判平成8年5月9日高刑集49巻2号181頁、LEX/DB28025009）は、ゴミとして自宅前に投棄されたティッシュペーパーの無令状による押収は違法であるとの弁護人の主張に対し、違法はないと判断しました。さらに、最決平成20年4月15日は、被告人が公道上のごみ集積所に排出したごみを遺失物として領置した行為を適法として是認しています（判例時報2006号159頁、LEX/DB28145280）。

　しかし、捜査当局が投棄したゴミから個人情報を収集することは個人の所有権・占有権及び情報保護の観点からは問題があります。ゴミを投棄した人は、地方自治体がゴミ処理の目的で回収することを承諾して、その限度で所有権・占有権を放棄したと解するべきです。地方自治体が条例により所有権を保有する場合と否の場合がありますが、いずれの場合でも、ゴミを投棄する人は、ゴミ回収車が回収することにつき所有権・占有権を放棄したのであり、捜査官や他人が個人情報やプライバシーを侵害する目的で収集すること

第2部　DNA型鑑定と弁護活動

まで同意しているとは解されません。したがって、刑訴法218条１項の差押令状に基づくべきです（本書Q44、61～63頁を参照）。

Q75

警察が身体拘束中の被疑者から DNA を採取しようとしています。弁護人としてどう対処すべきですか。

A75

被疑者に任意の採取の場合と強制採取の場合があることを説明し、注意をうながします。その上で、被疑者が任意採取を拒否するというのであれば、弁護人として警察にその旨を申し入れます。警察が強制的に採取しようとするようであれば、採取の必要性及び適法性を検討して、場合によっては、警察・検察に申し入れをし、裁判所に令状発付につき異議申立てをします（本書Q44、61～63頁を参照）。

3 公判前整理手続におけるDNA型鑑定

Q76

DNA型鑑定書を証拠請求できる根拠規定はなんですか。

A76

　科学的鑑定書は、公判においては刑訴法321条4項（同165条以下）の要件を満たせば証拠にできます。

　公判前整理手続においては、同法316条の14（検察官請求証拠の必要的開示）の第1項2号及び同316条の15（請求による類型証拠の開示）の第1項4号により開示請求ができます。

　証拠開示の裁定の決定に対しては即時抗告ができます（刑訴法316条の25、同26）。

　なお、捜査機関の嘱託に基づく鑑定書（刑訴法223条）について、判例（最判昭和28年10月15日）は、同法321条4項の準用があるとして証拠とすることを認めています。また、実務はこれに従っています（松尾浩也監修『条解刑事訴訟法〔第4版〕』〔弘文堂、2009年〕866～867頁）。しかし、これには反対論があります（大出良知ほか編『新版　刑事弁護』〔現代人文社、2009年〕117頁）。裁判所が鑑定を命じる場合には、鑑定事項及び鑑定人の選任等において弁護人の意見が反映されるなど、捜査機関の嘱託に基づく鑑定の場合とは客観的公正さの度合いに大差があるのですから、準用論には疑問があります（本書Q84、113～114頁参照）。

105

第2部　DNA型鑑定と弁護活動

Q77

捜査機関による DNA 試料の保存にはどのような決まりがあり
ますか。

A77

　現行刑事訴訟法には捜査機関に DNA 試料の保存義務を定めた規定はなく、
現在のところ捜査機関は、国家公安委員会の定める犯罪捜査規範、警察庁の
発する通達やこれを受けた各都道府県警察の例規通達などの内規によって、
DNA 試料を保管、保存することになっています（資料 4 〜 10、195頁以下）。
したがって弁護人は、鑑定試料の採取から保管、保全、鑑定結果を得るに至
る一連の捜査・鑑定過程を検証するため、これらの内規を確認しておかなく
てはなりません。

　また、これら捜査機関の内規以外では、日本DNA多型学会の「DNA 鑑定
についての指針」（2012年）が参考になります（資料11、30頁）。

　なお、DNA 型記録取扱規則（平成17年国家公安委員会規則第15号）は、
採取しうる DNA のローカスを定めるとともに、DNA 型鑑定を実施した場合
の記録の作成、「DNA 型記録」の保管、抹消などについて定めていますが、
採取した試料そのものの保管に関する規定はありません。

① 　犯罪捜査規範

　犯罪捜査規範（昭和32〔1957〕年 7 月11日国家公安委員会規則第 2 号）
は、「警察官が捜査を行うに当たつて守るべき心構え、捜査の方法、手続そ
の他捜査に関し必要な事項を定める」規則ですが、科学鑑定の観点からは、
「第十章　鑑識」が重要です。

　鑑定試料の保管・保存に関しては、試料の「鑑識に当たつては、なるべく
その全部を用いることなく一部をもつて行い、残部は保存しておく等再鑑識
のための考慮を払わなければならない。」（規範186条）と定められており、
全量消費を禁ずるとともに、残試料の保存を義務付けています。

106

② 通達

　警察庁は、微物鑑識やDNA型鑑定等に関し、

・「微物鑑識実施要領」（昭和62〔1987〕年10月30日。警察庁）（資料4、195頁）

・「DNA型鑑定の運用に関する指針の改正について」（平成15年7月7日警察庁丙鑑発第13号）（資料5-1、197頁）

・「DNA型鑑定の運用に関する指針の解釈等について（通達）」（平成15年7月7日付警察丁鑑発第534号）（資料5-2、201頁）

・「DNA型鑑定実施に際しての鑑定方法等の指定について（通達）」（平成15年7月7日付警察庁丁鑑発第535号）（資料5-3、209頁）

・「DNA型鑑定の運用に関する指針」（平成22〔2010〕年10月21日。警察庁丙鑑発第65号「DNA型鑑定の運用に関する指針の改正について（通達）（資料6、212頁）

・「DNA型鑑定の運用に関する指針の運用上の留意事項等について（通達）」（平成22〔2010〕年10月21日。警察庁丙鑑発第966号）（資料7、216頁）

・「警察庁におけるDNA型鑑定業務実施要領」（平成27〔2015〕年3月31日。警察庁丙鑑発第11号「警察庁におけるDNA型鑑定業務実施要領の制定について（通達）」）（資料8、220頁）

・「DNA型鑑定の実施における留意事項について（通達）」（平成28〔2016〕年1月27日。警察庁丙鑑発第75号）（資料9、223頁）

・「DNA型鑑定資料の採取等における留意事項について（通達）」（平成28〔2016〕年12月1日。警察庁丙鑑発第1246号）（資料10、226頁）

を通達として発しています（DNA型記録取扱規則等に関する通達を除く）。

　いずれも、警察庁のホームページで閲覧可能であり、直接、原文を確認することを要します。また、警察庁の通達を受け、各都道府県では「例規通達」等を作成し、通達の定める範囲内で都道府県ごとにその詳細を決めていますので、これも確認する必要があります。

③ 例規通達

　例規通達は、警察庁の発する通達を受けた各都道府県警察の通達等をいい

ます。現在では、多くの都道府県において例規通達は、都道府県や各県警察等のインターネット上で公表されています。

④　日本DNA多型学会の指針

　日本DNA多型学会は、大学研究者、法医学者、科警研・科捜研職員、弁護士等からなる学術団体で、2012年に「DNA鑑定についての指針」（資料11、本書232頁）が策定され、ホームページ上で公表されています。試料保存に関しては、「DNA鑑定資料は、再度収集可能なものを除き、原則的にDNA未抽出の資料につき再鑑定可能な量を残す。また、資料をすべて消費する必要があるときには、その必要性を説明し、鑑定結果として提示していない実験結果も求めがあれば開示できるようにしておく。検査にかかる元のデータは鑑定資料の全量を消費するか否かにかかわらず、求めがあれば開示できるように保存する。また、特に斑痕などのように、物体に付着した資料からのDNA検査においては、検査前と検査後の状態がわかるように写真を残すなどの配慮をし、残余資料は他の資料と混同しないよう適切に保管し、検査終了後に返却する」と定められています。

Q78

エレクトロフェログラムや図表が添付されていないDNA型鑑定書にはどう対応すべきですか。

A78

　エレクトロフェログラムや図表は検査経過や結果が正しいか否かを確認するために不可欠な資料です（本書Q47、Q57、66～67、84頁参照）。これらの提出を検察官に求めるべきです。検察官がこれに応じない場合には裁判所に検察官に提出するよう勧告を求めます。検察庁がこれに応じないときは裁判所に提出命令を求めます。それでもこれらを提出しないときは証拠としての適格性を持たないとして証拠排除を申立てるべきです。

なお、これに関しては次の先例が参考になります。

足利事件再審請求抗告審において、検察官は本田克也筑波大学教授作成の DNA 型鑑定書について、「そもそも、同鑑定の DNA 型判定が正しいものかどうかは、電気泳動のエレクトロフェログラムを見なければ正確に検討できないが、同鑑定書にはその一部しか添付されていない」などとして、①同鑑定における電気泳動のエレクトロフェログラム、②試料群の濃度の定量値のすべて、③ミトコンドリア DNA 検査の具体的内容、プライマーの塩基配列及び PCR のサイクル数の提出を求める上申書（2009〔平成21〕年 5 月12日）を東京高裁に出し、同高裁は同教授にそれらの提出を促し、同教授はこれに応じて前記①、②、③の電気泳動のエレクトロフェログラム等を提出しました。その後、検察官は同高裁において、前記エレクトロフェログラム等を利用して同鑑定書を検討した科警研所長の意見書に基づき、同鑑定書は「全体的に信用性に欠けるものと考える」という意見書を提出しました（2009〔平成21〕年 6 月12日。この検察官の上申書は本書153〜155頁）。

このことは、検察官も同高裁も、DNA 型鑑定書を検討するには、電気泳動のエレクトロフェログラム等が必要不可欠であると認めたことを意味しますから、実務的には重要な先例です。

Q79

エレクトロフェログラム（キャピラリー電気泳動図）の頁番号の表記から、エレクトロフェログラムの未提出頁が存在する可能性がある場合には、どうすべきですか。

A79

未提出と思われる部分の頁の証拠開示を求めるべきです。これに応じない場合には、鑑定書の証拠能力や証明力を争うべきです（前問参照）。

第2部　DNA型鑑定と弁護活動

Q80

検査ノート（鑑定ノート、検査メモを含む）は、誰に、どのような根拠で開示請求ができるのですか。

A80

　検査ノートは、Q59（本書86頁）で説明したとおり、DNA 型鑑定を行った際に、その実施経過と内容を記録したものであり、DNA 型鑑定書を補完するもので、鑑定書本文の信用性や、ときには証拠能力を判断するために欠かせないものです。

　開示請求の相手は検察官です。

　開示請求の法的根拠は二つ考えられます。一つは刑訴法316条の14（検察官請求証拠の必要的開示）の１項２号の「鑑定人の供述書、供述を記録した映像・音声等」です。もう一つは、同法316条の15（請求による類型証拠の開示）の１項４号の「第321条４項に規定する書面又はこれに準ずる書面」として、「検察官請求証拠の証明力を判断するために重要である」という同条１項本文の要件を満たすものとして、開示請求ができると解されます。

　なお、証拠開示に関する画期的な裁判例として、最決平成19年12月25日（平成19年（し）第424号、判時1996号157頁）は、同条の対象となる証拠は、「当該事件の捜査の過程で作成され、又は入手した書面であって、公務員が職務上現に保管し、かつ、検察官がおいて入手が容易なものを含む」があります。またこれに関連して、最決平成20年６月25日（判タ1275号89頁）、最決平成20年９月30日（裁判所ホームページ）があります。いずれも開示請求されたのは警察官のメモですが、「検査ノート」もこれらとほぼ同様に扱われるべきです。前記の判例は証拠開示の対象を積極的に広げる最近の最高裁の動向を表すものとして参考になります（日本弁護士連合会編『裁判員裁判における弁護活動』〔日本評論社　2009年〕77〜101頁）。

110

Q81

「検査ノートはない」と回答された場合には、どう対処すべきですか。

A81

　日本多型学会の「DNA鑑定についての指針（1997年）」は、検査ノートについて次のように述べています。「すべての鑑定において、鑑定人は法廷の求めがあれば鑑定経過を詳細に記録した鑑定ノートを開示すべきであるが、試料の全量を用いた場合にはとりわけこのことがあてはまる」（本書188頁参照）。

　通常、鑑定人は「鑑定経過を詳細に記録した鑑定ノート（検査ノート）」を作成するものであることを前提としており、検査ノートが作成されていないということは、通常ありえないと判断してよいでしょう。それが「存在しない」ということは、鑑定人の態度・あり方に根本的な疑念を持たざるを得ないことになります。そのような鑑定は、手続的に客観的な信用性保証の条件を欠くものであり、証拠能力に疑問があるというべきでしょう。

　前掲・日本弁護士連合会編『裁判員裁判における弁護活動』は、検察官の取調メモに関して、「そのようなメモは一切存在しない」と回答してきた場合の対応として、「それは未だかつてメモを作成した事実はないということか、それとも作成されたけれども廃棄されたということか」「廃棄されたとすれば、いつ、誰が、どのような理由で廃棄したのか」について釈明を求めるべきであるとしています（同書83頁）。なお、その回答は文書での提出を求める、または、公判廷での回答を求めるなど、確実な形を残すことも重要です。

　検査ノートについても同様に対処し、場合によっては当該鑑定について証拠排除の申立てをすべきです。

第2部　DNA型鑑定と弁護活動

Q82

エレクトロフェログラムなどの付属資料、検査ノートの証拠開示請求はいつまでにすべきですか。また、公判前整理手続終了後でも可能ですか。

A82

できる限り公判前手続終了時までと解すべきです。ただし、「やむを得ない事由によって」請求ができなかったときは、終了後でも可能です（刑訴法316条の32）が、裁判所によっては「やむを得ない事由」とは認めない場合があることも想定しておく必要があります。弁護人としては鑑定書の当否を判断するために、必要な付属・添付書類や未提出資料、検査ノートは必ず開示請求をすべきです。

Q83

鑑定書についての「不同意」の意義はなんですか。

A83

1　鑑定書を刑訴法326条（同意書面）として扱うことに対する異議の表明です。この場合には、鑑定書を証拠とするには同法321条4項は、証人尋問を経て真正に作成されたとの供述を得なければならないと規定していますから、「証人尋問」を行うことが必要となります。

この尋問を通じて、「真正に作成」されたか否か、その鑑定方法が、科学的に正しい方法を正確に手順通りに進めたか否か、そのデータが正確か否か、そのデータに基づく判断が科学的及び論理的に正当であるか否か等を確認することが必要であり、不可欠です。この尋問により鑑定の信用性を確認でき

112

る場合もありますが、否の場合もあります。後者の場合には、その理由を具体的に指摘し、再鑑定を含めて別途の方法を裁判所に求めるべきです。

2 さらに、裁判員裁判において別途の考慮が必要です。

裁判員は鑑定書を法廷で朗読されても理解できないおそれがありますから、鑑定書の内容に争いがない場合においても、「朗読では裁判員が十分には理解できるとはいえない」場合には不同意としなければなりません。

この場合には、単に不同意とするだけでは同法321条4項による真正立証で証拠能力を認められるおそれがありますから、「朗読では裁判員が十分には理解できないおそれがあり、心証形成することが困難であるから、裁判員裁判において証拠とすることが相当ではないので、取調に異議がある」旨の意見書を提出するべきであるとしています（日本弁護士連合会編『裁判員裁判における弁護活動』〔日本評論社、2009年〕133〜134頁）。

Q84

弁護側嘱託による DNA 型鑑定書も、刑訴法 321 条 4 項で証拠請求できますか。

A84

1 同条同項を捜査機関の嘱託による鑑定書に準用できるか否かについては見解が分かれています。否定的な見解に立てば弁護側嘱託の鑑定書についても準用はできませんから証拠請求はできないということになります。

但し、判例・実務は準用できるという立場であり、この説に立てば、弁護人嘱託による鑑定書にも当然準用されるべきです。現行法上、検察官と被告人・弁護人は訴訟法上対等の当事者として規定されています。そういう訴訟構造を前提にすると、一方当事者の嘱託による鑑定書だけに同条項の準用を認め、他方当事者の嘱託による準用を認めないというのは不合理です。実質

113

第2部　DNA型鑑定と弁護活動

的に考えても、弁護人嘱託による鑑定書への準用を否定する理由は見当たりませんし、法文解釈上の支障もありません。

　2　これに関連して、弁護側の鑑定書を同法328条の鑑定人の証言、捜査官やその他の者の供述の証明力を争うための証拠として提出できるか否かについては、実務では原則として否定的です。

「本条の適用範囲については、かつては学説のみならず実務においても考え方が多岐に分かれていたが、近時は、高裁判例（東京高判平8・4・11高集49-1-174頁）や実務でも自己矛盾の供述に限定されるという考えが主流を占めるようになり、最高裁判例（最判平18・11・7刑集60-9-561頁）は、本条により許容される証拠は信用性を争う供述をした者のそれと矛盾する内容の供述に限られるという判断を明確に示すに至っている」と解されています（松尾浩也監修『条解刑事訴訟法〔第4版〕』〔弘文堂、2009年〕911頁）。

Q85
DNA型鑑定の証拠能力・証明力に関して裁判所はどのような態度をとっていますか。

A85

　1　DNA型鑑定に関する多くの文献及び論文等では、足利事件最高裁決定（平成12年7月17日・刑集54巻6号550頁、判タ1044号79頁、判時1726号177頁）をDNA型鑑定に関する証拠能力及び証明力に関するリーディングケースとしています。

　同決定は、「MCT118DNA型鑑定は、その科学的原理が理論的正確性を有し、具体的な実施の方法も、その技術を習得した者により、科学的に信頼される方法で行われたと認められる。したがって、右鑑定の証拠価値について

は、その後の科学技術の発展により新たに解明された事項等も加味して慎重に検討されるべきであるが、なお、これを証拠として用いることが許されるとした原判断は相当である」としました。

しかし、MCT118DNA型鑑定方法は、理論的正確性がなく、具体的実施方法もその技術を習得した者によって行われたとは言えず、科学的に信頼できず、その結論も誤りであったことが、足利事件抗告審に提出された鈴木廣一鑑定書及び本田克也鑑定書、さらに同事件再審公判における前記両鑑定人の証言で明らかになりました。

同最高裁決定は、結論及び理由において完全に誤りを犯した裁判例であり、わが国裁判史上に残る象徴的な誤判の決定です。

鈴木鑑定書は、「1989－1990年当時は参考資料2（足利事件科警研によるDNA型鑑定書平成3.11.25付）の『検査方法』自体が『研究』レベルにあり、実用段階にはない」、「参考資料2の鑑定検査方法は当時、刑事司法に適する科学技術としては標準化が達成されていなかったといえる」（同鑑定書34頁）と検査方法自体が実用段階になかったことを明記しています。

本田鑑定書は、「通常このような泳動写真しか得られないとすれば改めてPCRをやり直しPCRで十分な増幅を得た上で、電気泳動で確認するのが専門家としての常識であるので、このように写真にはっきりと写らないバンドしか、泳動写真として鑑定書に添付できないということは、型判定が可能なレベルでのPCRに失敗しているのは明らかである」、「下位バンドは、ほぼ同一のサイズであると言ってもよい。しかし、これは判定限界の下限に近いから、それよりも増幅が悪い上位バンドについては、両者の同一性を確認することは、この泳動写真からは不可能である」、「表5として添付されている、MCT118の遺伝子頻度のデータは、現在から見れば全くの誤りである」（同鑑定書18頁）と科警研鑑定書の技術的未熟さと結果の誤りを明記しています。

2 下級審の裁判例については、田辺泰弘「DNA型鑑定について」（研修718号〔2008年〕73～78頁）に紹介があります。この論文は足利事件科警研鑑定とこれを容認した同事件最高裁決定等を前提にしておりますので、同

第2部　DNA型鑑定と弁護活動

鑑定が誤りであることが明らかになった現在では、同論文のコメントは再検討が必要であることに留意してください。

3　STR 多型が開発され実用化されたことにより、DNA 型鑑定の証明力は極めて高くなったことは事実です。しかし、誤鑑定の可能性・危険性は依然として存在していますから、鑑定の正否を確認するには、完璧とは言い難いですが、再鑑定による検証が、確実、不可欠にして有効な方法です。

再鑑定の保証を証拠能力の要件とする裁判例は、残念ながらこれまでには出ていませんが、足利事件の教訓に基づくならば、これを要件とすべきです。弁護人にはこれを強く主張して裁判所に承認させる努力が求められます。

Q86

足利事件の最高裁決定の誤りはどこに原因があったのですか。

A86

足利事件の誤鑑定及び誤判は、DNA 型鑑定の証拠能力について大きな教訓を残しました。

1　DNA 型鑑定の証拠能力（証拠としての許容性）について、多くの論者は足利事件最高裁決定に基づき、科学的証拠であることすなわち、①科学的原理の理論的妥当性、②具体的な実施方法の信頼性、③事後に検証可能であることなどを要件とし、これらを満たせば証拠として許容されるとしていました（後藤眞理子「DNA 型鑑定」小林充ほか編『刑事事実認定重要判決50選　下〔補訂版〕』〔立花書房、2007年〕207頁以下、田辺泰弘「DNA 型鑑定について」研修719号〔2008年〕107頁以下など）。

116

2 しかし、このような要件を充足したと判断された科警研の MCT118 DNA 型鑑定は誤っていました。

最高裁以下の本件各裁判所が誤鑑定を容認し、誤判に至った原因は、大きく分けて 2 つあります。

第 1 は、自白を偏重し、かつ、DNA 型鑑定を過大に評価したことです。裁判所は、虚偽自白の任意性及び信用性を認め、自白の動機に関する犯罪心理学者の根拠なき精神鑑定書に疑問を持たず、被告人と犯行を結びつけるその他の証拠の存否について慎重な検討を怠り、DNA 型鑑定以外の他の証拠の検討が不十分なまま、DNA 型鑑定と自白に依拠して有罪を認定し、誤判に至ったのです。

この誤りは、わが国の刑事裁判所全体にその判断能力と適格性について、根本的にして重大な問題を提示しています。

端的に言うならば、わが国の裁判所が明治以来積み重ねてきた自白の任意性及び信用性の判断基準が、如何に脆弱にして、薄弱な根拠によるものであったかを露呈したというべきです。

第 2 は、科警研の誤った DNA 型鑑定を証拠排除できなかったことです。

(1) 同決定が挙げる前記①〜②の要件は DNA 型鑑定の証拠能力の要件として不可欠であることは当然です。

(2) 各要件を満たしたかどうかを順次検討します。

①科学的原理の理論的妥当性があるか。

足利事件再審請求抗告審に提出された鈴木廣一鑑定書及び本田克也鑑定書は、ともに、当時は MCT118 型法は「研究」段階であり「実用化」されていなかったとして、理論的妥当性は明確に否定しています。

②具体的実施方法の信頼性があるか。

これも両鑑定人によって明確に否定されています。本件科警研鑑定は、具体的な実施方法について、鑑定人が的確な技術を持っていなかったこと、データの解析や読み取りに問題があったことなどが、前記両鑑定によって指摘されています。

③事後に検証可能であるか。

当時でも再鑑定をおこなうことにより検証可能でした。すわわち、最高裁段階で押田茂實日本大学教授は菅家利和氏の毛髪の DNA 型鑑定をし、科警研鑑定の誤りを指摘していました。

控訴審及び上告審の弁護人が科警研鑑定の証拠能力及び証明力について的確に問題点を指摘し、最高裁では再鑑定を求めたにもかかわらず、最高裁判所は再鑑定を拒否し、事後の検証をしませんでした。「事後の検証」の要件は単なるお題目に過ぎなかったのです。

結局、本件各裁判所の判断は、いずれの要件も満たしていないにも拘わらず、これらを満たしたと誤った判断をしたのです。

このことは、「DNA 型鑑定」の証拠能力及び証明力の判断が、法律家特に裁判所にとっていかに難しいか、危険なものであるかを端的に示しています。

3 最大の問題は、これらの要件を充足したことを、どのようにして検証・確認できるかなのです。足利事件再審請求抗告審では、独立した別の機関において別の専門家が再鑑定を行った結果、科警研鑑定が誤鑑定であることが明らかにされました。このことは、DNA 型鑑定が前記各要件を満たしているかどうかを確認し、その正確性を検証するためには、再鑑定が必要・不可欠であることを示しています。

Q87

なぜ「再鑑定の保証」を証拠能力の要件とすることが必要なのですか。

A87

現在のところ再鑑定の保証を証拠能力の要件と明示した判決例はなく、再鑑定の保証は望ましいが微量検体の場合には、再鑑定の保証がなくても証拠能力を認めるとの見解が有力です。

しかし、大きく２つの理由でこの見解は妥当ではありません。第１には、DNA 型鑑定は「科学的検査」の１つであるということです。科学的検査というものは、他者によって追試験が行われ、当該検査の正否が確認されない限り、その正当性を評価されることはないのです。これが「科学」です。刑事裁判における立証の程度は、必ずしも「完全な証明」を求めていませんが、これは立証の程度とは次元の異なる問題であり、DNA 型鑑定も科学的検査である以上、科学における原則・ルールから逸脱することは許されません。

科学や技術は、日々進歩を重ねていくものです。その後の学問的発展や技術的進歩により、過去の見解・方法・技術・判定などが誤っていたという例が少なからずあります。そのような進歩に対応して誤鑑定を是正するためにも、再鑑定の保証は科学の本質的な要請です。

第２には、足利事件が示したように、DNA 型鑑定が誤っていた例が存在したこと、その是正は再鑑定によってなされたという現実があります。足利事件再審請求審においては再鑑定請求を却下して再審請求を棄却したという苦い教訓を忘れてはなりません。再鑑定なくしてはその是正はできなかったのです。

日本 DNA 多型学会の「DNA 鑑定についての指針（1997年）」においても「再鑑定の配慮」を求めています。

Q88

公判前整理手続・期日間整理等において関連資料（エレクトロフェログラム、鑑定ノート・ワークシート等）を検討する必要はあるのですか。

A88

1　証拠開示の意義

公判前整理手続及び期日間整理手続等において、鑑定の信用性判断のため、

弁護人としては、任意開示、検察官請求証拠の開示（316条の14）、検察官請求証拠以外の類型証拠の開示（316条の15）及び主張関連証拠の開示（316条の20）等の各手続によって、試料採取から鑑定に至るまでの関連する全ての資料について、証拠開示を求める必要があります。

　また、DNA 型鑑定に限った話ではありませんが、各検査結果を証する資料は、多くが科学捜査研究所等で作成され保管され、鑑定書だけが検察官送付される場合が多く、担当検察官においても検査結果を裏付ける関連資料を入手していない場合があります（現に、そう明言した検察官がいます）。そうすると、弁護人がこれらの資料を確認しない場合、法律家が鑑定結果を裏付ける資料を全く確認していないことになりかねません。

2　関連資料とは

　証拠開示請求して検討すべき関連資料としていかなるものがあるかは事例ごとにより、枚挙にいとまがありません。

　代表的なものとして、

☐　試料採取の捜査報告書等

☐　採取から鑑定後までの写真等

☐　試料の任意提出書

☐　領置調書

☐　DNA 型鑑定承諾書

☐　鑑定嘱託書

☐　鑑定書

☐　鑑定書の依頼元への送付書

☐　DNA 試料保存簿

☐　採取試料の保管や移動状況を記した資料（例えば、警視庁証拠物保存簿等）

☐　カラー刷りのエレクトロフェログラム（複数・実施している場合には、全実施回に対応するもの）

　　　○　検査対象試料のもの

○ PC；ポジティヴ・コントロール

○ NC；ネガティブ・コントロール

○ EC；抽出コントロール

○ アレリックラダー

□ 鑑定経過を記した資料（例えば、鑑定ノートやワークシート）

□ DNA 検査経過表

□ 作業チェックシート（例えば、PCR 及び電気泳動の作業メモ等）

□ その他の検査結果資料等（実際の事例において、検査担当者の氏名○○
を付した「○○ノート」として開示された例もあります）。

□ DNA 定量の検査が問題の場合にはその資料

○ 増幅曲線

○ 検量線図

○ 融解曲線図　等

があります。

　しかも、被疑者や遺留物件等に関するこれらの資料のみならず、被害者や関係者等を含む全ての資料を入手する必要があります。

　なお、採取試料の保管、移動状況を記録した DNA 鑑定試料保存簿についての証拠開示請求に対して、開示を認めた提示命令として、東京地裁平成29年6月13日決定（平成28年刑（わ）2019号。LEX/DB25562663）があります。

Q89

再鑑定の保証について科警研はどのような態度をとっていますか。

A89

　科警研は再鑑定の保証を敵視してきたと言ってもよいでしょう。そのスタ

121

第2部　DNA型鑑定と弁護活動

ンスは、1997年12月5日、日本DNA多型学会が公表した「DNA鑑定についての指針（1997年）」の作成過程に、如実に表れています（この経過の記録は『DNA鑑定と刑事弁護』228～245頁に詳述されています。本書159～195頁）。

　同学会のDNA鑑定検討委員会は1996年9月からこの検討に入り、同年12月5日「DNA鑑定についての勧告（1996年）案」を原案として作成、配布しました。そのタイトルは「勧告」であり、「検査の再現性の保証」として、「①DNA鑑定に用いる手法は、学問的に確立されたもので、少なくとも二カ所以上の独立した機関で実施できるものであるべきである。また、②DNA資料あるいはDNA未抽出の証拠資料は再検査の可能性を考慮して保存されるべきである。③証拠資料が微量で、すべて用いて検査せざるを得ない場合には、さらに高感度の検査法が開発されるまで実施しないことが望ましい。④やむを得ず証拠資料の全量を使用する場合は、資料のDNA量と、個々の検査で用いたDNA量を明示すると共に鑑定経過を詳細に記録した実験ノートを開示すること、及び可能ならば関係者ないし外部の第三者の立会で実施することが望ましい」と再鑑定の保証が不可欠であることを明記していました。

　科警研は、この原案の「再鑑定の保証」の部分について、学会に対して上記の①から④につき再三にわたり抜本的修正を求め続けました。その結果、1997年12月5日に公表された「DNA鑑定についての指針（1997年）」では、「勧告」が「指針」になり、再鑑定の保証に関する前記①から④は、「再度採取できない資料の場合には、可能な限り再鑑定の可能性を考慮してDNA未抽出の資料の一部が保存されることが望ましい。資料の全量を消費する場合、鑑定人がそうせざるを得なかった状況を含め鑑定経過を詳細に記録するよう努めるべきである。すべての鑑定において、鑑定人は法廷の求めがあれば鑑定経過を詳細に記録した鑑定ノートを開示すべきであるが、資料の全量を用いた場合にはとりわけこのことがあてはまる」と「再鑑定の保証」が事実上骨抜きにされたのです。日弁連人権擁護委員会鑑定問題事例調査研究委員会推薦の弁護士委員2名が終始、原案の維持を主張し、弁護士委員連名の意

122

見書を三度にわたり同委員会の勝又義直委員長に提出して科警研の意見の不当性を指摘しました。両委員はこの経過の下で、この「指針」の内容が不十分のものであっても、「指針」すらない状況よりは前進であり、それが公表される意義を重視して、最終的には異議を留めつつ公表に賛成しました。

現在でも、警察関係の DNA 型鑑定書では、多くの場合に DNA 資料を「全量消費」としていますが、極めて大きな問題です。

Q90

検察官から残存試料はすでに破棄しましたと言われた場合、何が言えますか。

A90

Q77（106頁）で述べているように、DNA 試料については犯罪捜査規範や通達など捜査機関の内規によって保管、保存すべきものとされています。しかし、事案によっては「残存試料はすで破棄してしまった」と言ってくる場合もあります。捜査機関による残存試料の破棄は、鑑定試料の全量消費と同様、被告人による再鑑定の機会を失わせることになり、被告人にとって多大の不利益となります。さらに、微量検体だから全量消費が不可避だったとの言い訳は、捜査機関による破棄の場合にはまったく当てはまりません。DNA 型鑑定が被告人に不利な証拠として請求され、DNA 試料が捜査機関によって破棄されたことにより再鑑定が不可能となった場合には、全量消費の場合以上に、鑑定の証拠能力は否定されなければならないと主張すべきです。

なお、DNA 試料そのものではありませんが、エレクトロフェログラムについては、紙に印刷したものさえ残しておけば良しとして、電子データを鑑定後消去している科捜研もあります。しかしこのような扱いは、「鑑定結果に関わる各種分析データ」として適切に保管すべきであるとした「DNA 型鑑定の運用に関する指針の運用上の留意事項等について（通達）」（資料 7、

123

第2部　DNA型鑑定と弁護活動

216頁参照）に反するものであって、後に鑑定の証明力が否定される場合も
あると考えるべきです。

Q91

裁判所が DNA 型鑑定書に「同意」を求めてきた場合には、
どう対処すべきですか。

A91

　２つの対処方法があります。

　その１つは、不同意として、証人尋問を求めるという方法です。刑訴法
326条の同意書面については、反対尋問権の放棄であるとする判例及び学説
がある以上、同意すべきではないとする見解に基づくものです。実務でも不
同意であれば同法321条４項の書面としての意見を述べる扱いが定着してい
ると言われています（中川武隆「326条の意義と機能」『ジュリスト増刊
刑事訴訟法の争点【第３版】』216頁）。

　その２は、一旦は留保又は不同意とした上で、裁判所が確実に十分な証
人尋問の機会を保証することが確認できた場合には、同意して証人尋問を行
うという方法です。足利事件再審公判では、弁護団は証人予定者の鑑定書に
ついて、この方法を採りました。

Q92

増幅曲線、検量線図を証拠開示請求した場合に、検察官からは
どのような反論が考えられますか。

124

A92

　実際の事例では、弁護人が検査対象試料の解析データの証拠開示請求したところ、検察官の対応は、検査対象試料の増幅曲線についての生データ（raw data）を証拠開示したが、検量線図は廃棄した、また、標準試料は検査対象試料と同時にリアルタイムPCR増幅を実施しておらず、標準試料の増幅曲線、検量線図は「存在しない」というものでした。

　他方で、上記のように、弁護人が増幅曲線の生データ（raw data）をも証拠開示請求したところ、計算ソフト等を用いたような記載がなされた数値がA3判用紙に印字され開示されたため、弁護人がエクセル等の計算ソフトによりグラフ化すると、検査対象試料の増幅曲線や融解曲線等を再現できました。

Q93

検察官は、DNA 型鑑定書の真正作成が立証趣旨だから、尋問時間は短時間で足りると主張していますが、どう対処すべきですか。

A93

　検察官の主張は、「真正作成」という文言の形式的な解釈を主張しているに過ぎません。

　DNA 型鑑定の「真正作成」の立証とは、当該事件における DNA 型鑑定における問題点を整理し、検査者又は鑑定人に、それらの問題点の有無、対処方法等を疎漏なく尋問し、証拠能力の有無及び信用性の有無と程度を明らかにすることです。それにより、裁判所（裁判官及び裁判員）が誤りなく判断できるようにするのが証人尋問を行う意義です。そのためには必要な尋問とそれに要する時間を確保することが裁判関係者の責務です。

第2部　DNA型鑑定と弁護活動

Q94

鑑定人・検査者への反対尋問の準備の要点にはどんなものが
ありますか。

A94

　本書Q72、100〜101頁「鑑定書の弾劾」を参考にしてください。資料の
採取・保管、DNA 型鑑定の危険性の有無及び誤鑑定の危険性の有無につい
て、証人尋問で確かめることが必要です。そのためには、DNA 型鑑定の問
題点を理解し、事件の事実経過と鑑定に関する事実経過を十分に把握するこ
とが必要です。また、鑑定書の裏付けとなる基礎資料（チャート、計測デー
タ等）を入手し、その問題点を把握します。

　さらに、鑑定人の経歴や鑑定実績及びその鑑定の当否なども事前に調査し、
能力や公正さについて把握します。DNA 型鑑定人の証人尋問の準備の参考
例としては、「みどり荘事件」の弁護団の活動が参考になります（本書140
頁以下）。

　なお、鑑定書に対する対処については、『新版　刑事弁護』（大出良知ほか
編、現代人文社、2009年）114頁以下を参照してください。

126

4 公判におけるDNA型鑑定

Q95

裁判員裁判において DNA 型鑑定を裁判員にアピールするポイントは、どのようなところにありますか。

A95

　裁判員裁判は、日常的に刑事裁判に携わっている裁判官だけでなく、一般市民も裁判員として参加する裁判です。しかし、一般市民が日常生活をおくる中で、DNA や DNA 型鑑定について深く考えるような場面はまずありません。ひととおり DNA や DNA 型鑑定のことを説明したら裁判員は理解してくれるだろうという思い込みは禁物です。

　鑑定人の尋問や弁論においては、そもそも DNA 型鑑定とは何かという正確な知識と当該事件のポイントを、図やパワーポイントなどをつかって、できるだけわかりやすく提示する必要があります。

　そのうえで、冒頭陳述や弁論にあたっては、特に以下の点を意識すべきです。

①鑑定のどこに、どのような問題があるかをはっきり示す（具体例：チャートが添付されていない、チャートのピークを正確に読んでいないなど）。

②そのポイントが、なぜ重要なポイントなのか、理由を示す（具体例：他にも有意味なピークが読み込めるから、混合試料と判定すべきからなど）。

③そのポイントに関する検察側の主張に対し、弁護側としてどのような反証・反論があるかを示す。

④それが事実認定にどのような影響を及ぼすかを示す。

⑤その結果、どのような意味・解釈・認定・刑を量定するのが合理的で妥当であるか示す。

⑥これに反する判断がいかに誤ったものであるかを示す。

127

第2部　DNA型鑑定と弁護活動

Q96

ワークシート類は、どのような観点で検証したら良いのでしょうか。

A96

　ワークシートや検査ノート類は、検査の実際の過程を記した資料ですから、検査過程に誤りがないか、通達等で定められたワークシート類の作成手順（例えば、平成28年1月27日付通達〔資料9、223頁〕等）に違反がないか（例えば、「鑑定の推移に応じてその都度手書きされているか等」、検査実施日に矛盾点はないか、書き換え等の不公正な点がないか等を入念に確認します。各検査過程の詳細にわたる点については、専門家に相談すると良いでしょう。

Q97

　鑑定試料のDNA型と被告人のDNA型が一致しない場合には、どのように対処すべきですか。

A97

　1　まず、DNA型の不一致が孤立否定（本書Q64、92頁）か否かを確認します。

　孤立否定の場合には、他の鑑定方法での再検査、他の機関での再検査をして、孤立否定ではないことを確認することです。

　2　孤立否定ではないときには、DNA型が同一由来でないことになりますから、少なくともそのDNA型鑑定は、検察官の有罪立証の証明力がないことになります。

128

4 公判におけるDNA型鑑定

3 問題は、その鑑定が被告人の有罪認定に矛盾するものであるか、少なくとも疑いを抱くべき合理的な理由となるか否かです。

そのためには、事件の証拠構造を分析し、そのDNA型鑑定の証拠上の位置づけと重要性を明らかにすることが必要です。

4 検察官は、その鑑定が不一致でも、有罪認定には矛盾しないという論証に努めるでしょうから、それを的確に反撃・粉砕する論証をすべきです。

Q98

ワークシートの改ざんの虞はありますか。

A98

乳腺外科医事件（149頁）において、警視庁科学捜査研究所で作成された手書きワークシートが鉛筆書きされ、かつ、少なくとも9箇所の書き換え（削除、加筆、日付訂正等、消しゴムで消して上書きした箇所が7箇所、何らかの記載を消しゴムで消した箇所が2箇所）がありました。証拠開示されたワークシートは、白黒コピーですので、かならず原本を確認する必要があります。

原本を確認する場合には、カメラ等の記録媒体を持参します。インターネット環境接続された端末機や携帯電話等のカメラでは、検察官に撮影を拒否されます。

書き換えがある場合、公判で使用することを念頭に、検察官に対して、法廷に原本を持参するよう申し入れる必要があります（そうでないと、検察官が科捜研に原本を返却してしまい、公判で原本を使用できなくなる虞があります）。

なお、ワークシートの記載方法として鉛筆書きを禁じる規定は通達等には見られませんが、鉛筆書きを禁じる複数の大学における研究ガイドライン

129

（例えば、「東京大学大学院医学系研究科・研究ガイドライン（実験系）」、「熊本大学発生医学研究所における倫理規範に則った研究の実施に関する指針」等）には、その旨の規定があります。

Q99

犯人とされた対象者のDNA型が現場試料から検出されなかった場合、どのようなことが言えますか。

A99

　裁判でDNA型鑑定が争われる場合の多くは、足利事件や東電女性社員殺人事件のように、現場に遺留された犯人と結びつく試料のDNA型と、犯人と疑われた対象者のDNA型との異同識別です。これに対して、犯人と疑われた対象者のDNA型が現場試料から検出されなかったような場合、もし対象者が犯人であれば、現場から対象者のDNA型が検出されるはずだから、対象者のDNA型が検出されなかったという事実そのものが、対象者の犯人性を否定する方向にはたらくという見解があります。一方、犯人のDNAが必ず現場から検出されるとは限らないのだから、対象者のDNA型が現場から検出されなかったとしても対象者が犯人でないとはいえない、対象者のDNA型が現場から検出されなかったという事実は対象者の犯人性を検討するうえでは何の意味もないという見解もあります。

　確かに、犯行に直接むすびつく大量の血液や体液が遺留されているような場合は別として、遺留されたDNAの量や劣化状態、採取された場所などから、必ずしも犯人のDNAが検出されるとは限りません。しかし、人が活動するうえで、唾液の粉末や皮膚片などを所在場所にわずかでも残さないということは「どんなに意識しても不可能」（『科学的証拠とこれを用いた裁判の在り方』〔法曹会、2013年〕126頁）といわれています。それゆえ、例えば自白や目撃証言等による犯行態様によれば、常識的に考えて犯人のDNAが

4 公判におけるDNA型鑑定

付着するはずなのに、対象者の DNA 型がまったく検出されないような場合には、その DNA 型鑑定だけで犯人性を否定することはできないとしても、少なくとも犯人性を否定する方向での情況証拠（消極的情況証拠）になると主張すべきです。過去の裁判例でも、DNA 型鑑定ではありませんが、自白どおりの犯行態様であれば通常現場から採取されるであろう指掌紋や毛髪が発見されなかったことについて、それだけで犯人性を否定することはできないものの、自白の任意性や信用性を疑わせる事情になるとした判決があります（水戸地裁土浦支部判決2011年5月24日LEX/DB25471410〔布川事件再審第一審〕）。

Q100

鑑定人や検査者に対する反対尋問のポイントはどこにあるのですか。

A100

これまでに述べてきたことや参考文献をもとに考えてください。具体的な要領は、足利事件再審公判では検察側請求によって DNA 再鑑定を行った鈴木廣一大阪医科大学教授（証人として検察・弁護双方請求）に対する尋問が行われました。資料2（155〜159頁）にその証人尋問の要点を紹介しますので、参考にしてください。

Q101

出現頻度についての対応はどうすればよいのですか。

131

第2部　DNA型鑑定と弁護活動

A101

　「現在は、10〜15程度のローカスの型判定キットが使われることが多いので、他人であれば、通常は数個以上のローカスで不一致が見られ、判定に困る例はほとんどない」と説明されています（勝又『DNA鑑定』101頁）。

　また、「二つの試料の間でDNAの型がたまたま一致することはある。偶然を排除するためには検査する型の数を増やせばよい。そうすると、それらすべてが一致する確率がどんどん小さくなるので、すべてが一致するのは、もはや偶然とはいえないようになる。逆に一致しない型がある場合は、由来する個人が異なるからである」（鈴木廣一大阪医科大学教授作成の足利事件鑑定書29頁）と指摘しています。

　このように従前の型鑑定に比べて、STR多型による型鑑定においては、出現頻度の持つ意味はあまり高くないといえますが、同一由来の証明力は極めて高いと評価されています。

　同時に、DNA型鑑定はすべてのDNA型を鑑定しているわけではありませんから、別異の鑑定方法によって「不一致」となる可能性を完全に否定しているわけではありません。DNA型鑑定の持つ限界を常に忘れてはなりません。

　現在の出現頻度についての警察庁のデータベースについては、警察・検察関係者は信頼性が高いと主張しています。

　弁護人としては、他の機関のデータベースと対比して、当該データベースの信頼性を確認することが必要です。

　なお、外国人のデータベースについては、人種によって全く異なる可能性があり、サンプル数も十分とは限りませんから、一層慎重さが必要です。

Q102

「DNA型鑑定の限界」ということが言われることがありますが、それはどのようなことですか

A102

　足利事件や東電女性社員殺人事件が最新のDNA型鑑定によって元被告人の雪冤を晴らしたことで、DNA型鑑定に対する社会的関心は以前と比べものにならないほど高まりました。その反面、「DNA型鑑定をやれば、一発で無罪（か有罪）かがわかる」といった、DNA型鑑定に対する過度な期待から来る、誤った「万能論」も残念ながら広まっています。しかし、DNA型鑑定によって直接証明できるのは、対象試料とのDNA型の異同であって、犯行と対象試料との結び付きまですべて証明できるわけではありません。例えば、殺人現場となった部屋から対象者のDNA型と同じ皮膚片のDNA型が検出されたとしても、現場には対象者も含めた不特定多数の人間が出入りしていたような場合、DNA型がいくら一致したからといって、それだけで対象者と犯人を結びつけることはできません。また、鑑定に至るDNA試料の収集、保存、鑑定の過程や技法によっては、最新の鑑定手法を使ったとしても誤った鑑定結果になることはありえます。さらに、刑事裁判で問題となるDNA型鑑定の多くは、古くてすでに変質化している試料、極少量しかない試料、複数のDNAが混合した混合試料などを対象とする鑑定で、最新の鑑定手法を用いても、明確な型判定ができないということがありえます。

　現在のDNA型鑑定は個人識別の方法として究極の域に達しているといわれていますが、その有用性を正しく理解しつつも、いたずらに「万能論」に振り回されることなく、具体的な事件のなかで常に検証してゆくことが求められています。

Q103

ワークシートを鉛筆書きしたことに対してどのような反論が考えられますか。

133

第2部　DNA型鑑定と弁護活動

A103

　実際の事例（乳腺外科医事件〔149頁〕）においては、「人によっては、有機溶剤をたくさん使うような実験をなさる方は、有機溶剤がうっかりこぼれた時にボールペンが消えないよう、鉛筆で書かれる方もいます。」というものでした。

　現在の科捜研で行われている DNA 型鑑定においては、有機溶剤が使用されることはありません。

　なお、上記のように回答した DNA 型鑑定の検察側証人（DNA 型鑑定を実施した当該技官ではない証人）も、「私の実験では有機溶剤を多用するものではありませんでしたので、ボールペンで書いておりました」と証言しています。

Q104

弁護人が再現実験を行う場合、どのように行うべきですか。

A104

　行うべき再現実験は、様々考えられます。例えば、公訴事実記載の犯行態様に即した実験、指掌に付着した DNA 量の測定、転写される DNA の有無等です。過去には、裁判所が、再現実験で設定した条件が実際の事案と異なることを理由に、再現実験の信用性を否定した事例がありますので、DNA 型鑑定の専門家に相談し、協力や監修を受けて、再現実験を行うと良いでしょう。

　再現実験においては、原則としてポジティブ・コントロール、ネガティブ・コントロールを準備します。また実験に際しては、マスク・手袋等の汚染対策用品等を準備することはもちろんのこと、時計やカメラを準備し、実験の全過程を記録することが重要です。

第3部　資料編

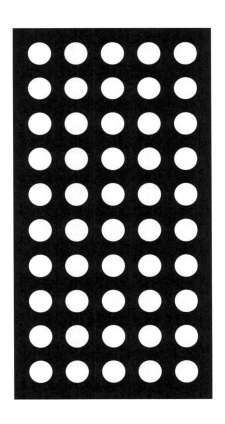

第3部　資料編

1　事件紹介

1　足利事件

　1990（平成2）年5月12日午後7時ごろ、栃木県足利市内のパチンコ店の客の長女（当時4歳）が駐車場で遊んでいたところ行方不明となり、翌13日に渡良瀬川の河川敷で死体となって発見された。警察の懸命の捜査によっても容疑者を検挙することができず、捜査線上に浮かび上がった菅家利和氏（当時45歳）を1年以上も尾行し、ごみ収集所に捨てたティッシュに付着していた精液のDNA型が、現場近くから発見された被害者の下着に付着していた精液のDNA型と一致したとして、1991（平成3）年12月1日、菅家氏を任意同行し、その夜遅くに「自白」を得、翌日逮捕された。宇都宮地裁はDNA型鑑定を最大の決め手にして1993（平成5）年7月7日、無期懲役の判決を言い渡し、二審の東京高裁も1996（平成8）年5月9日に控訴を棄却した。

　この事件で施行されたDNA型鑑定（MCT118型〔D1S80〕）が、後に問題となる。科警研の鑑定書では、菅家氏の血液型・DNA型と真犯人のものが一致するとされ、この出現頻度は1000人に1.2人とされていた。しかしその後科警研が発表したデータベースでは、1000人に2.5人、さらに5.4人、ついには6.23人と当初の5倍以上に変化し、足利市内の成人男性だけでも258人もが該当することになった。また当時サイズマーカーとして用いられた123マーカーでは正しい反復回数を示さないことが判明し、アレリックマーカーによって正しい反復回数を判定しなくてはならないにもかかわらず、再鑑定がなされない状態で第一審・控訴審ともに無期懲役の判決であった。

　拘置所に収監されていた菅家氏の毛髪の鑑定を弁護士より押田は依頼された。検査をしてみると、「被害者の着衣に付着していた精液の型（判決で示していた18-30）と菅家氏の毛髪の型（18-29）が異なっている」との鑑定結果となった（1997年9月25日提出）。つまり、①真犯人でない人を逮捕したか、②警察のDNA型鑑定が誤っていたか、いずれにしても重大な結果である。

　弁護側はこの鑑定書を最高裁判所に提出し、DNA型の再鑑定を請求したのである。

136

1 事件紹介

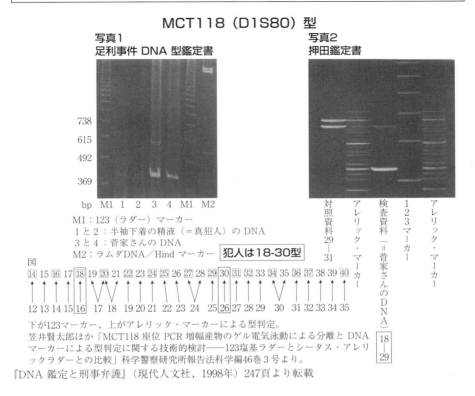

しかし最高裁は2000(平成12)年7月17日、DNA型鑑定は信頼できるとする判断をして、上告を棄却、無期懲役が確定した。

そこで、弁護団は2002(平成14)年より再審請求を始め、2008(平成20)年2月13日、宇都宮地裁は再審請求を棄却した。弁護団は東京高裁に即時抗告し、マスコミもこの再審請求棄却に批判的な報道や放送も相次ぎ、2008(平成20)年12月24日にDNA再鑑定が正式に決定された。

2009(平成21)年5月には検察側・弁護側鑑定人とも被害者の下着に付着していたDNA型と犯人とされていた菅家氏のDNA型は異なることが判明し、同年6月4日には菅家氏は釈放され、東京高裁は2009(平成21)年6月23日原決定を取消し、再審開始(刑の執行停止)決定をし、間もなく確定した。宇都宮地裁は2010(平成22)年3月6日再審無罪決定をした。

1997(平成9)年の時点で再DNA鑑定が施行されていれば、時効も成立してい

第3部　資料編

ない状況で、真犯人を追及できた可能性が高かったのにと悔やまれてならない。

　この事件では、最高裁の判決を含めて、DNA 型鑑定が日本で初めて刑事裁判で有罪の根拠となったとして、多数の論文に述べられているが、その根拠となる鑑定が誤っていたことになったので、これらの多数の論文も再評価されなければならない。

　このように、急速に進歩した DNA 型鑑定では、十年以上経過した陳旧・微量な資料でも犯罪を証明できるが、一方で、犯罪に関係がないという無実を証明できる特徴を有している。最近米国では、イノセンス・プロジェクトにより DNA 鑑定を施行した232人（うち死刑囚17人）もの刑確定者が、DNA 鑑定で冤罪であることが明らかになったという。疑問が生じたら、再鑑定が保証されるような法律の必要性が議論されてきている。

2　飯塚事件

　1992（平成4）年2月20日、福岡県飯塚市内で登校中の小学1年生の2女児が行方不明となり、翌21日に隣接の甘木市で遺体となって発見された。司法解剖の結果、死因は「いずれも手による頸部圧迫」とされた。現場付近の車の目撃証言から、該当する車種の持ち主に毛髪を任意提出させたところ、久間三千年氏（当時54歳、死刑執行時70歳）の血液型や DNA 型（MCT118 型、HLADQ α 型）が、両被害者の膣内に遺留された血液のものと一致したとして、その後久間氏は逮捕、起訴されたが、自白は得られなかった。

　飯塚事件では7種の DNA 型鑑定が施行され、結果は一致していなかった。偶然とはいえ、足利事件の犯人とこの飯塚事件の犯人の DNA 鑑定（MCT118型）はほぼ同時期に科学警察研究所で施行され、123マーカーで同じ16-26型（現在の18-30型）と判定されていた。

　控訴審裁判所における押田証言（ABO 式血液型の判定結果の解釈の誤りと DNA 型鑑定結果の疑義、2000年12月）にも拘わらず、2006（平成18）年9月に死刑が確定し（ずっと犯行を否認していた）、2008年（平成20）年10月28日に死刑が執行されてしまった（麻生政権発足後1カ月で森法務大臣が死刑執行決定をした）。こちらの事件では再三にわたる DNA 型鑑定などにより現場資料が残っていないため DNA 型再鑑定が施行できない、また死刑ということで本人の資料も残されていない

138

という非常な困難の中で、弁護団は、2009（平成21）年10月28日、福岡地裁に再審請求をした。しかし、2014（平成26）年3月31日再審請求の棄却した。同年4月3日、福岡高裁へ即時抗告を申立てたが、2018（平成30）年2月6日即時抗告が棄却され、現在、最高裁に特別抗告中である。

3　保土ヶ谷事件

　1997（平成9）年7月に、車の中で倒れている男性（54歳）を警察署の署員2人が車を道路脇に移動しただけで現場を離れ、男性は11時間後に搬送先の病院で死亡を確認された。その死体について監察医は「解剖の結果、死因は心筋梗塞」という死体検案書を作成した。遺族は、警察官を保護責任者遺棄致死、監察医を虚偽検案書作成の罪名で刑事告訴したが、不起訴とされたため、監察医と警察を管轄している県を相手にして、横浜地裁に1億7千万円請求の損害賠償を提訴した。その後の民事裁判の中で、解剖したかどうかが争われ、「解剖した臓器が残っている」ということが判明し、横浜地裁に提出された男性の臓器、およびプレパラートなどについて、押田が裁判所より鑑定を依頼された。

　死亡した男性のDNA型を親子鑑定の手法で推定し、残されている臓器片、あるいはブロック片から検査したDNA型の結果と矛盾するかどうかを検討し、推定された男性のDNA型と提出されたブロック片および臓器のDNA型では、矛盾が見られるという驚くべき結果となった（2003〔平成15年〕3月31日鑑定書提出）。2006（平成18）年4月25日の判決で、横浜地裁は警察官の過失を認め、神奈川県に対して550万円の賠償を命じた。しかし、「監察医が提出した男性の臓器を別人のものだとしたDNA型鑑定の結果は、臓器の保存状態に問題があり、採用できない」として、実際に司法解剖は行われたと判断し、遺族側の訴えを退けた。このような判決は認めがたいとして、遺族は東京高裁に控訴したが、多くの疑問を残したまま控訴は棄却された（2007〔平成19〕年9月6日）。遺族は裁判に大きな不満を持ちながら、裁判は信用できないとして上告はせず、この裁判は終結した。

139

4 みどり荘事件

　1981（昭和56）年6月27日深夜、大分市内のアパート（みどり荘）の一室で女子短大生（18歳）が殺害された。被害者の下半身は着衣が脱がされており姦淫されていた。頸部には脱がされたオーバーオールが巻き付けられてあった。死因は絞殺による窒息死であった。被害者と同居していた姉が、翌28日午前零時40分過ぎに帰宅して被害者の死体を発見し警察に通報した。

　事件の発生した被害者の居室の隣室に居住していた KR 氏（当時25歳）は、事件直後から警察の任意聴取を受けていたが、事件から半年後の1982（昭和57）年1月14日、現場遺留の毛髪に関する鑑定を根拠に逮捕され、その後、強姦致死・殺人罪で起訴された。

　KR 氏は、任意取調べ段階及び逮捕後の取調べにおいても犯行を否認していたが、1月18日、犯行現場の部屋にいたことは覚えているとの不利益供述をした。しかし、犯行状況については一切記憶していないという供述内容であった。

　第一審の大分地裁は、1989（平成元）年3月9日、前記の自白と科警研の毛髪鑑定を有罪認定の柱として無期懲役の判決を下した。KR 氏と弁護団は即日控訴をした。

　控訴審の福岡高裁において、弁護団はまず、科警研の毛髪鑑定の信用性の弾劾に尽力した。柳川尭九州大学教授（当時助教授）によって毛髪鑑定が行われたが、同教授は科警研鑑定を「科学の名に値しない」と断言し、弁護団はその信用性を崩すことに成功した。

　同高裁は、1991（平成3）年10月31日、遺留毛髪及び被害者の膣液から検出されたとされる精液について DNA 型鑑定を行うことを職権で決定し、三澤章吾筑波大学教授にその鑑定を命じた。同教授は原田勝二助教授を鑑定補助者とした（実際は原田助教授が鑑定を行っていたことが後の証人尋問で判明した）。

　鑑定事項は①事件直後に被害者から採取した膣内容物が付着したガーゼ片から抽出された DNA と被告人の血液から抽出された DNA を対照し、被害者の膣内容物に被告人の DNA とに同一性を有する物が存在するか否か、②事件当時犯行現場に遺留された毛髪から抽出された DNA と被告人の前記 DNA を対照し、遺留毛髪中に被告人の DNA と同一性を有する毛髪が存在するか否か、であった。

同教授は、その鑑定書を1993（平成5）年8月12日同高裁に提出した。同鑑定の結論は、①については、被害者の膣内容物からは、被害者自身のDNAと同一のDNA以外の他のDNAは検出されなかった（但し、「この結果は、膣内容物中に精子が付着していなかった事を積極的に裏付けるものではない。勿論、KRの精子由来のDNAが膣内容物に存在しないという結論も導き出せない」とのコメントを本文中に付されていた）、②については、現場遺留毛髪のうちの一本が被告人のDNAと同一型である、というものであった。

同鑑定の方法は、第6染色体上のACTP2（ACTBP、SE33）という部位のGAAA（又はAAAG）4塩基を単位とする反復配列が存在するマイクロサテライト（鎖長多型）であった。同鑑定は被告人のDNAと現場遺留毛髪の一本は、262bp（塩基）／301bp、すなわち16／36型であるという（これは後に11／23型と訂正された）。

遺留毛髪のDNAと被告人のDNAには同一性があるという同鑑定書により、同高裁は三者（裁判所・検察官・弁護団）協議において、「この事件はDNAで決まりでしょう。今さら弁護団は何をされるのですか」と発言していた。

弁護団は同鑑定書を詳細に検討した結果、次の問題点を洗い出した。①記載ミスを含めた多くの誤りがあり、後に大幅な訂正書を提出するなど、同鑑定は極めて杜撰なものであること、②膣内容物の鑑定結果についてのコメントに見られる予断と偏頗性、③データベースの検体数が少なくデータベースとしての信頼性に対する疑問、④被告人のDNAと同一の型とされた毛髪が、当時の被告人の毛髪では考えられない長さであり、検体それ自体の疑問（被告人が警察に任意提出していた毛髪は、一番長いものでも7cmであった。問題の毛髪は15.6cmであり、大分県警科捜研がその長さから被害者又は姉のものと考えて科警研に送付する資料から除外したものであることが、後に判明した）、⑤アリールを1塩基毎に分類する方法の妥当性に対する疑問、⑥そもそもACTBP2鑑定法を裁判に用いる妥当性に対する疑問、等である。

弁護団は、これらの問題点を三澤教授及び原田助教授の証人尋問において追及した。三澤教授は本件鑑定に全くといってよい程関与していなかったこと、訂正前の鑑定書の内容について詳しく検討していない事を認め、PCR産物の電気泳動のX線フィルム、バンドサイズ計測資料等の提出を法廷で約束した。これらの鑑定書の基礎資料を入手した弁護団は、原田助教授に対して、アリールを1塩基毎に分類した科学

141

第3部　資料編

的根拠とその適否を中心に追及することとした。

　弁護団の追及に対し、同助教授は両者の DNA の泳動パターンが「同一」で、「同一の DNA 型」とは「類似性が高い」という意味であると証言し、さらに、弁護団が本件鑑定手法の問題点として指摘した諸点をことごとく認め、本件鑑定は1塩基の差異を正確に計測できるようなものではなかったことを認め、最後には「鑑定は破綻している」と自認するに至った。

　福岡高裁は1995（平成7）年6月30日（判例時報1543号181頁）、これらの審理によって、本件鑑定の信用性を否定し被告人に無罪の判決を下した（『DNA 鑑定と刑事弁護』〔現代人文社、1998年〕95〜124頁参照）。

　なお、みどり荘事件弁護団は、弁護活動について『完全無罪へ13年の軌跡——みどり荘事件弁護の記録』（現代人文社、1997年）をまとめている。

5　東電女性社員殺人事件

　東京電力に勤めていた39歳の女性が、渋谷区のアパートの空き室で殺害された、いわゆる「東電女性社員殺人事件」が発生したのは、1997（平成9）年3月だった。被害者女性は未婚のエリート社員だったが、仕事が終わった後に渋谷区円山町付近の路上で、客を誘って売春を行なっていたことが後日判明し、昼間は大企業の幹部社員、夜は娼婦ということで、マスコミに大きく取り上げられた。

　捜査は難航したが、警視庁は5月20日に、殺害現場の隣のビルに住んでいた、ネパール人男性（当時30歳）を犯人として逮捕したが、一貫して無罪を主張していた。2000（平成12）年4月14日、東京地方裁判所では無罪だったが、同年12月22日に東京高等裁判所で、逆転無期懲役の判決と変更された。

　弁護側は最高裁に上告し、2001（平成13）年1月25日に、法医学者に精子の経時的変化についての精液鑑定の依頼をした。5人のネパール人男性と日本人3人のボランティアから採取した精液について、1月以上にわたる実験により鑑定書を作成し、弁護側が上告趣意書に鑑定書を添えて最高裁に提出した。しかし、2003年（平成15）10月20日に最高裁第三小法廷では、無期懲役とした二審判決を支持し、その決定理由の中に、前記鑑定については一言も触れることなく無期懲役が確定した。

　2011（平成23）年7月23日付で、検察官依頼の大阪医科大学医学部予防・社会

医学講座の鈴木廣一教授（法医学）が最初の鑑定書を作成した。「六畳間の陰毛の一つと、被害者の膣内の精液の DNA が一致する」という結果が得られた。その後も継続した微物・抽出物等の DNA 型鑑定でも同様な結果だった。

2012（平成24）年6月7日に、東京高裁の小川正持裁判長は再審の開始を認め、G 氏の刑の執行を停止する決定をし、G 氏は同日中に釈放された（高等裁判所刑事判例集65巻2号4頁、LEX/DB25481359）。

G 氏は入管難民法違反、不法残留罪で有罪が確定していたため、国外強制退去処分を受けて、横浜刑務所を釈放後に東京入国管理局横浜支局に身柄を移された。そして在日ネパール大使館からパスポートの発給を受け、2012年6月15日に成田国際空港からタイ・バンコック行きの旅客機で日本を出国し、ネパールに帰国した（2012〔平成24〕年11月7日、東京高等裁判所は、G 氏に対して再審無罪を言い渡した〔東京高等裁判所（刑事）判決時報63号1〜12号223頁、LEX/DB25483367〕）。

6　鹿児島天文館事件

2012（平成24）年10月7日午前2時過ぎ、鹿児島市の繁華街で「女性（17歳）に声をかけ、近くの路地に連れ込んで暴行した」として、当時19歳の男性が逮捕・起訴された。男性は捜査段階から一貫して「酒に酔っていて記憶がない」と無罪を主張し、弁護側も「『暴行された』とする女性の証言に信用性がない」と訴えていた。

最大の焦点は、女性の体内に残されていた精液の DNA 型鑑定の結果だった。捜査段階で行われた鹿児島県警科捜研の DNA 型鑑定は「精液の混入を認めるも、得られた DNA が微量のため、DNA 型鑑定は不能であった」との結果で、1審判決はこれを事実上、被告の精液と位置づけて有罪判決（懲役4年）とした。

控訴審で裁判所から DNA 型再鑑定を依頼された鑑定人は、控訴審で裁判所から DNA 型鑑定を依頼された鑑定人は、試料が微量であったので、飛行機で運搬する際、DNA の破壊を避けるため、レントゲン検査を回避して鑑定試料を鑑定科学技術センター（MST）に持参した。そして、通常の手順で DNA 型を抽出し、検査したところ、簡単に核 DNA 型が検出された。しかも、その核 DNA 型は被告とは異なり、被害者のショートパンツに付着していた別の男性の DNA 型と一致することが判明した。その旨を79頁の鑑定書に記載し、高等裁判所に提出した。2015（平成27）年6月10

143

第3部　資料編

日の証人尋問後に、無罪判決の前に被告人は釈放された。

　福岡高裁宮崎支部（岡田信裁判長）は、2016（平成28）年１月12日、懲役４年の実刑判決とした一審・鹿児島地裁判決（2014〔平成26〕年２月24日）を破棄し、逆転無罪を言い渡した。この判決は上告されず確定した（控訴審＝判例時報2316号107頁、LEX/DB25541932、第一審＝LEX/DB25541931）。

　控訴審では、検察側も新たに別の大学教授にDNA型鑑定を依頼し、「被告の関与を裏付ける結果が出た」として証拠採用を求めたが、高裁宮崎支部が退けた。さらに、捜査段階の鑑定を担当した県警技術職員が数値などを書き留めたメモを廃棄したことが明らかになっている。

　この高裁無罪判決（2016〔平成28〕年１月12日）の結果、「DNA型鑑定の実施における留意事項について（通達、平成28年１月27日）」が、警察庁刑事局犯罪鑑識官より全国の警察本部長などに出された（資料９、223頁参照）

7　宮城県自損事故犯人隠避事件

　2013（平成25）年４月13日午前１時45分頃、宮城県内で乗用車による自損事故が発生した。この事故で車中には40代の女性と50代の男性が乗車していたが、２人は当初から「車を運転していたのは女性だったが、車が激突して停止してエアバッグが作動した直後、女性が呆然としていたため、男性が運転席側に移ってエンジンを切り、そのまま車外に出た」と主張していた。

　しかし、現場の近くで目撃していた消防署職員が「男性が運転席から出てきた」と証言したことから、捜査機関はこの目撃証言を重要視し、実際に車を運転していたのは女性ではなく男性だったと考えた。

　そこで問題となったのが、宮城県警科捜研が施行したエアバッグの付着物を対象試料としたDNA型鑑定であった。科捜研には、事故から７カ月後の11月になってDNA型鑑定が嘱託されたが、エアバッグから検出されたのは、女性のものと思われるDNA型だけであった（15座位中13座位が一致）。

　このDNA型鑑定の結果からすれば、運転していたのは女性と推認されるべきであったが、検察官は「男性が運転席から出てきた」という目撃証言の方を重視し、運転していたのは男性であり、エアバックから男性のDNA型が検出されなかったのは、

144

エアバッグから男性の DNA が剝離したからに過ぎないとした。そして、検察官は、2014（平成26）年６月、実際に車を運転していたのは男性だったにも関わらず、女性自らが運転していたと主張したとして、女性を犯人隠避の罪で起訴した。

　2015年（平成27）年１月27日の第一審の仙台地方裁判所古川支部は、弁護側申請の証人による「エアバックに付着している微物の DNA 型鑑定結果によれば、運転者は女性と判断される」との証言を採用せず、検察官の主張を認容して、「男性に由来する微物等がエアバッグ表面から剝離した可能性、劣化を否定できない」「鑑定試料から男性の DNA 型が検出されなかったとしても、運転者が男性である可能性を否定するものとはいい難い」などとして、運転していたのは男性であったと認定し、女性に懲役１年、執行猶予３年の有罪判決を言い渡した。

　女性が控訴したことにより、本件は仙台高等裁判所に係属した。控訴審では、第一審で証言した弁護側申請の証人が再度証人として採用され、検察側が申請した証人との対質尋問が実施された。

　弁護側申請の証人は、「エアバック付着の DNA を摘出除去することは不可能である」と主張した。一方、検察側証人である科警研職員の法医学的知識の欠如（表皮剝奪→剝奪、DNA を採る→彫るなど）が露呈した。2016（平成28）年５月10日に仙台高裁で無罪判決が確定した。

8　今市幼女誘拐殺害事件

　2005（平成17）年12月1日午後２時半すぎ、栃木県今市市（現日光市）で下校途中の小学１年女児が何者かに拉致され、翌２日午後２時ころ、茨城県常陸大宮市の山林内において全裸死体で発見された。事件発生から９年後の2014（平成26）年１月、警察は母親と偽ブランド商品を販売していた商標法違反の被疑事実でＫ氏（当時32歳）を逮捕した。警察、検察は商標法違反の起訴後勾留期間を利用して殺人の取調べを続け、Ｋ氏に自白を迫った。Ｋ氏はいったん殺人についても自白し、調書も作成されたが、途中から全面否認に転じた。

　2016（平成28）年４月８日、宇都宮地方裁判所（裁判員裁判）は、客観的事実だけでＫ氏の犯人性を認定することはできないが、取調べ状況の録音録画記録の内容をあわせ考えればＫ氏の自白は信用できるとして、無期懲役判決を言い渡した（判

例時報2313号126頁、LEX/DB25542682）。なお第一審では、女児の頭部に付着していた粘着テープを対象試料として栃木県警の科捜研が行ったDNA型鑑定が証拠として採用されているが、その鑑定はK氏のDNA型と同一性が認められるDNA型はないとの結果であった。

K氏の控訴によって、本件は東京高等裁判所に係属した。高裁では、いくつかの主要な争点については、あらためて複数の専門家証人を取調べることとなったが、女児の頭部に付着していた粘着テープや女児の体表付着物等を対象試料としたDNA型鑑定もそのうちの一つとして、弁護側、検察側双方の申請による専門家証人の対質尋問が行われた。

ところで、本件では、高裁段階になってから、粘着テープや体表付着物等を対象試料としたDNA型鑑定のエレクトロフェログラムや鑑定メモ、それに複数のミトコンドリアDNA型鑑定結果などが開示された。弁護人がこれら開示証拠をあらためて専門の法医学者に鑑定依頼したところ、対象試料からはK氏の核DNA型及びミトコンドリアDNA型は一切検出されなかっただけでなく、粘着テープからは、女児や鑑定人など捜査関係者とも異なる第三者の核DNA型が、体表付着物からも、同じく女児や鑑定人など捜査関係者と異なる第三者のミトコンドリアDNA型がそれぞれ検出された。そこで、弁護人はこれら第三者DNA型こそ真犯人のDNA型である可能性が高いのであって、新たな鑑定の結果は、K氏の女児に対するわいせつ行為や殺害行為に関する自白の信用性を弾劾し、K氏の犯人性を否定する消極的情況証拠であると主張した。

2018（平成30）年8月3日、東京高裁で判決が言い渡された。判決は、第一審判決で認定した客観的事実に、K氏が勾留中母親宛に書いた謝罪の手紙をあわせ考えればK氏の犯人性は認められると認定した。そのうえで、録音録画記録媒体を自白の信用性判断の補助証拠として使用した点は刑訴法317条に違反するとしつつ、K氏の自白のうち、女児の拉致、殺害、遺棄の犯人であることを自認した部分は信用できるが、殺人の経過、態様、場所、時間等に関する部分は信用できないとして、第一審判決を破棄しながら、審理途中で検察官が追加してきた犯行の日時・場所を拡張する予備的訴因を認定し、あらためてK氏を無期懲役とした（東京高判平成30年8月3日・判例時報2389号3頁、LEX/DB25561023）。

DNA型鑑定について高裁判決は、粘着テープに関するDNA型鑑定によって判定された核DNA型は、女児及び鑑定人に由来するものとしても矛盾せず、犯人に由来する蓋然性が高いとはいえないとした。そして、体表付着物に関するミトコンドリアDNA型鑑定によって判定されたミトコンドリアDNA型も、その中には殺害犯人に由来するものが含まれている可能性も否定することはできないが、全て犯人以外の者に由来する可能性も十分あり、犯人に由来するものが含まれている蓋然性が、K氏を犯人とすることに合理的な疑いを生じさせる程度に高いとはいえないとした。

K氏は高裁判決を不服として最高裁に上告し、2019（平成31）年4月現在、本件は最高裁第二小法廷に係属中である。

9　袴田事件

1966（昭和41）年6月30日未明、静岡県清水市（現静岡市）で味噌製造会社の専務一家4人が惨殺され、自宅が放火された。同年8月、同社従業員で元プロボクサーだった袴田巖氏（当時30歳）が逮捕され、当初は否認していたものの、後に自白に至った。その後袴田氏は強盗殺人、現住建造物放火で起訴され、公判では一貫して否認し続けた。

袴田氏に対する当初の公訴事実は、袴田氏が事件当日、パジャマの上に雨合羽を着用して犯行に及んだというものであったが、公判途中の1967（昭和42）年8月31日、味噌樽から麻袋に入った血まみれの5点の衣類が発見された。そして、そのうち白半袖シャツ（下着）の右肩に付着していた血痕の血液型が袴田氏と同じB型であること等から、5点の衣類は袴田さんの物であるとされ、検察官は、同年9月、袴田氏が5点の衣類を着て犯行に及んだと公訴事実を変更し、犯行後に5点の衣類を味噌樽に隠匿したと冒頭陳述も変更した。

しかし、その5点の衣類発見の前日に実家からズボンの端切れが発見されたことなど、当時から出来過ぎた証拠状況は警察の捏造ではないかとの指摘があり、控訴審では袴田氏が5点の衣類のうち鉄紺色のズボンを履けなかったことなどが明らかになっていた。1968（昭和43）年9月、静岡地方裁判所は死刑判決を言い渡した。同判決は1980（昭和55）年11月、最高裁の上告棄却によって死刑が確定した。

袴田氏は、1981（昭和56）年4月、静岡地方裁判所に再審を請求し、日弁連も支

147

第3部　資料編

援したが、1994（平成６）年８月には請求が棄却され、2008（平成20）年には特別抗告も棄却された。同年４月、袴田氏は、第二次再審請求を申し立てた。

　弁護団は第一次再審抗告審において、血液型だけでは犯人とするには足りないとして東京高裁にDNA型鑑定を請求し、1998（平成10）年にDNA型鑑定が試みられたが検察・弁護の双方推薦の鑑定人はいずれも「鑑定不能」と結論づけた。

　しかし、第二次再審請求審において弁護団は、足利事件や東電女性社員殺人事件を例にとり、その後の技術の進歩を理由として、再度DNA型鑑定を請求したところ、静岡地裁は鑑定実施を決定し、弁護側推薦の本田克也筑波大学教授、検察側推薦の山田良広神奈川歯科大学教授の両鑑定人による複数鑑定が行われることになった。

　本田鑑定人は、裁判所から出された「血液のDNAだけを検出できるか」との要請に応えるため、「選択的抽出法」（DNAを格納している血液細胞を掻き集めて、結果としてDNAの収量を増やそうとするものであり、「抗Hレクチン」が血液細胞に付着して「凝集」作用を起こすことから、凝集した血液細胞を遠心分離にかけ血液細胞だけを取り出す方法）を鑑定に採用した。そして両鑑定人の結論は、少なくとも白半袖シャツの右肩部分から検出されたDNA型は袴田氏のDNA型と一致しないという点では共通していた（ただし山田鑑定人は、その後自らの鑑定を「撤回」している）。

　静岡地裁は、2014（平成26）年３月27日、袴田氏の請求を認めて再審を開始し、あわせて死刑の執行を停止すると決定した（静岡地判平成26年３月27日判例時報2235号113頁、LEX/DB25503209）。

　同決定は、本田鑑定人のDNA型鑑定において検出されたアレルの大部分は血痕に由来する可能性が高く、試料には血液が付着している蓋然性が認められること、原因不明のアリルが検出された可能性が低いこと、外来DNAによる汚染の可能性が低いこと、血液由来DNAの選択的抽出法を用いていることなどを理由に、鑑定の信用性を認めたうえで、「白半袖シャツ右肩の血痕が袴田のものではない疑いは相当に濃厚であり、５点の衣類の多くの部分の血痕が被害者４名のものでない疑いも相当程度認められるという限度では信用できる」とした。

　同決定に対して、検察官が即時抗告をしたことから、本件は東京高等裁判所に係属することになった。裁判所は、第一審で本田教授が採用した「選択的抽出法」が、試料が古くて血球細胞に損壊又は状態変化が起きている場合にも同様の効果が期待

148

できるかという点について検証実験をすると決定し、職権によって検察官推薦の鈴木廣一大阪医科大学教授に鑑定（検証実験）を命じた。

2018（平成30）年6月11日、東京高等裁判所は、本田鑑定は信用できず新証拠とは言えない、その余も新証拠たり得るものとは言えないとして、原決定を破棄し、再審請求を棄却した。ただし、死刑及び拘置の執行停止は維持された（LEX/DB25560605）。

同決定は、「一般的には、未だ科学的な原理・知見として認知されておらず、その手法が科学的に確立したものとは言えない新規の手法を鑑定で用いることは、その結果に十分な信頼を置くことはできないので相当とは言えず、やむを得ずこれを用いた場合には、事情によっては直ちに不適切とは言えないとしても、科学的な証拠として高い証明力を認めることには相当に慎重でなければならない」としたうえで、本田鑑定人が考案した「選択的抽出法」に関して、基本的発想自体の科学的原理に疑わしい点はないが、これによって血球細胞のみ分離できるとする手法は研究開発途上の手法であり、具体的な疑問も存在することから、血液由来のDNA型を抽出したとする本田鑑定の信頼性は著しく低いと認定した。

弁護団は、即時抗告審の決定を不服として特別抗告を申立て、現在事件は最高裁判所第三小法廷に係属している。

10 乳腺外科医事件

概要

本件は、被告人である乳腺外科医が、右乳房の良性腫瘍摘出術をした患者に対して、術後2度に渡り回診した際、健側部（手術反対側）の乳頭付近を舐めた等のわいせつ行為を行ったとして準強制わいせつに問われた事案である。110番通報により臨場した警察官が、患者の左乳頭部付近から微物採取し、後日鑑定したところ、被告人と同型のDNAが顕出され（リアルタイムPCRによれば1.612ng/μL）、アミラーゼが陽性反応を呈したとする鑑定結果が得られた。

おそらく、本件は、採取されたDNA量自体が争点となった初めての事案であり、鑑定の科学的許容性等が争われたため少し紙数を割いて説明する（東京地判平成31年2月20日、LEX/DB25562276ほか）。

149

第3部　資料編

事件の争点

主な争点は、女性患者の被害体験が、術後せん妄に基づく幻覚であるか、また、患者の左乳頭部付近に付着していた DNA 及びアミラーゼ鑑定の信用性（科学的許容性）等である。

DNA型鑑定及びアミラーゼ検査の問題点

後者の争点に関して、本件では以下の事実関係がある。

⑴アミラーゼ検査は、本件鑑定の際に作成されたワークシートに、「＋」と記載されているだけで、陽性反応を示す検査結果は写真撮影されなかった。

⑵ヒトゲノム定量検査（DNA 定量検査）の結果に関して、DNA 定量検査であるリアルタイム PCR 検査は、本来、標準試料と鑑定試料とを同時に検査して、その比較により鑑定試料を定量する検査法であるにもかかわらず、本件で科捜研は、標準試料の定量検査を実施しなかった。

また、ワークシートには、「1.612ng/μl」と記載されていたが、このワークシートは鉛筆書きされ、少なくとも、消しゴムで消して上書きした痕が7箇所、消しゴムで何らかの記載を消した痕が2箇所、存在した。

さらに、DNA 抽出溶液については、本件では DNA 量が争点となると検察官から知らされていたにもかかわらず、検査担当者が廃棄した。

問題点についての裁判所の判断

⑴　術後せん妄の可能性と幻覚の可能性

裁判所は、女性患者が、公訴事実記載の犯行時間帯（手術後の14時55分頃から15時12分頃までの間）、せん妄状態に陥っていた可能性が十分にあり、またせん妄に伴って性的幻覚、を体験していた可能性が相応にある、としました。

⑵　アミラーゼ検査について

アミラーゼ陽性反応を示す写真等を含め、検査試料の保管の連鎖について、「鑑定資料の採取や保管の過程をできるだけ写真等により記録することが望ましい」ものの「刑事訴訟法を含め関係法令は、付着物の採取や保管の過程を必ず写真等で記録しなければならないことまで要請しているとは解されず、保管記録や関係者の証言

を含めて、相応の立証がされていれば関連性や手続の適法性の立証としては足りる」
として、陽性反応を示す写真等の記録がないことに関しては、判断を示さなかった。

(3) DNA定量検査について

まず、「リアルタイム PCR による DNA 定量検査とは、DNA 量があらかじめわか
っている標準資料と鑑定資料とを比較することによって（比較のため、標準資料と
鑑定資料の Ct 値、すなわち増加した DNA が一定の蛍光強度に達したときのサイク
ル数をプロットしたものが検量図である。）、鑑定資料を定量するという手法である
ところ」、検察側証人の証言からでは、「なぜ、鑑定資料の増幅曲線だけを見て、
DNA 定量検査の結果を裏付けることができるのか、原理的に全く不明である」。か
えって、「標準試料の増幅曲線と検量図がないのであれば、DNA 定量検査の結果を
検証するのは不可能である」という弁護側証人の証言の方が「リアルタイム PCR に
よる DNA 定量検査の原理と合致して信用性が高い」と判断した。

また、ワークシートの鉛筆書きと消しゴムでの修正に関して、「実験データの検証
可能性を確保するため、消しゴムでの修正が可能な鉛筆で実験経過を記録すること
は許されない」のは「当然のことと考えられ」、「刑事裁判に向けた証拠の作成とい
う観点からも、鉛筆による記録は、後日、その記録の正確性について紛糾を招き、
いたずらに争点を拡大するとの弊害こそあれ、その利点は見当たらない。そうすると、
実験の経過を鉛筆書きで記録し、これを消しゴムで消して修正するという行動は、
科学者としての実験の経過の記録方法としてふさわしくないのみならず、鑑定嘱託
を受けた者としての刑事裁判に向けた鑑定書作成の基礎資料の作成方法としてもふ
さわしくない」とした。

なお、通達では、ワークシートは鑑定の推移にしたがって記載することとされて
いるが、本件ワークシートは鑑定の推移にしたがって記載していない疑いがあると
された。

さらに、抽出液廃棄に関して、「DNA の定量は、本件鑑定事項に含まれておらず」、
また「本件 DNA の定量検査は、もともとは本件 DNA 型検出検査の準備行為として
行われ、それ自体が独立して意味を持つと考えられていなかったことからすれば」、
検査担当者が「標準資料の増幅曲線や検量図が消去されるのを阻止しなかったこと
にはやむを得ない面があり、直ちに問題であるとはいえない」が、検査担当者が「捜

第3部 資料編

査担当の検察官から平成28年9月頃、本件 DNA 定量検査の結果が重要性を持つことを知らされた後である同年12月頃になって、本件抽出液の残余を廃棄したことは、本件 DNA 定量検査の検証可能性を失わせしめる帰結を招いたものであり」「非難されるべき行為である」として本件検査者に対して「検査者としての誠実性を疑わせる事情といえる」と判断した。

なお、本件は、上記のほかにも複数の争点があり、科学鑑定の在り方に関して示唆に富んでいる。

2 DNA型鑑定に関する関係資料

資料1 鑑定に係る検査結果等の資料の追加・補充について（上申）〔足利事件〕

　足利事件再審請求抗告審において、本田克也筑波大学教授の DNA 型鑑定書について、検察官が東京高等裁判所第 1 刑事部に提出した上申書。

　内容は、前記本田鑑定書の内容を検討するために、DNA 型検査におけるすべての電気泳動チャート、DNA 溶液の濃度定量値のすべて、ミトコンドリア DNA 検査の具体的内容（プライマーの塩基配列及び PCR のサイクル数など）の資料等を同鑑定人から提出を求めるというもの。

　この上申書の意義は、検察官が、DNA 型鑑定の内容を検討するためにはこれらの資料の提出を必要・不可欠と判断しているということだけでなく、裁判所がこれに応じてその提出を促したことから、裁判所もまた同様の判断をしているという点にあります。

————————○————————○————————○————————

平成20年（く）第94号

平成21年 5 月12日

東京高等裁判所第 1 刑事部　御中

東京高等検察庁

検事　山口幹生

鑑定に係る検査結果等の資料の追加・補充について（上申）

　申立人菅家利和に係る再審請求棄却決定に対する即時抗告申立事件に関し、平成21年 5 月 8 日、筑波大学・法医学教授本田克也から、貴刑事部あてに、鑑定書（同月 6 日付け）が提出されたところであるが、同鑑定書の内容の検討に当たり、下記のとおり、追加・補充の資料等が必要となるので、同鑑定人に対し、早急に、その提出を求めていただきたい。

153

第3部　資料編

記

1　泳動チャートについて

　(1)　追加・補充を求める資料等

　　　同鑑定書によれば、試料採取部位として大きく A 〜 E の５カ所を設定し、そ
　　れぞれについて10カ所に裁断したものを検査に供したとされているところ（同
　　鑑定書本文２頁）、それぞれから得られた DNA 溶液（A1〜A10、A11〜A20、
　　A21〜A30、B1〜B10、C1〜C10、D1〜D10）について行った各種 DNA 型検査
　　におけるすべての泳動チャート（縦軸、横軸の数値が記載されているもの）。

　　　※　予備検査（preliminary test）として行った（同鑑定書６頁、14頁）とさ
　　れている Y ファイラーキットによる Y−STR 型検査のものも含む。

　(2)　必要性

　　　そもそも、同鑑定の DNA 型判定が正しいものかどうかは、電気泳動のチャー
　　トを見なければ正確に検討できないが、同鑑定書にはその一部しか添付されて
　　いない。特に、同鑑定書添付の表１によれば、試料中に一定割合の女性の DNA
　　が含まれていることが示されており、複数人物の DNA の存在の可能性が疑われ
　　るところ、その可能性を検討するには、電気泳動チャートを詳細に検討するこ
　　とか不可欠である。また、同添付の表２では、A 群、B 群の鑑定結果が示され
　　ているが、これは、A 群で言えば、A１〜A10まで、10個の試料をそれぞれ鑑定
　　したところ、すべて同じ結果となり、それをまとめて A 群として記載している
　　のか、それとも、その10個のうちいくつかを選択して鑑定しているのかさえ明
　　らかでない。

　　　したがって、電気泳動チャートをすべて提出していただき、検討する必要が
　　ある。

　　　なお、Y−STR 型検査は、警察も含め一般的に、Y ファイラーキットが用いら
　　れており、鈴木鑑定も同様であることから、予備検査として同キットを用いた
　　検査を行っている（同鑑定書本文６頁）以上は、その結果（泳動チャートを含
　　む）を見て検討する必要がある。本田鑑定と鈴木鑑定の各内容を比較対照する
　　に当たっても、この検査結果の内容を確認することが必要である。

2 DNA型鑑定に関する関係資料

2 定量値について

(1) 追加・補充を求める資料等

前記表1において、各試料群の濃度は平均値で示したとされているが、この平均値を得るに至った各 DNA 溶液（A 1 ～A10、A11～A20、A21～A30、B 1 ～B10、C 1 ～C10、D 1 ～D10）についての定量値のすべて。

(2) 必要性

平均値のみでは、各試料に関してどの程度のばらつきなどが生じているか明らかでなく、特に、同表1に示されているように、一定割合の女性の DNA が混入していることは明らかであるから、個別の試料の定量値の検討が必要不可欠である。

3 ミトコンドリア DNA 検査について

(1) ミトコンドリア DNA 検査の具体的内容、特に、用いたプライマーの塩基配列及び PCR のサイクル数

(2) 必要性

同検査の内容については、他の部分と比較しても、非常に簡略な記載（4 行のみ）となっており（同鑑定書本文 7 頁）、その具体的内容が明らかではない。同検査の当否を検討するに当たっては、少なくとも上記 2 点を明らかにしていただくことが必要不可欠である。

以　上

資料2　鑑定人の証人尋問例（足利事件）

足利事件再審公判において行われた DNA 型鑑定の鑑定人に対する証人尋問の要点（編著者の要約による。Q78、108～109頁参照）。

————————○————————○————————○————————

（検察官の尋問）

1 、証言の要旨

資料（半袖下着と菅家さんから採取した血液と口内粘膜）から採取した DNA につ

155

いて、市販のキットを用いた PCR 増幅と STR の検査を実施した。

　市販キットによる鑑定は、一般的で第三者に分かり易い。

　その結果、両者の DNA 型は一致していないと出た。

　常染色体の15の STR の型の「組合せセット」をもつ人の存在頻度は日本で最大でも４兆7000億人のうち１人である。

　半袖下着の精液が犯人のものとすると、科学的には菅家さんは犯人ではない。

２、具体的な尋問内容

①証人の経歴。

②本件鑑定の実施。

③証人の鑑定方法とその概略の説明。

④検査結果。

⑤出現頻度。

⑥鑑定補助者について。

⑦本件鑑定書の内容。

⑧データ等の付属資料について。

⑨試料採取部位とその部位を採取した理由。

⑩精子以外の細胞成分を除去し、精子由来の DNA を抽出した理由。

⑪市販の検査キット及び解析装置を利用した理由。

⑫STR 型検査をした理由。

⑬鑑定書に検査データを添付しているが、その理由。

⑭陰性対照、陽性対照とは。

⑮コンタミネーションの有無の確認方法。

（弁護人の尋問）

１、証言の要旨

　市販の商品化されたキットは事実上の世界標準で、再現性が高い。

　半袖下着から出た DNA が精子由来であるかどうかは、やたらと資料をいじって、精子が細胞として存在するのか確認することは、重要な資料を失わせてしまうことからしてはいないが、半袖下着から採取された DNA は、アイデンティファイラー

（注：常染色体にある STR を検査する市販のキット）による STR 判定やアメロジェニン検査（注：XY 染色体で性別を識別する検査）の結果からすれば、いずれも「１人の男性に由来する DNA」であると判断できる。

　科警研の行った旧鑑定における MCT118 型の電気泳動写真については、「なかなか判別しにくい」、「はっきりしない」。

　（自ら MCT118 型について再鑑定したか否かについては、）自分はこれまでやったことがないが今回ははじめてやってみた。しかし、結果として型ははっきりとわからなかった。なお、この MCT118 型の再鑑定に関する検査データは残っており、必要であれば提出できる。

　（弁護側請求の本田克也教授の鑑定で、鈴木証人の鑑定とは違って、MCT118 型の鑑定結果が出たこと（18－24型）についてどう考えるかという問いに対しては、）それは MCT118 型鑑定に対する「習熟の違い」であり、本田証人の長年の経験に基づく技術から出た結果である。

　鈴木証人の鑑定結果と本田証人の鑑定結果のいずれもが、半袖下着と菅家さんの DNA 型が違うとの結果になっていることは、お互いの鑑定結果の信頼性を高め合っている。

２、具体的な反対尋問

①鑑定書記載事項の過誤等の訂正の確認。

②チャート図で、型判定ができたものは。

③誰が実際の DNA 型鑑定をしたか。

④鑑定結果が正しいということは何によって裏付けられるか。

⑤検査キットとして、使用したものは何か。

⑥アイデンティファイラー、Y ファイラー、ミニファイラーを利用したということか。

⑦SE33 キットとは。その識別力は。

⑧これらのキットの使用の利点は。

⑨これらキットは世界標準といえるか。

⑩検査結果が自動的に正しいといえるか。

⑪鑑定書にはキット自体に問題があるということを把握しておかねばならないという記載があるが、どういう意味か。

第3部　資料編

⑫アイデンティファイラーや Y ファイラーキットは、一挙に増幅されると理解しているが、鑑定書では出ていない部分があるが。

⑬DNA の劣化の可能性は。

⑭アイデンティファイラーで出ていないものが、ミニファイラーで出ているのはなぜか。

⑮DNA 抽出のやり方として、２段階細胞融解法とは。

⑯MCT118 型法もトライしたか。

⑰その方法で結果が出なかったのはなぜか。

⑱検査結果の型が不一致ということの意味は。

⑲キットを使わない検査方法をどう考えるか。

⑳1991年当時の科警研の MCT118 法をどう評価するか。

（裁判所の尋問）

１、証言の要旨

　（「１人の男性」の DNA が出たと言えるのはなぜかという質問に対し）仮に複数の DNA が入り交じっているときは、アイデンティファイラーや Y ファイラー（注：性染色体のうち、男性由来の Y 染色体上にある STR を検査する市販のキット）で確認される型が人によって違いが出るので、もし２人以上の DNA がある場合には、それぞれのローカスでピークが３本から４本出てくるはずだが、今回は出ていないから、全体として単独由来と言える。

２、具体的な尋問内容

①本件半袖下着から出た結果が、男性由来、１人からの由来の根拠。

②試料が劣化している場合、検査結果にどの様な影響を及ぼすか。

③STR の場合は、劣化の影響をほとんど受けないという考えか。

④DNA が短くなった場合、型が出ないというだけではなくて、別の型が出る可能性もあるか。

⑤MCT118 型より、STR の方が劣化の影響は少ないか。

⑥劣化が進むと PCR 増幅ができないことがあるか。

⑦MCT118 の増幅はできたか。

2 DNA型鑑定に関する関係資料

⑧キャピラリー電気泳動法はいつ開発されたか。

⑨その利点は。

以上

資料3 「DNA鑑定についての指針（1997年）」決定までの経過──再鑑定の保証をめぐって

　日本DNA多型学会が「DNA鑑定についての指針（1997年）」を決定・公表するに至るまでの経過。

　当初の原案（「勧告」）が最終的には、「指針」となり、「再鑑定の保証」が事実上骨抜きにされた経過と、その際に科警研所属委員の果たした役割を示す資料（本書Q89、121頁～123頁）。

────○────────○────────○────

第1　はじめに

　日本DNA多型学会は、1997年12月5日、同学会の第6回学術集会において、同学会内に設置されていたDNA鑑定検討委員会が作成した「DNA鑑定についての指針（1997年）」（本書【資料3-6】、186～193頁）を発表した。

　DNAに関する指針としては、これまでに警察庁の「DNA型鑑定の運用に関する指針の骨子」（1992年4月17日。法律時報65巻2号25頁〔本書【資料3-1】〕169～173頁）があったが、法医学者、法学者、科警研、民間の研究機関、弁護士という、不十分ではあるが、初めて各分野の委員の協議により作成されたガイドラインとして大きな意義を持つ。

　この指針決定までの経過は、同時に発表された「DNA鑑定についての指針（1997年）決定に至る経過」（本書【資料3-7】、193～194頁）のとおりである。

　しかし、上記文書にも「調整が難航した」と記載されているが、決定に至るまで、主として微量な資料を用いる際の再鑑定の保証をめぐり、当初の原案に対し、科学警察研究所から激しい攻撃がなされ、その結果、再鑑定の保証については二転三転し、

159

第3部　資料編

最終的には、原案からかなり後退したものとなっている。

　以下、指針決定に至る経過、特に再鑑定の保証についての原案がどのように修正されてきたかをふりかえってみたい。

　原案と各段階での修正案を比較対照すれば、問題の所在は自ら明らかになると思われるので、できるだけ論評を避け、事実の経過を述べることとする。

第 2　委員会の構成

　DNA 鑑定検討委員会は、1994年 5 月13日、日本 DNA 多型学会の中に設置された。当初の委員は、次のとおりであった（所属は当時のものである）。委員長には、勝又義直教授が就任された。

　法医学　石　津　日出雄：岡山大学医学部教授

　　　　　勝　又　義　直：名古屋大学医学部教授

　　　　　勾　坂　　　馨：東北大学医学部教授

　　　　　鈴　木　廣　一：大阪医科大学助教授

　　　　　瀬　田　季　茂：科学警察研究所法科学第一部長

　　　　　高　取　健　彦：東京大学医学部教授

　　　　　高　橋　雄太郎：㈱帝人バイオ・ラボラトリーズ

　　　　　玉　置　嘉　廣：大分医科大学医学部教授

　　　　　福　島　弘　文：信州大学医学部教授

　法　学　長　沼　範　良：金沢大学法学部教授

　　　　　鯰　越　溢　弘：新潟大学法学部教授

　弁護士　佐　藤　博　史：第二東京弁護士会

　　　　　谷　村　正太郎：第二東京弁護士会

　このうち科学警察研究所の瀬田季茂委員が同研究所の佐藤元委員と交代した他は、構成は変っていない。なお、DNA 鑑定検討委員会は日弁連人権擁護委員会鑑定事例調査研究委員会（以下、日弁連鑑定委員会）に委員の推薦を依頼し、日弁連鑑定委員会は佐藤、谷村の両弁護士を推薦した。

第3　指針の原案

　DNA 鑑定検討委員会は、「DNA 鑑定についての指針（1997年）決定に至る経過」に記載された活動を経て、1996年9月から、DNA 鑑定のガイドライン作成の作業に入った。同年10月、委員長勝又義直教授が起案した「DNA 鑑定についての勧告（案）」が各委員に配布された。これに対し、数名の委員から意見が出され、一部修正の後、同年12月5日委員会が開かれ「DNA 鑑定についての勧告（1996年）（案）」が原案として検討された。検査の再現性の保証については、いずれの委員からも、異議ないし修正意見はなかった。

原　案

2　一般的注意

　4）検査の再現性の保証

　　　　DNA 鑑定に用いる手法は、学問的に確立されたもので、少なくとも二ヵ所以上の独立した機関で実施できるものであるべきである。また、DNA 資料あるいは DNA 未抽出の証拠資料は再検査の可能性を考慮して保存されるべきである。証拠資料が微量で、すべてを用いて検査せざるをえない場合には、さらに高感度の検査法が開発されるまで実施しないことが望ましい。やむをえず証拠資料の全量を使用する場合は、資料のDNA 量と、個々の検査で用いた DNA 量を明示すると共に鑑定経過を詳細に記録した実験ノートを開示すること、及び可能ならば関係者ないし外部の第三者の立会のもとで実施することが望ましい。

4　刑事鑑定について

　3）一般的注意の項で述べた検査の再現性の保証については厳密に守られる必要がある。微量な資料で検査可能な PCR 法を用いれば再検査のために資料の一部を残すことは一般に充分可能である。

委員会当日も、この部分については異議、修正意見等はなく、出席した委員全員

第3部　資料編

一致で承認された。その結果、この原案は、翌12月6日、日本DNA多型学会の第
5回学術集会で発表され、会員に対しては同年12月末までに意見を寄せられるよう
要請がなされた。

第4　科警研の反対意見と原案の修正

　この原案に対し、同年12月27日、科警研の委員から意見が出され、委員長は、こ
の意見を一部取り入れ、1997年1月17日、第1修正案を各委員に配布し、意見を求
めた。

第1修正案

2　一般的注意

　4）検査の再現性の保証

　　　DNA鑑定に用いる手法は、学問的に確立されたもので、一般に許容さ
　　れたものを用いるべきである。繰り返し採取が可能な対照資料は別にして、
　　再度採取ができない現場資料は再検査の可能性を考慮して保存されるべ
　　きである。現場資料が微量で、全量を用いて検査せざるを得ない場合には、
　　少なくとも資料から抽出されたDNAないしPCR産物の残余はたとえわ
　　ずかでも保存されるべきである。なお、すべての鑑定において、鑑定人
　　は法廷の求めがあれば鑑定経過を詳細に記録した鑑定ノートを開示する
　　べきである。

4　刑事鑑定について

　3）一般的注意の項で述べた検査の再現性の保証については厳密に守られる
　　必要がある。微量な資料で検査可能なPCR法を用いれば再検査のために
　　資料の一部を残すことは一般に充分可能である。

原案と対比すると、以下の点が修正されている。

⑴　DNA鑑定に用いる手法は、学問的に確立されたもので、<u>少なくとも二カ所以</u>

上の独立した機関で実施できるものであるべきである。→一般に許容されたものを用いるべきである。

(2)　証拠資料が微量で、すべてを用いて検査せざるをえない場合には、さらに高感度の検査法が開発されるまで実施しないことが望ましい。→少なくとも資料から抽出された DNA ないし PCR 産物の残余はたとえわずかでも保存されるべきである。

(3)　やむをえず証拠資料の全量を使用する場合は……可能ならば関係者ないし外部の第三者の立会のもとで実施することが望ましい。　→削除

原案に比べ、大幅に後退していることは一見して明らかである。

第 5　科警研の再度の反対意見と第 2 修正案

しかし、この第 1 修正案に対し科警研は同意せず、同年 1 月23日、科警研の委員からさらに意見が出され、この意見を取り入れて、同年 1 月27日に第 2 修正案が配布された。その際、委員長勝又義直教授からは、文書で次のとおりの説明があった。

「 1 、タイトルを『DNA 鑑定についての勧告（1997年）（案）』を『DNA 鑑定についての指針（1997年）（案）』に変更いたしました。佐藤（元）委員及び科学警察研究所の 5 名の会員から"本文は勧告文としての性格を示すものではなく、指針あるいはガイドライン的な性格のものである"とのご指摘があり、前回の委員会でもそのようなご意見があったことに鑑み、タイトルを勧告から指針へと変更させていただきました。それに伴って、『 1 、はじめに』の中での勧告を適宜指針に変更いたしました。」

「 3 、『 2 、一般的注意 4 ）検査の再現性の保証』について修正しております。この点につきましても、上記の科学警察研究所の先生方が、証拠物件の鑑定を現在実施している立場からみて受け入れられる表現を詰めた上で示していただいたものです。DNA 未抽出の証拠資料は再検査の可能性を考慮して保存されるべきであることはきちんと述べられております。証拠物件の鑑定の大部分は現在捜査段階で行われており、第三者の立会が事実上困難である点をも考えると、このような表現が実情に沿うものと考えられますので用いさせていただきました。」

第3部　資料編

第 2 修正案

2　一般的注意
　4 ）検査の再現性の保証
　　　　DNA 型鑑定に用いる手法は、学問的に確立され、一般に許容されたも
　　　のを用いるべきである。また、DNA 未抽出の証拠資料は再検査の可能性
　　　を考慮して保存されるべきである。微量な証拠資料で全量消費の可能性
　　　がある場合には、鑑定依頼機関との協議を行った上で、鑑定を実施する。
　　　証拠資料の全量を使用する場合には、法廷の求めがあれば、鑑定経過を
　　　詳細に記録した鑑定ノートを開示できるようにしておくことは証拠物件
　　　鑑定の極めて一般的な注意事項である。

4　刑事鑑定について
　3 ）一般的注意の項で述べた検査の再現性については、特に注意が払われる
　　　べきである。

第 2 修正案は第 1 修正案に比し、さらに以下の点で後退している。

⑴　現場資料が微量で、全量を用いて検査せざるを得ない場合には、少なくとも
　資料から抽出された DNA ないし PCR 産物の残余はたとえわずかでも保存され
　るべきである。→鑑定依頼機関との協議を行った上で、鑑定を実施する。

⑵　すべての鑑定において、鑑定人は法廷の求めがあれば、鑑定経過を詳細に記
　録した鑑定ノートを開示するべきである。→証拠資料の全量を使用する場合には、
　法廷の求めがあれば、鑑定経過を詳細に記録した鑑定ノートを開示できるよう
　にしておくことは証拠物件鑑定の極めて一般的な注意事項である。

⑶　一般的注意の項で述べた検査の再現性の保証については、厳密に守られる必
　要がある。微量な資料で検査可能な PCR 法を用いれば、再検査のために一般に
　充分可能である。→特に注意が払われるべきである。

全量消費の場合には、少なくとも資料から抽出された DNA ないし PCR 産物の残

164

量を保存することが削除されている。また鑑定依頼機関が警察ないし検察官である場合、協議は何の歯止めにもならないことは明らかである。さらに、鑑定ノートの開示も全量消費の場合に限定されている。PCR 法を用いれば、再検査のための資料を残すことができるという指摘も削除されている。

第6　谷村・佐藤意見書と科警研意見書

　この第2修正案に対し、谷村・佐藤の両名で協議し、日弁連鑑定委員会の何名かの委員の意見も聞いて、同年1月30日、第1意見書を提出した（本書【資料3-2】、173～176頁）。

　その結果、委員長勝又義直教授は、同年3月21日、新しい修正案を各委員に配布したが、検査の再現性の保証については、第1修正案に戻し、再度各委員の意見を求めた。

　同年3月28日、科警研の委員他5名から意見書が提出された。あくまでも第2修正案に固執するという意見である（本書【資料3-3】、176～179頁）。

（この意見書と、谷村・佐藤第1意見書は、同年4月7日、DNA 鑑定検討委員会の全委員に配布された。）

第7　第3修正案——原案の方向への再修正

　同年4月7日、委員長勝又義直教授から、第3修正案が配布された。

第3修正案

2　一般的注意
　5）再鑑定への配慮
　　　繰り返し採取が可能な対照資料は別にして、再度採取ができない資料の場合には、再鑑定の可能性を考慮して DNA 未抽出の資料の一部は保存されるべきである。例外的に資料の全量を消費する場合、鑑定人はそうせざるをえなかった状況を含め鑑定経過を詳細に記録しておく義務と責

第3部　資料編

　　　　任を負う。すべての鑑定において、鑑定人は法廷の求めがあれば鑑定経
　　　　過を詳細に記録した鑑定ノートを開示するべきであるが、資料の全量を
　　　　用いた場合にはとりわけこのことがあてはまる。なお、どのような場合
　　　　に資料の全量を用いた鑑定が許容されうるかについて、今後オープンな
　　　　検討が必要と考えられる。

　　4　刑事鑑定について
　　　　また、通常の親子鑑定の場合と異なり、一般に再度資料を採取すること
　　　ができないので、再鑑定の保証にはとりわけ配慮しなければならない。

第2修正案に比し、下記の点は、撤回ないし、さらに修正されている。

⑴　微量な証拠資料で、全量消費の可能性がある場合には、鑑定依頼機関との協
　　議を行った上で、鑑定を実施する。→例外的に資料の全量を消費する場合、鑑
　　定人はそうせざるをえなかった状況を含め鑑定経過を詳細に記録しておく義務
　　と責任を負う。……なお、どのような場合に資料の全量を用いた鑑定が許容さ
　　れうるかについて、今後オープンな検討が必要と考えられる。

⑵　証拠資料の全量を使用する場合には、法廷の求めがあれば鑑定経過を詳細に
　　記録した鑑定ノートを開示できるようにしておくことは、→すべての鑑定にお
　　いて、鑑定人は法廷の求めがあれば鑑定経過を詳細に記録した鑑定ノートを開
　　示すべきであるが、

　　ただし、これまでの「検査の再現性の保証」が、「再鑑定への配慮」と改められ、
この点では後退している。

　　これに対して、同年4月14日谷村・佐藤両名の第2意見書を提出した（本書【資
料3-4】、179〜182頁）。

　　ガイドラインが早期に策定されることの必要性に鑑み、第3修正案に基本的に同
意しつつ、全量消費の場合には少なくとも資料から抽出されたDNAないしPCR産
物の残余はたとえわずかでも保存されるべきことを重ねて要請したのである。

第8　第4修正案と科警研の拒否

同年8月5日、委員長勝又義直教授は科警研委員と弁護士委員双方に、下記の第4修正案を示し、意見を求めた。

第4修正案

2　一般的注意

　5）再鑑定への配慮

　　　　再鑑定の機会を残しておくことは検査結果の最もよい保証となる。従って、繰り返し採取が可能な対照資料は別として、再度採取ができない資料の場合には、可能な限り再鑑定の可能性を考慮して DNA 未抽出の資料が一部保存されるべきである。やむを得ず資料の全量を消費する場合、鑑定人はそうざるをえなかった状況を含め、鑑定経過を詳細に記録しなければならない。すべての鑑定において、鑑定人は法廷の求めがあれば鑑定経過を詳細に記録したノートを開示すべきであるが、資料の全量を用いた場合にはとりわけこのことがあてはまる。

4　刑事鑑定について

　　　　また、通常の親子鑑定の場合と異なり、一般に再度資料を採取することができないので、再鑑定について配慮しなければならない。

---

(1)　「再鑑定の機会を残しておくことは検査結果の最もよい保証となる。」という文章を新しく入れた。

(2)　例外的に資料の全量を消費する場合→やむを得ず

(3)　なお、どのような場合に資料の全量を用いた鑑定が許容されるかについて、今後オープンな検討が必要と考えられる。→削除

しかし、科警研は、この修正案を拒否した。

第3部　資料編

第9　第5修正案から最終案承認まで

この結果、同年9月4日、谷村・佐藤両名に第5修正案が送付された。

第5修正案

2　一般的注意

　5）再鑑定への配慮

　　　繰り返し採取が可能な対照資料は別として、再度採取ができない資料の場合には、可能な限り再鑑定の可能性を考慮してDNA未抽出の資料の一部が保存されることが望ましい。資料の全量を消費する場合、鑑定人はそうせざるをえなかった状況を含め鑑定経過を詳細に記録するよう努めるべきである。すべての鑑定において、鑑定人は法廷の求めがあれば鑑定経過を詳細に記録したノートを開示するべきであるが、資料の全量を用いた場合にはとりわけこのことがあてはまる。

4　刑事鑑定について

　　　また、通常の親子鑑定の場合と異なり、一般に再度資料を採取することができないので、再鑑定について配慮しなければならない。

第5修正案では、さらに次のように修正され、後退している。

⑴　再鑑定の機会を残しておくことは検査結果の最もよい保証となる。→削除

⑵　可能な限り再鑑定の可能性を考慮してDNA未抽出の資料が一部保存される<u>べきである。</u>→一部が保存される<u>ことが望ましい。</u>

⑶　<u>やむを得ず資料の全量を消費する場合</u>→<u>資料の全量を消費する場合</u>

これに対して、同年9月17日谷村・佐藤の第3意見書を提出した（本書【資料3 - 5】本書182〜186頁）。

同年10月6日全委員に第6修正案（最終案）が送付された。再鑑定については第5修正案と同一である。

同年11月17日、DNA鑑定検討委員会が開かれ、谷村・佐藤両名も出席し、最終案

について、異議をとどめつつ賛成した。

なお、その際「DNA 鑑定についての指針（1997年）決定に至る経過」（本書【資料3‐7】、193～195頁）も承認された。

以上のとおり、1年余の討議を経て、「DNA 鑑定についての指針（1997年）」（本書【資料3‐6】、186～193頁）の発表に至ったのである。

以上再鑑定の問題をめぐり、原案から最終案に至るまでの経過を、繁をいとわず詳述した。

再鑑定を軽視ないし敵視する科警研の態度が、この間の主張に、極めて露骨に表明されていると思われるからである。

再鑑定、資料の全量消費についての科警研の姿勢の問題性については、さらに本書（日弁連編『DNA 鑑定と刑事弁護』）の「DNA 鑑定に関する科警研技官の論文・証言の検討」で詳しく指摘されているので、その項を参照されたい。

【資料 3-1】

DNA 型鑑定の運用に関する指針の骨子

制　　定　平成4年4月17日
一部改正　平成7年9月25日
一部改正　平成8年12月1日

府県科捜研（都道府県警察の科学捜査研究所（室）をいう。以下同じ。）が行う DNA 型鑑定（科学警察研究所が実用化した PCR 増幅法による DNA 型鑑定をいう。以下同じ。）については、当分の間、次に定めるところによる。

記

1　目的

この指針は、府県科捜研が行う DNA 型鑑定に関し、必要な事項を定め、もってDNA型鑑定の適正な運用を図ることを目的とする。

2　DNA 型鑑定の意義及び活用の目的

(1) 意義

DNA 型鑑定は、ヒト身体組織の細胞内に存在する DNA の塩基配列の多型性に着目し、これを分析することによって、個人を高い精度で識別する鑑定法である。このうち、PCR 増幅法による DNA 型鑑定は、再現性が高い上、微量な資料からの検査が可能であるなど犯罪捜査への有効性、鑑定の普及性等に優れた鑑定法である。

(2) 活用の目的

DNA 型鑑定は、血痕等の現場資料からの被疑者の特定、被疑者でない者の捜査対象からの除外等の個人識別に活用するものである。

3　DNA 型鑑定の実施に当たっての基本的考え方

DNA 型鑑定は、原則として、現場資料と対照するための資料がある場合に実施し、この場合、従来の ABO 式等の血液型鑑定と併用して実施することにより、個人識別精度を高めるように配意する。

なお、DNA 型鑑定は、従来の血液型鑑定と同様、個人の属する DNA の型を分析、判定し、その型番号を個人識別に活用するものであり、遺伝病等の特定の遺伝形質の有無やその内容を分析するものではなく、また、そのようなことが可能な鑑定法ではない。

4　鑑定員

DNA 型鑑定は、科警研法科学研修所において所要の研修課程を修了し、DNA 型鑑定に必要な知識、技能を修得したと認められる者に対し、科学警察研究所長が交付する資格認定書を有する鑑定員が行う。

5　検査施設等

DNA 型鑑定に係る DNA 型検査は、DNA 型鑑定専用施設において、科学警察研究所長があらかじめ定める検査機器及び検査試薬を用いて行う。

6　鑑定資料

(1) 鑑定対象資料

DNA 型鑑定の対象となる資料は、血液（血痕）、精液（精液斑）、精液・膣液等混合液（混合斑を含む。）、毛根鞘の付いた毛髪、皮膚、筋、臓器等の組織片及び唾液（唾液斑）である。

2 DNA型鑑定に関する関係資料

(2) 比較対照資料採取上の手続

比較対照資料として、新たに被疑者の身体から血液を採取する必要がある場合は、鑑定処分許可状の発付を得て行う。ただし、直接強制が必要な場合は、鑑定処分許可状と併せて身体検査令状の発付を得て行う。

なお、被害者等からの血液の採取は、原則として任意提出の方法により行う。

(3) 鑑定資料採取上の留意事項等

鑑定資料の採取に当たっては、資料の同一性の確保に努め、採取用具等を用いて個別の容器に採取するなど他の資料の混入等の防止に努める。

また、資料の保存に当たっては、混同、漏出等を防止するため凍結破損しない容器に個別に収納し、超低温槽（－80℃）で冷凍保存するなど資料の変質防止等に努める。

7 鑑定嘱託に関する報告及び嘱託先の調整

都道府県警察において、他の府県科捜研に DNA 型鑑定を嘱託する必要が生じた場合は、その都度、警察庁鑑識課長に事件の概要及び鑑定の必要性等について報告し、警察庁鑑識課長は、科学警察研究所長等と協議した上、鑑定嘱託先を調整する。

8 鑑定方法

(1) 鑑定手順（概要）

府県科捜研が行う DNA 型鑑定は、MCT118 部位、HLADQα部位、THO1 部位及び PM 検査対象部位（LDLR 部位、GYPA 部位、HBGG 部位、D7S8 部位及び GC 部位の 5 部位をいう。）について行い、その手順は、鑑定資料からの DNA の精製、PCR 増幅、ゲル電気泳動（MCT118 型、THO1 型）又はドットハイブリダイゼーション（HLADQα型、PM 検査）、写真撮影及び型判定、記録等の順で行う。

(2) 検査実施上の留意事項

血痕、精液斑等の DNA 型検査を実施するに際しては、あらかじめヒト由来であること等の予備検査を実施し、さらに、可能な限り血液型検査を実施する。

また、鑑定員は、細胞や細菌等の混入を防ぐため、清潔な白衣やゴム手袋等を着用し、滅菌済みの検査器具を使用して行なうとともに、常に、検査に使用

第3部　資料編

する試薬及び検査機器の保守点検に努める。

　9　検査結果の確認

　DNA 型検査の結果は、鑑定資料の DNA 増幅と並行して実施する DNA 型既知の標準ヒト DNA が正しく増幅され、既知の DNA 型パターンを示していることにより確認する。

　10　鑑定書の作成

　(1)　鑑定書には、検出された DNA 型及び資料間の DNA 型の異同の他、使用した資料の状態・量及び検査経過の概略等を記載する。

　(2)　MCT118 部位及び TH01 部位に対する DNA 型の表示は、DNA サイズマーカーを指標として算出された繰返し数を型番号とし、HLADQα部位及び PM 検査対象部位に対する DNA 型の表示は検出紙（フィルター）発色状況により定めた型番号とする。

　なお、それぞれの型番号は、次に示す例による。

　ア　MCT118 型は「MCT118：23－27型」

　イ　HLADQα型は「HLADQα：1.1－3型」

　ウ　TH01 型は「TH01：6－9型」

　エ　PM 検査

　　ア　LDLR 型は「LDLR：AB 型」

　　イ　GYPA 型は「GYPA：AB 型」

　　ウ　HBGG 型は「HBGG：AA 型」

　　エ　D7S8 型は「D7S8：BB 型」

　　オ　GC 型は「GC：BC 型」

　(3)　MCT118 部位及び TH01 部位に関する鑑定は、DNA 型バンドパターンを示す写真を添付し、HLADQα部位及び PM 検査対象部位に関する鑑定は、発色パターンを示す写真を添付する。

　11　鑑定結果等の取扱い

　(1)　鑑定記録の取扱い

　鑑定書その他鑑定結果が記録されている書類については、他の捜査書類と同様に刑事訴訟法等の定めに従い適切に取り扱う。

2 DNA型鑑定に関する関係資料

(2) 残余資料の取扱い

　比較対照資料として、新たに被疑者の身体から鑑定処分許可状等により採取した血液については廃棄する。同様に、被害者等から任意提出を受けた血液については、任意提出書の提出者処分意見欄の記載に従って措置することとなるが、警察の処分に委ねられている場合はこれを廃棄する。

【資料 3-2 】

勝又義直先生

1997年 1 月30日

弁護士　谷村正太郎

同　　　佐藤　博史

　1 月27日にお送り頂いた「DNA 鑑定についての指針（1997）案」（以下、「修正案」と言い、従来の案を「従来案」と言います）について、日本弁護士連合会の鑑定委員会所属の弁護士数人とも協議して検討した結果をお伝えします。

　1．まず、2 頁の「検査の再現性の保証」の部分が重要な部分で変更されたことには、賛同できません。従来案の表現に戻すべきであると考えます。修正案は、科警研の立場からみて「受け入れられる表現」を用いたとのことですが、従来案の「繰り返し採取が可能な対照資料は別にして、再度採取ができない現場資料は再検査の可能性を考慮して保存されるべきである。現場資料が微量で、全量を用いて検査せざるをえない場合には、少なくとも資料から抽出されたDNA ないし PCR 産物の残余はたとえわずかでも保存されるべきである」という表現のどこが受け入れられないのか、その理由が分からないからです。

　2．また、「微量な証拠資料で全量消費の可能性がある場合には、鑑定依頼機関との協議を行った上で、鑑定を実施する」という修正案の表現は、①「鑑定依頼機関」とは実際には捜査機関を意味すると思われますが、DNA 鑑定の専門

的機関でもない捜査機関とどのようなことを協議するのか、②捜査機関が全量を消費しても構わない旨述べた場合はそれを容認する趣旨なのか、③「鑑定を実施する」とは、具体的にはどのように実施するのか、などの点が不分明で、「指針」たり得ていないと言わざるを得ません。結局、修正案は、「DNA 未抽出の証拠資料は再検査の可能性を考慮して保存されるべきである」としてはいるものの、全量を消費して鑑定せざるを得ないと捜査機関が判断した場合は、抽出した DNA はもとより PCR 産物の残余さえも残さなくてよいというものであって、現状を一歩も出るものではないのではないでしょうか。先生は、修正案でも「DNA 未抽出の証拠資料は再検査の可能性を考慮して保存されるべきであることはきちんと述べられております」と言われますが、現在の犯罪捜査規範にもその点は明記されているのであって、この度の修正案は、現状の追認以上の意味を持たないのではないかと危惧されます。

　3．6頁の従来案の「一般的注意の項で述べた検査の再現性の保証については厳密に守られる必要がある」との表現が「一般的注意の項で述べた検査の再現性については、特に注意が払われるべきである」と後退しているのも納得がいきません。

　4．さらに、従来案の「なお、すべての鑑定において、鑑定人は法廷の求めがあれば鑑定経過を詳細に記録した鑑定ノートを開示するべきである」という表現が、修正案では「証拠資料の全量を使用する場合には、法廷の求めがあれば、鑑定経過を詳細に記録した鑑定ノートを開示できるようにしておくことは証拠物件鑑定の極めて一般的な注意事項である」という変更がされていますが、鑑定ノートの開示は、「証拠資料の全量を使用する場合」に限らないはずで、従来の表現を変更する理由はないと思います。

　5．上記との関連で、6頁の従来案の「微量な資料で検査可能な PCR 法を用いれば、再検査のために資料の一部を残すことは一般に充分可能である」との文言が全面的に削除されたことにも賛同できません。かかる文言は「勧告」案に当初から存在し、多くの DNA 多型学会の会員の眼に触れながら問題として指摘されなかったものであるにも拘わらず、科警研の指摘によって突如として完全に削除されたことには重大な疑念を抱かざるを得ません。この点の修正が2

2 DNA型鑑定に関する関係資料

頁の表現の修正にも及んでいることは既にみたとおりですが、要するに、そこから明らかなのは、再検査のための資料の一部はもとより、抽出された DNA あるいは PCR 産物さえも残さず、事後的な検証の手段を予め全て奪って DNA 鑑定を実施しようとする科警研の政治的（＝非科学的）とも言える姿勢だけが露骨であって、この度の修正は、従来の「勧告」案を換骨奪胎し、文字通り「骨抜き」にするものと評価せざるを得ません。科警研が上記の点の削除を求めるのならば、その科学的根拠を明確に示すべきであると考えます。

　6．ところで一方、修正案は、2頁の「検査の品質の保証と熟達度の保証」については、従来案が「DNA 鑑定を実施する機関は、法廷の求めがあれば、検査が適正に実施されたこと、及びその機関が鑑定に用いた検査法に習熟していることの根拠を示すべきである」とあったのに比べ、より厳格に、「DNA 型鑑定を実施する機関は、鑑定人の証拠資料鑑定に対する経過と DNA 型鑑定に関する技術、知識の研修体系に基づく資質の保証と、その機関が鑑定に用いた検査法に対する、分析室、分析試薬、分析機器などの管理保証体系に基づく鑑定検査手法の品質保証を実施しなければならない。その内容については、法廷の求めがあれば、根拠をもって提示しなければならない」との表現に変更されています。修正の理由は科警研の提案が「より詳細で具体的」であったためとされていますが、その実質的な意味合いは、刑事裁判に使用される DNA 鑑定は、「研修体系」や「管理保証体系」を有する科警研や科捜研でしか行い得ない、ということであって、わが国の DNA 鑑定（刑事）における「科警研の独走」を一層助長するだけであることを危惧します。従って、この点については、それこそわが国の大学の法医学教室における DNA 鑑定の実状に即した表現にし、科警研（科捜研）と大学の法医学教室が互いに切磋琢磨しながらわが国の DNA 鑑定をより良いものにしてゆく道を開いておく必要があると思うのです。その意味で、この点についても従来案に戻すべきであると考えます。

　7．そして、以上のような点を考慮すると、表現は、「指針」ではなく、やはり「勧告」とすべきであると考えます。「指針」は個々の DNA 鑑定の実施機関で持つべきものであり、今回の「勧告」はそれとは異なる立場からのもので、「勧告」と呼ぶのがふさわしいからです。科警研は、「勧告」を謙虚に受け止め

175

第3部　資料編

るべき立場にあるはずですが、この度の修正提案は、DNA 多型学会をして科警研による DNA 鑑定の現状を追認させようとしたものであって、「勧告」という表現は受け入れられないとしているとしか思えません。科警研は、もっと謙虚に DNA 鑑定に取り組むべきではないのでしょうか。

　8．さらに、本質的な問題ではありませんが、修正案で、「DNA 型鑑定」という表現が用いられたことについて、2頁4行目の個々のローカスを対象とする DNA 鑑定は DNA 型鑑定と呼んでも差し支えないと思いますが、2頁7行目、同12行目、同下から9行目、3頁12行目は、DNA 型鑑定ではなく、DNA 鑑定とする方が表現としても正確であるように思われます。

　以上要するに、科警研が（遅ればせながら）自らの見解を示したことは評価しますが（但し、その原文は承知しておりませんが）、この度の科警研による提案を大幅に受け入れた修正案は、従来案の最も肝心な部分の改変を意味することから、賛成しかねるというのが我々の意見です。

　わが国における DNA 鑑定のあり方をめぐる極めて重要な問題が問われていると思われますので、議論を深めるために、改めて協議すべきではないかと考えます。なお、その際、問題の重要性に鑑み、これまでにも増して、議論の過程の公開性が保障される必要があると思われます。

以上

【資料 3-3 】

平成9年3月28日

DNA 鑑定検討委員会
　委員長　勝又　義直殿

日本 DNA 多型学会

会員　永野　耐造

会員　瀬田　季茂

会員　佐藤　　元

会員　吉野　峰生

会員　坂井　活子

会員　笠井賢太郎

「DNA鑑定に関する指針（1997年）」修正（案）に対する意見について

　3月24日に頂きました修正指針（案）につきまして、科学警察研究所の会員で検討しました結果、抜本的に考え直すべきであるという結論に至りましたが、その内容等につきましては、次のとおりでありますので提言します。

　第1　私共の基本的な考え方

　私共は、これまで再三にわたって指針作成に対しては、

　○　委員会構成メンバーに証拠物件のDNA型鑑定を行っている研究者及び委員の中の法律関係者に裁判官、検察官、警察関係者等も含めたメンバーにより検討されるべきであること。

　○　証拠物件のDNA型鑑定に関する指針を成文化するに際しては、それに関連する部門領域の学術分野と協議の上、行うべきであること。

　○　証拠物件のDNA型鑑定に関する指針の内容は、鑑定人の資質の問題、証拠物件の取扱いの問題、鑑定実施施設・環境・使用機材・試薬等の管理、測定方法の問題、記録の問題等に対する科学的見解が中心となるべきであること。

　を私共の基本的な考え方として提言してきたところであります。

　私共は、科学的、合理的な指針を作成するには、この基本的な考え方は必要不可欠な事項として考えております。

　第2　検査の再現性の保証に対する基本的な考え方

　本件に関しましても、これまで証拠物件の鑑定を現実に実施している者の立場から、科学的な有効性が確認されている検査法に従うのであれば、微量な証拠資料の場合でも鑑定が実施されるべきであると提言し、1月31日付けの指針（案）にとり入れていただいたところであります。

　ところが、今回の改正では、1月17日の案に戻ったわけですが、数多い証拠資料の中で、なぜDNAだけが一部保存という特別な扱いを受けなければならな

いのか私共としては、実際の証拠物件鑑定の現状を考えた上で、当然妥協でき
ないものであります。

　そのため、「２、４）検査の再現性の保証」につきましては、以下次のとおり
訂正されるべきであります。

　「DNA 型鑑定に用いる手法は、学問的に確立され、一般に許容されたものを
用いるべきである。また、DNA 未抽出の証拠資料は再検査の可能性を考慮して
保存されることが望ましい。微量な証拠資料で全量消費の可能性がある場合には、
鑑定依頼機関との協議を行った上で、鑑定を実施する。証拠資料の全量を使用
する場合には、法廷の求めがあれば、鑑定経過を詳細に記録した鑑定ノートを
開示できるようにしておくことは証拠物件鑑定の極めて一般的な注意事項であ
る。」

　第３　その他本修正（案）に対する意見

　１　「DNA 鑑定」については、「DNA 型鑑定」で斉一化すべきであると考え
ます。

　２　「２、５）」については、品質保証に関し、私共が提言し１月31日（案）
に採用された文章から大幅に後退しているとともに、再現性の問題と合わせて
妥協できないものであり、１月31日（案）のとおり、「DNA 型鑑定を実施する
機関は、鑑定人の証拠資料鑑定に対する経過と DNA 型鑑定に関する技術、知識
の研修体系に基づく資質の保証と、その機関が鑑定に用いた検査手法に対する、
分析室、分析試薬、分析機器などの管理保証体系に基づく鑑定検査手法の品質
保証を実施しなければならない。その内容については、法廷の求めがあれば、
根拠をもって提示しなければならない。」とすべきであります。

　３　その他、１月29日付の私共の意見書でも提言いたしましたが、

　(1)　「２　一般的注意」の「１）用語」の１〜４行について

　「DNA 型鑑定では、ヒト DNA の多型を示す領域（座）を用いるが、これをこ
こでは“ローカス”と呼ぶ。ローカスの記載にあたっては、一般的に使用され
ている名称と共に、D 番号があるものについては D 番号を付記することが望ま
しい。」とすべきであります。

　理由としては、HLA や PM に関しては、原文ではどうしたらよいか判断でき

ないと考えます。

⑵ 「2　一般的注意」の「2）DNA 情報の持つ意味」の最後の2行について

「鑑定事例毎に」の文言を除いて、「そして、そのような個々のローカスのDNA 型鑑定に用いられていた手法の信頼性は証明されなければならない。」とすべきであります。

⑶ 「4　刑事鑑定について」の「1）」について

「資料から抽出された DNA の低分子化の程度を考慮して、DNA 型検査に用いる DNA 量を決めることが望ましい。」とすべきであります。

⑷ 「4　刑事鑑定について」の「2）」について

2行目の最後の「また、担体に……こともありうる。」の文言は除くべきであります。

⑸ 「4　刑事鑑定について」の「3）」について

3行目の中間の最後の「また、既知の男性と女性……すべきである。」の文言は除くべきであります。

ことを、改めて提言致します。

以上が今回の指針（案）に対するアンケートに関しての私共の意見でありますが、私共としましては、1月31日付けの指針（案）が私共の基本的な意見を大幅に取り入れていただき、深く感謝していたところであります。

しかし、弁護士の先生方からの強い主張により今回の修正（案）となったということでございますが、現実に証拠物件鑑定に携わっている者としての私共の提言でありますことを何卒ご認識下さいまして、よろしくご配慮頂くようお願い申しあげます。

【資料 3-4 】

1997年 4 月14日

勝又義直先生

第3部　資料編

弁護士　谷村正太郎

同　　佐藤　博史

　４月７日にお送り頂いた「再鑑定の保証」の修正案について、日本弁護士連合会の鑑定委員会所属の弁護士数人とも協議して検討した結果をお伝えします。

　１　基本的には上記修正案に異存ありませんが、３月21日にご送付頂いた第２次修正案（４月18日付）にあった「現場資料が微量で、全量を用いて検査せざるをえない場合には、少なくとも資料から抽出された DNA ないし PCR 産物の残余はたとえわずかでも保存されるべきである」という文章が削除されている点は賛同できません。

　上記文章は指針に絶対に盛り込まれなくてはならないと考えます。

　２　私どもの１月30日付書面でも指摘したことですが、当初案６頁にあった「微量な資料で検査可能な PCR 法を用いれば、再検査のために資料の一部を残すことは一般に充分可能である」との文章は、第１次修正案以降削除されたままとなっています。

　しかし、かかる文章は「勧告」案に当初から存在し、多くの DNA 多型学会の会員の眼に触れながら全く問題として指摘されなかったものであるばかりか、この度開示された科警研の意見書にもそれが科学的に誤りである旨の指摘はありません。

　従って、本来であれば、かかる文章の削除にも問題があると言わなくてはなりませんが、仮にそれを認めるとしても（私どもはこれを認めてきました）、上記の「現場資料が微量で、全量を用いて検査せざるをえない場合には、少なくとも資料から抽出された DNA ないし PCR 産物の残余はたとえわずかでも保存されるべきである」との文章までもが削除されてしまえば、再鑑定に備えて何らの資料も保存しないことを容認することを意味し、再鑑定のための資料の一部はもとより抽出された DNA あるいは PCR 産物さえも残さず、事後的な検証の手段を予め全て奪って DNA 鑑定を実施しようとする科警研の方法を追認する

ことになります。

しかし、それがいかに非科学的なものであるかは、多くを論ずるまでもありません。

科警研は、その意見書で、自らの姿勢について、「指針の内容は……科学的見解が中心となるべきであること」を「再三にわたって……提言してきた」と説いていますが、上記の問題は、科学的な方法論にかかわる根本問題として、絶対に譲ってはならないと考えます。

世界的にみても、科警研の主張の独善性は明らかなのではないでしょうか。

3　ところで、科警研は、その意見書で、「数多い証拠資料の中で、なぜDNAだけが一部保存という特別な扱いを受けなければならないのか私共としては、実際の証拠物件鑑定の現状を考えた上で、当然妥協できないものであります」と述べています。

しかしながら、DNA鑑定の画期的意義については科警研自身が積極的に唱道してきたところであって、DNA鑑定が刑事鑑定として重要な意味を持ちながら常に日進月歩の技術に依拠せざるを得ないことを率直に（あるいは謙虚に）認識すれば、再鑑定の保証は、DNA鑑定を捜査実務で用いようとする場合の必須の要件であると言わなくてはならず、科警研の上記意見は、科警研が問題の所在にさえ気付いていないことの証左とも言うべきものです。

そのような科警研の誤った考え方ないし姿勢を正すためにも、「現場資料が微量で、全量を用いて検査せざるをえない場合には、少なくとも資料から抽出されたDNAないしPCR産物の残余はたとえわずかでも保存されるべきである」という文章を指針に盛り込む必要があるのです。

4　科警研は、今回の一連の事態について、その意見書で、「弁護士の先生方からの強い主張により今回の修正（案）となったということでございますが、現実に証拠物件鑑定に携わっている者としての私共の提言でありますことを何卒ご認識下さいまして、よろしくご配慮頂くようお願い申しあげます」と述べています。

第3部　資料編

　しかしながら、私どもは、当初案が示されるまでは、他の委員と同様に、委員会に出席して意見を開陳してきただけであって、事態が急変したのは、従来の議論を完全に無視した科警研の突然の修正要求があったためであることを忘れてはなりません。

　つまり、私どもは、科警研以外からは異論が聞かれなかった当初案に戻すべきであると主張しているにすぎないのであり、弁護士だけが独自の考えを強く主張しているかのごとき科警研の問題認識は誤りであって、根本的に正される必要があります。科警研は、いわば科警研以外のわが国の全ての法科学者と対立していることを認識すべきです。

　その意味では、今回、資料として1989年の ISFH の recommendation の一部が配布されたことには意義があり、わが国における学会レベルでの勧告（ないし指針）が世界的にみても恥ずかしくないものにすることこそが求められていることを改めて自覚すべきであると考えます。

　5　以上のような理由から、「現場資料が微量で、全量を用いて検査せざるをえない場合には、少なくとも資料から抽出された DNA ないし PCR 産物の残余はたとえわずかでも保存されるべきである」との文章は、絶対に指針に盛り込まれなくてはならないと考える次第です。

　なお、谷村は所用のため、佐藤は海外出張のため、4月18日の会議には参加できません。従って、私どもの意見が容れられないような場合には是非とも改めて議論の場を設定して頂きたいと存じます。

以上

【資料 3-5 】

1997年 9 月17日

勝又義直先生

弁護士　谷村正太郎

同　　佐藤　博史

2 DNA型鑑定に関する関係資料

　9月4日にお送り頂いた修正案について、日本弁護士連合会の鑑定委員会所属の弁護士数人とも協議して検討した結果をお伝えします。

　1　まず、8月5日にお送り頂いた修正案に対する私どもの意見をお伝えする前に、科警研から8月5日付修正案に反対する旨の意見が寄せられたことを理由として、8月5日付修正案よりさらに後退した9月4日付修正案が送られてきたことに驚いています。

　8月5日のご連絡では、科警研の意見がかなり柔軟になったとのことでしたが、9月4日付修正案を拝見して、一体どの部分が柔軟になったと言えるのか、全く理解できない、というのが私どもの率直な感想です。

　2　さて、私どもの基本的な考えは、既にお送りした4月14日付書面のとおりですが、9月4日付修正案は、以下の点で、根本的に問題があると言わざるを得ません。

　①項目名の「再鑑定の保証」が「再鑑定への配慮」に変更されていること（2頁）。

　②8月5日付修正案にあった「再鑑定の機会を残しておくことは検査結果の最もよい保証となる。従って……」という文章が全部削除されていること（2頁）。

　③「可能な限り再鑑定の可能性を考慮して……」とある箇所の「可能な限り」との文言の付加は了承するとしても、「DNA未抽出の資料が一部保存されるべきである」が「DNA未抽出の資料が一部保存されることが望ましい」に変更されていること（2頁）。

　④「例外的に資料の全量を消費する場合、鑑定人はそうせざるをえなかった状況を含め鑑定経過を詳細に記録しておく義務と責任を負う」とある部分の「例外的に」が削除され、かつ「記録するよう努めるべきである」に変更されていること（2頁）。

　⑤「なお、どのような場合に資料の全量を用いた鑑定が許容されうるかについて、今後オープンな検討が必要と考えられる」という文章が全部削除されて

183

いること（2頁）。

⑥「また、通常の親子鑑定とことなり、一般に再度資料を採取することができないので、検査の再鑑定の保証にはとりわけ配慮しなければならない」が「また、通常の親子鑑定とことなり、一般に再度資料を採取することができないので、再鑑定について配慮しなければならない」に変更されていること（6頁）（すなわち、①、②、⑥の結果、「再鑑定の保証」という観念は完全に消失してしまったこと）。（なお、「親子鑑定とことなり」は、「親子鑑定と異なり」とすべきだと思われます。）

3　要するに、科警研の意見は、「再鑑定の保証」を文字通り「再鑑定への配慮」に変容させ、鑑定機関の裁量に委ねようとするものですが、かかる考え方が諸外国のDNA鑑定に関する指針ないし勧告と根本的に異なることは言うまでもありません。

8月5日付のご連絡で、諸外国の勧告に「whenever feasible」とあることから「可能な限り」との文言を付加する旨のご提案を頂きましたが、この点については上記のとおり了承するとしても、諸外国の指針ないし勧告では、再鑑定（それも弁護側による再鑑定と明記されている場合もあります）に備えて特別に配慮すべきことが義務付けられている点を見逃すことは許されません。

4　その意味で、私どもの1月30日付書面あるいは4月14日付書面で指摘したところですが、科警研の反対によって、以下の文章が削除されてしまったことも銘記しておく必要があります。

①「現場資料が微量で、全量を用いて検査せざるをえない場合には、少なくとも資料から抽出されたDNAないしPCR産物の残余はたとえわずかでも保存されるべきである。」（当初案の2頁）

②「一般的注意の項で述べた検査の再現性の保証については厳密に守られる必要がある。微量な資料で検査可能なPCR法を用いれば、再検査のために資料の一部を残すことは一般に充分可能である。」（当初案の6頁）

2 DNA型鑑定に関する関係資料

5 言うまでもありませんが、わが国における DNA 鑑定に関する指針も、科学的な方法論に立脚し、かつ、今後の DNA 鑑定の発展をも見据えた、世界的にみても恥ずかしくないものでなくてはならず、鑑定資料の一部はもとより抽出された DNA あるいは PCR 産物さえも残さず、再鑑定の保証を必須のものとしない科警研の方法を追認するようなものであっては絶対になりません。

しかし、9 月 4 日付修正案は、科警研の方法を追認するだけのものに限りなく近づいていると言わざるを得ません。

6 従って、私どもは、9 月 4 日付修正案に反対であると言わざるを得ませんが、他方、先生がおっしゃるように、DNA 鑑定に関する指針を発表すること自体に意味があるということも十分に理解できますので、最終的には、先生のご判断に委ねます。

なお、私どもとしては、指針の検討過程の透明性の確保という観点から、科警研の意見や私どもの意見など全ての意見を同時に公表されるべきであると考えますが、それが不可能であるとしても、少なくとも、その過程の概要は明らかにされなくてはならないと考えます。そうでないと、今回の指針を（1997年）とし、不完全なものであり、今後改められなくてはならない点を含んでいることを明記した意味が失われるからです。

7 なお、公表された指針に対して、私どもは、その不十分性を批判する自由を依然保有していることは、当然のこととして、ご確認下さい。

実際に、私どもは、指針がどのような過程を経て公表されるに至ったのか、特に科警研が指針が確定する過程でどのような役割を果たしたのかについて厳しく批判しなければならないと思っております。

4 月 14 日付書面にも書きましたが、科警研は、今回の一連の事態について、その意見書で、「弁護士の先生方からの強い主張により今回の修正（案）となったということでございますが、現実に証拠物件鑑定に携わっている者としての私共の提言でありますことを何卒ご認識下さいまして、よろしくご配慮頂くようお願い申しあげます」と述べていますが、私どもは、当初案が示されるまでは、

他の委員と同様に、委員会に出席して意見を開陳してきただけであって、事態が急変したのは、従来の議論を完全に無視した科警研の突然の修正要求があったためであることを絶対に忘れてはなりません。

つまり、私どもは、科警研以外からは異論が聞かれなかった当初案に戻すべきであると主張しているにすぎないのであり、弁護士だけが独自の考えを強く主張しているかのごとき科警研の問題認識は誤りであって、根本的に正される必要があります。

科警研は、いわば科警研以外のわが国の（否、全世界の、と言うべきでしょう）全ての法科学者と対立しているのであって、その反対の結果生まれた指針は、上記のとおり、あるべき「指針」足り得ていないと言うほかはありません。

8　なお、社会的問題の項で追加された「また、DNA鑑定は犯罪の予防や抑止など特別に定められた手続にもとづくもののほかは、関係者の同意のもとで実施されるべきである」との文章ですが（2頁）、わが国では、DNA鑑定を犯罪の「予防や抑止」のために用いることは未だ行われていませんので、「犯罪の捜査など法律による手続に基づくもののほかは」と改めるべきであると思います。

以上

【資料 3-6 】
DNA 鑑定についての指針（1997年）

平成9年12月5日
日本DNA多型学会
DNA鑑定検討委員会

1、はじめに
1985年、英国のジェフリーズ博士のDNA指紋法の発表以来、DNA分析技術を個人識別や血縁関係の推定に用いる新しい研究分野が開拓された。DNAの分

析結果はすでに DNA 鑑定として我が国でも法廷に提出され、実際の事件解明に用いられている。DNA 鑑定の適切な実施については、国際法医血液遺伝学会や米国科学アカデミーからいくつかの勧告が出されているが、我が国ではこれまで学会レベルの勧告が出されていなかった。1994年に日本 DNA 多型学会（当時は日本 DNA 多型研究会）に DNA 鑑定検討委員会が設けられ、DNA 鑑定の適切な実施について検討された。1995年度にはさらにそれを母体とした文部省科学研究費総合「DNA 鑑定に関する包括的研究」が実施され、DNA 多型学会第 4 回学術集会前日に公開シンポジウム「DNA 鑑定の日本の現状」も開催された。これらの活動を通じて、DNA 鑑定検討委員会は DNA 鑑定を適切に実施するための基本的事項について、学問的見地から指針をまとめることとした。もちろん、この指針は、学問の進歩や社会の要請に応えて適切に改定されるべきものである。

2、一般的注意

1）用語

　DNA 鑑定ではヒト DNA の多型を示す領域（座）を用いるが、これをここでは"ローカス"と呼ぶ。ローカスの記載にあたっては、一般的に使用されている名称と共に、D セグメント番号のあるものについてはそれを付記することが望ましい。

　一つのローカスで多型を示す DNA 領域の個々の塩基配列を"アリール"と呼ぶ。アリールはある領域の塩基配列の塩基の一部が置換、挿入、欠失したものや、縦列反復配列における反復単位（リピート）の数の違いによるもの、あるいはリピート内の変異による反復配列の内部構造の違いによるもの等がある。アリールの名称は学会で使われるものを用いるべきであるが、縦列反復配列の場合には可能ならばリピート数を用いるのが望ましい。

2）DNA 情報の持つ意味

　ヒトの DNA の全配列には、一卵性双生児の場合を除いて個人間で異なる領域（ローカス）が極めて多数存在する。しかし、現在の DNA 多型の分析方法はこれらのローカスのごく一部の型を分析しているのみであり、実際の識別能力は用いられたローカスの数や性状、あるいは検査手法に依存している。そして、そのような個々のローカスの検査手法の信頼性は、法廷の求めがあれば鑑定事

第3部　資料編

例毎に証明されねばならない。

３）資料の由来

　DNA 鑑定は、提出された資料について実施されるものであり、鑑定者は資料の由来について責任を持つものではない。しかし、鑑定者は資料の由来について無関心でよいわけではなく、資料の採取、受け渡し、保管等が適切に行われていることを確認する必要がある。

４）検査の品質の保証と熟達度の保証

　DNA 鑑定を実施する機関は、学問的に確立され、一般に許容された検査法を鑑定に用いるべきであり、またその検査法に習熟していなければならない。そして、法廷の求めがあれば、それらについての根拠を提示しなければならない。

５）再鑑定への配慮

　繰り返し採取が可能な対照資料は別として、再度採取ができない資料の場合には、可能な限り再鑑定の可能性を考慮して DNA 未抽出の資料の一部が保存されることが望ましい。資料の全量を消費する場合、鑑定人はそうせざるをえなかった状況を含め鑑定経過を詳細に記録するよう努めるべきである。すべての鑑定において、鑑定人は法廷の求めがあれば鑑定経過を詳細に記録した鑑定ノートを開示するべきであるが、資料の全量を用いた場合にはとりわけこのことがあてはまる。

６）社会的問題

　DNA 情報はその内容の如何にかかわらずプライバシーとして保護されるべきである。また、DNA 鑑定は犯罪の捜査など法律による手続に基づくもののほかは、関係者の同意のもとで実施されるべきである。一般に法医学領域での DNA 鑑定に用いられるローカスはタンパク質に翻訳されないいわゆる非コード領域にあることが多く、遺伝性疾患との関連はほとんどないものである。しかし、たとえ非コード領域であっても、関係者の同意なしに不必要な開示はされるべきでない。また、遺伝病の原因遺伝子や特殊な感染症の病原体など社会的に個人が差別の対象になるおそれの強いローカスの DNA 検査は鑑定に用いられるべきでない。

３、親子鑑定について

2 DNA型鑑定に関する関係資料

　親子鑑定では、一般に検査資料が関係者から採血した血液であり、不純物の少ない高分子 DNA が容易に回収できる。また、必要があれば再度採血することで再鑑定も容易である。しかし、時に組織標本など陳旧な資料が検査対象になることもある。以下に親子鑑定における注意事項を述べる。

１）手技上の注意

　⑴　資料 DNA の性状が明らかであるべきである。DNA 量は適切な方法で定量され、検査法に適した量が用いられるべきである。新鮮な血液など高分子 DNA の含まれていることが明らかな資料からの DNA ではどの定量法も利用できる。しかし、DNA が低分子化している可能性がある資料やヒト以外の DNA が混在している可能性がある資料からの DNA では、ヒト DNA を定量することが望ましい。ひとつの方法としてはヒト DNA の特異的配列である D17S1 を指標としたヒト DNA 定量キットの利用がある。

　⑵　DNA 鑑定に用いた手技に誤りがないことが示される必要がある。そのためには、常に陽性対照と陰性対照を同時に検査すべきである。DNA 断片のサイズが問題の場合にはアリールのすべてをカバーするサイズマーカーあるいはアレリックラダーマーカーを用いるべきである。また、できるかぎり duplicate ないしtriplicateで分析を行うべきである。

　⑶　polymerase chain reaction（PCR）法に対する特別な注意

　PCR 法でまず問題となるのは資料とは別に混在（コンタミネーション）した DNA を増幅してしまうことである。この点を確認するため、陽性対照と共に必ず陰性対照を同時に増幅するべきである。また、可能であれば資料からの DNA 抽出の段階から再度検査し、再現性を確認することが望ましい。通常の PCR 法では 1 ng 程度以上の DNA 量がないと充分な増幅産物が得られないので、無菌操作ないしそれに準じた操作を行うかぎりコンタミネーションの危険は少ない。なお、nested-PCR のような高感度 PCR 法はコンタミネーションの危険が高いので、用いないことが望ましい。これらを用いる場合にはコンタミネーションが否定できる根拠を明らかにしなければならない。

　コンタミネーションで最も注意すべきは PCR 産物の混入である。200塩基対程度の PCR 産物は、1 pg でも数百万コピー存在することになり、数 μg のゲノ

189

ムDNA に匹敵する。従って、増幅後の資料を扱う器具と増幅前の資料を扱う器具は厳重に分けられねばならない。この種のコンタミネーションの最も確実な防御策は PCR 前の資料を扱う場所と PCR 後の資料を扱う場所を物理的に分離することである。

　PCR 法で次に問題になるのは一方のアリールが増幅されず、ヘテロ接合体であるにもかかわらずみかけ上ホモ接合体と判定される場合があることである。これは、一方のアリールのプライマーの結合部位に変異があってプライマーが結合できない場合（アリールドロップアウト）、あるいは一方のアリールが長くて増幅効率が低下した場合（アリールフェイドアウト）などに生ずる。これらの現象はアリールの頻度調査の結果を歪めたり、真の親子関係を否定する原因にもなりうる。親子鑑定に用いるローカスはホモ接合体におけるデータ処理方法が明確で PCR の増幅が容易なサイズを有するものが望ましい。

２）ローカスの選択

　⑴　DNA 鑑定に用いられるローカスは、共同研究やデータ交換などにより多くの機関で有効性が確認されることが望ましい。

　⑵　ローカスの染色体上の位置や、同時に用いられる他のローカスとの連鎖関係が明らかになっているべきである。

　⑶　ローカスの各アリールの一般集団における出現頻度が明らかにされているべきである。また、家族関係の明確な家系についての調査により突然変異の出現頻度が示されることが望ましい。

３）個々の検査法について

　⑴　multilocus probes（MLPs）

　MLP 法は１つのプローブで20〜30本のバンドを検出するが、このことは10〜15のローカスを一度に分析していることになり、情報量が多い。ただ、どのローカスを分析しているかは必ずしも明らかではない。品質管理を厳重に行えば、検査結果はほぼ安定していることは認められるが、ローカスが特定されていない点からは MLP 法は DNA 鑑定には必ずしも適しているとはいえない。ただ、片親ないし両親がいない場合に他の親族との血縁関係を推定する検査法としては現在最も信頼できるものである。

2 DNA型鑑定に関する関係資料

(2)　single-locus probes（SLPs）

SLP 法は一つの定ったローカスを分析するので、従来の血液型と同様に鑑定に用いることができる。但し、制限酵素で切断したバンドの断片長は通常数キロベース以上と長く、その長さの厳密な決定は困難である。従って、電気泳動の誤差やゲル誤差を考慮しながら断片長のおよその値を算出してバンドの一致・不一致を判断したり、出現頻度を調査している。これらの評価方法、バンドの一致・不一致の判定法、出現頻度の算出法、突然変異率の確認法等は学問的に確立されたものでなければならない。

(3)　PCR 増幅によるミニサテライトおよびマイクロサテライトのタイピング

これらは PCR によって増幅されるローカスが定まっており、また、アリールの検出法も明確であり、鑑定に用いることができる。ミニサテライトはリピート自身が十〜数十塩基程度あり、全長が長いので PCR に適していない。従って、例外的に全長の短いローカスのみが対象となる。一般にミニサテライトはアリールが多く識別能力は高いが、全長がやや長くなるのでアリールフェイドアウトの危険性も高くなる。一方、マイクロサテライトはリピートが数塩基程度で全長が短く PCR によるタイピングに適している。ただ、一般にマイクロサテライトはアリールが少ないので、識別能力を高めるにはいくつかのローカスを組み合わせて用いる必要がある。

アリールは増幅された DNA の全長をサイズマーカーを用いて決定することによって決定できるが、アレリックラダーマーカーを用いれば、より正確な決定ができる。アレリックラダーマーカーと一致しない不規則なアリールが時にみられるが、そのような不規則アリールの出現頻度の小さいローカスを用いることが望ましい。なお、不規則アリールの出現は多数例の検索においては一般に不可避であり、その表示方法が明示されている必要がある。

(4)　HLA タイピング

HLA はもともと白血球の血液型として抗体を用い型判定されていたものである。DNA 検査ではより多くのアリールが正確に型判定できるが、基本的には血液型を判定しているのと同じであり、鑑定に用いることができる。PCR 産物に制限酵素を作用させて判定する方法、塩基配列特異的プローブを用いるドット

191

ブロット/ハイブリダイゼーション法等があるが、いずれも利用できる。

　(5)　その他の PCR を用いる検査

　従来の血液型検査等が DNA を用いてより詳細に実施できるようになってきている。例えば、ABO 式血液型をはじめとして、他の血液型等のDNAタイピングが報告され、遺伝子型が分析できるようになってきている。これらは前述の諸注意を守る限り使用できる。

　ミトコンドリア DNA の D ループ領域は個人個人で塩基配列が異なることが多く、利用可能であるが、母系遺伝するので、父子鑑定には適さない。

　ミニサテライトのリピート内の変異を PCR によって分析する MVR－PCR 法は、まだ限られたローカスしか利用できないが、分析能力が高く、将来的には有用と思われる。しかし、検査の品質管理の方法が明示された後に利用されるべきである。

4、刑事鑑定について

　刑事鑑定の多くは体液斑やヒト組織片等について実施される。従って、DNAの低分子化、担体や混在物による影響などを常に考慮しなければならない。また、通常の親子鑑定の場合と異なり、一般に再度資料を採取することができないので、再鑑定について配慮しなければならない。以下に刑事鑑定で特に注意すべき点を挙げるが、親子鑑定の項で述べた注意事項は刑事鑑定にも共通に適用されるものである。

　1）資料から抽出された DNA の低分子化の程度が示されることが望ましい。そして、低分子化の程度を考慮して DNA 検査に用いる DNA 量を決めることが望ましい。

　2）担体の影響を確認する必要がある。担体によっては PCR を阻害したり、電気泳動における移動度に影響を与えることがありうる。また、担体に別の DNA が付着していてコンタミネーションを起こすこともありうる。

　3）性別を判定する場合には、Y 染色体に特有の塩基配列を指標とするが、同等の増幅効率を持つ X 染色体の塩基配列も同じ資料で増幅し、資料の DNA の不足による偽陰性を排除する必要がある。また、既知の男性と女性の資料を同時に検査すべきである。

2 DNA型鑑定に関する関係資料

4）鑑定書には、用いた手法の説明や詳細な鑑定経過が記載されるべきである。また、検査機関で用いている検査法の品質管理体制が示されることが望ましい。

DNA 鑑定検討委員会の現在の構成
法医学分野：石津日出雄、勝又義直（委員長）、勾坂馨、佐藤元、鈴木廣一、高取健彦、高橋雄太郎、玉置嘉廣、福島弘文
法学分野：長沼範良、鯰越溢弘
弁護士：佐藤博史、谷村正太郎

【資料 3-7】
DNA 鑑定についての指針（1997年）決定に至る経過

平成 9 年12月 5 日
日本 DNA 多型学会
DNA 鑑定検討委員会

　DNA 鑑定検討委員会は、日本 DNA 多型学会（当時 DNA 多型研究会）の運営委員会の要請で平成 6 年 5 月13日に発足したヒトの DNA 鑑定を検討する委員会である。現在の委員は今回の指針末尾に記した13名である。本委員会は財政基盤の弱い学会内の委員会であり、当初から運営に苦労し、関連学会の開催に合わせて開催するなどなかなか委員会が開催できず、手紙、ファクス等による意見交換、資料配布等も実施した。平成 6 年の 2 回の委員会を経た後、幸いにも平成 7 年度は文部省科学研究費総合研究の「DNA 鑑定に関する包括的研究」が認められ、230万円の予算がついたため、DNA 鑑定検討委員会の活動を拡大した形の研究班が委員会の活動を引き継いだ。具体的には 1 回の予備会議のほか、 3 回の班会議を開催し、また平成 7 年11月30日には一般市民に向けた公開シンポジウム「DNA 鑑定の日本の現状」を高槻市で開催した。
　平成 7 年度の総合研究終了後は、再び日本 DNA 多型学会の DNA 鑑定検討委

第3部　資料編

員会としての活動に戻った。そして、平成8年12月に開催された日本DNA多型学会第5回学術集会において、これまでの委員会活動を報告すると共に、我が国の専門学会からの"DNA鑑定のあるべき姿"についての勧告を提案することとし、検討にはいった。委員長が文章化した「DNA鑑定についての勧告（案）」をもとに各委員が意見を出して修正する作業を数回繰り返し、さらに平成8年12月5日の委員会で最終調整した「DNA鑑定についての勧告（案）」を翌12月6日に日本DNA多型学会で発表し、会員に12月末までに意見を寄せるよう要請した。

　12月末までに科学警察研究所の委員等からのものを含め、いくつかの意見が寄せられた。それらの意見をもとに委員会でさらに修正が試みられたが、主として微量な資料を用いる際の再鑑定の保証をどこまで求めるかをめぐって調整が難航した。しかしながら、専門学会のDNA鑑定についての意見表明が遅れている我が国の現状を憂慮する関係者の真摯な努力のもとで、委員会として最終的に「DNA鑑定についての指針（1997年）」をまとめることができた。平成8年12月6日の案からの主な変更点はタイトルの"勧告"が"指針"となったこと、及び一般的注意の一項である"検査の再現性の保証"が"再鑑定への配慮"となったことである。そして、この指針は日本DNA多型学会運営委員会で了承され、本日、日本DNA多型学会第6回学術集会において会員に公表される運びとなったものである。本委員会のこれまでの活動経過は、委員会委員名簿、平成8年12月6日の日本DNA多型学会での委員会報告資料 {DNA鑑定検討委員会の検討経過、同委員会資料リスト、DNA鑑定についての勧告（1996年）（案）}、及び各回の議事要旨等の資料に詳述されている。関心のある方は参照されたい。

　なお、DNA鑑定に関する技術は急速に進歩しており、近い将来この指針は適切に改訂されていくべきものであることを示すため、指針に（1997年）を付した。また、この指針はさまざまなバックグランドを持つ各委員の意見を調整した結果生れたものであり、各委員や一般会員のDNA鑑定についての自由な意見の表明を縛るものではないことを付言する。

以上

2 DNA型鑑定に関する関係資料

（日本弁護士連合会人権擁護委員会編『DNA鑑定と刑事弁護』〔現代人文社、1998年〕228頁～245頁より転載）

資料4 微物鑑識実施要領の制定について（昭和62〔1987〕年10月30日、警察庁丁鑑発第204号）

微物鑑識実施要領の制定について

昭62.10.30警察庁丁鑑発第204号、警察庁刑事局鑑識課長から
各管区警察局公（保）安部長、警視庁刑事部長、各道府県警察本部長
各方面本部長あて

近年、犯罪は悪質、巧妙化するとともに、捜査を取り巻く環境も一段と厳しさを増しており、指紋等の明白な物的資料の採取や聞込み捜査等が困難化している。このようなことから、犯罪現場等に遺留される微小、微細、微量な資料を積極的に活用して科学的、合理的な捜査を推進することが不可欠となっている。

このため、別添のとおり「微物鑑識実施要領」を制定したので、本要領に基づき、適正かつ効果的な微物鑑識の実施に努められたい。

別添

微物鑑識実施要領

第1 目的

　この要領は、適正かつ効果的な「微物鑑識」を実施するため、必要な事項を定めることを目的とする。

第2 定義

　この要領における用語の意義は、次に定めるところによる。

　1 微　物…犯罪現場、その他犯罪に関連すると認められる場所、人及び物に存在する微小、微細、微量なもので、犯罪鑑識の対象となる資料をいう。

195

第3部　資料編

　　2　微物鑑識…微物の発見、採取及び鑑定・検査により、当該物質の特性、物性
　　　　　　　　等を明らかにし、捜査の方向づけ、犯人の特定及び犯罪の立証を
　　　　　　　　行う鑑識活動をいう。

第3　基本的心構え

　　微物鑑識の実施に当たっては、微物の特性を理解し、現場保存、採証活動等を
的確に行うとともに、採取資料は速やかに鑑定・検査を行い、その結果を効果的
に捜査に反映させるようにしなければならない。

第4　現場における微物鑑識

　1　幹部の指揮

　　　現場鑑識活動に当たって幹部は、現場の状況等を十分掌握したうえで、微物
　鑑識に配意した具体的な指揮を行うものとする。

　2　現場保存

　　　現場保存に当たっては、微物が散逸、変質、混合等のおそれがあるため、重
　点保存区域を設定するなど、資料の保全に配意した措置をとるものとする。

　3　規場観察

　　　現場観察に当たっては、資器材を有効に活用するとともに、犯人の行動を推
　理し、資料の滅失等のおそれがある場所を優先して行うものとする。

　4　微物の採取

　　　微物の採取に当たっては、資料の価値を損ねることがないよう、採取の順序、
　方法等について十分配意するとともに、資器材を有効に活用し、資料に最も適
　した方法で行うものとする。

第5　立証措置

　　微物は、散逸等し易く、立会人による確認も困難な場合が多いことから、資
料の採取から鑑定に至るまでの一連の経過を写真、書面等で客観的に明確にす
るなど、より厳格な立証措置を講ずるものとする。

第6　鑑定・検査

　1　効率的な鑑定・検査

　　　鑑定・検査に当たっては、資料の消費が少ない分析方法を選定するとともに、
　鑑定機器を有効に活用し、捜査の状況に応じて効率的に行うものとする。

2 DNA型鑑定に関する関係資料

2　関係機関との連携

　　鑑定・検査に当たっては、科学警察研究所、鑑識資料センター等と緊密な連携を図るほか、平素から部外の研究機関等との協力体制の確立に配意するものとする。

3　鑑定・検査結果の検討及び活用

　　鑑定・検査の結果については、他の捜査資料及び事実関係と突き合わせるなど十分検討して、捜査に活用するものとする。

第7　微物の保管・取扱い

　　採取した微物は、当該事件において必要が無くなるまで、散逸、変質、混合等により資料の証拠価値を減殺することがないよう、適正な保管・取扱いをしなければならない。

第8　その他

　　微物以外の鑑識資料についても、微小領域の鑑定・検査を行う場合には、その立証措置、保管等について本要領にいう微物に準じた取扱いをするものとする。

資料5-1　DNA型鑑定の運用に関する指針の改正について（通達）（平成15〔2003〕年7月7日、警察庁丙鑑発第13号）

原議保存期間10年
（平成25年12月31日まで）

各都道府県警察の長　殿

　（参考送付先）

庁 内 各 局 部 課 長

各 附 属 機 関 の 長

各 地 方 機 関 の 長

警察庁丙鑑発第13号

平 成 1 5 年 7 月 7 日

警 察 庁 刑 事 局 長

　　　　　DNA 型鑑定の運用に関する指針の改正について（通達）

　DNA 型鑑定については、「DNA 型鑑定の運用に関する指針の制定について」（平成4 年 4 月17日付け警察庁丙鑑発第 8 号）等に基づき統一的に運用してきたところであるが、このたび、フラグメントアナライザーを用いた短鎖 DNA 型鑑定の導入等に

197

第3部　資料編

伴い、「DNA 型鑑定の運用に関する指針」を別添のとおり改正し、本年 8 月 1 日から施行することとしたので、本指針の改正の趣旨を十分理解し、その運用に遺漏のないようにされたい。

　なお、本通達は、科学警察研究所長と協議済みである。また、本通達の施行に伴い、「DNA 型鑑定の運用に関する指針の制定について」（平成 4 年 4 月17日付け警察庁丙鑑発第 8 号）、「DNA 型鑑定の運用に関する指針の一部改正について」（平成 7 年 9 月25日付け警察庁丙鑑発第25号）及び「DNA型鑑定の運用に関する指針の一部改正について」（平成 8 年12月1日付け警察庁丙鑑発第21号）は廃止する。

別添

DNA型鑑定の運用に関する指針

　警視庁及び各道府県警察本部の科学捜査研究所（以下「府県科捜研」という。）が行う DNA（Deoxyribonucleic acid: デオキシリボ核酸）型鑑定については、下記に定めるところによるものとする。

記

1　目的

　　この指針は、府県科捜研が行う DNA 型鑑定に関し、必要な事項を定め、もって DNA 型鑑定の適正な運用を図ることを目的とする。

2　DNA 型鑑定の意義及び活用の目的

　(1)　意義

　　　DNA 型鑑定は、ヒト身体組織の細胞内に存在する DNA の塩基配列の多型性に着目し、これを分析することによって、個人を高い精度で識別する鑑定法である。

　(2)　活用の目的

　　　DNA 型鑑定は、血痕等の現場資料からの被疑者の特定、被疑者でない者の捜査対象からの除外等の個人識別に活用するものとする。

3　DNA 型鑑定についての基本的考え方

　　DNA 型鑑定は、原則として、現場資料に係る DNA 型と他の資料に係る DNA 型を比較対照するために実施するものとする。

なお、DNA 型鑑定は、ABO 式等の血液型鑑定と同様、資料を検査し、その結果（型）を比較対照することが目的であり、遺伝病等の有無やその性質を把握することを目的として実施するものではない。

4　鑑定員

DNA 型鑑定は、科学警察研究所の法科学研修所において所要の研修課程を修了し、DNA 型鑑定に必要な知識及び技能を修得したと認められる者に対し、科学警察研究所長が交付する DNA 型鑑定資格認定書を有する鑑定技術職員が行うものとする。

5　検査施設、鑑定方法等

DNA 型鑑定に係る検査は、DNA 型検査専用施設等において、科学警察研究所長が別に定める鑑定方法、検査機器及び検査試薬を用いて行わなければならない。

6　鑑定資料

⑴　鑑定対象資料 DNA 型鑑定の対象となる主な資料は、血液・血痕、精液・精液斑、精液及び膣液等の混合液・混合斑、唾液・唾液斑、毛根鞘の付いた毛髪、皮膚、筋、骨、歯、爪、臓器等の組織片である。

⑵　鑑定資料取扱上の留意事項

ア　採取上の留意事項

資料の採取に当たっては、次に掲げる事項に留意するとともに、採取状況、採取経過を明らかにするなど証拠の証明力の確保に努めるものとする。また、資料を取り扱う際には、直接手指でこれに触れることのないようにしなければならない。

㈠　血痕、精液斑等は、可能な限り、そのままの状態で採取すること。ただし、これにより難い場合で、乾燥して血粉状又は鱗片状を呈するなど剥離可能な場合は剥がし取り、その他の場合は、蒸留水又は生理的食塩水で湿らせたガーゼ片又は綿糸等に転写するなどして採取すること。

㈡　未乾燥の又は流動性を有する血液、精液等は、注射筒等を用いて資料瓶に入れて採取すること。

㈢　死体の心臓血及び筋、臓器（心臓、肝臓、腎臓等）等の組織片については、損壊していないものを採取するよう努めること。

第3部　資料編

(エ)　毛根鞘が付いている毛髪は、一本毎に個別に採取し、適切な容器等に入れるなどして毛根鞘の脱落防止を図ること。

(オ)　血痕を検索する際に使用するルミノール試薬、精液斑を検索する際に使用するSMテスト試薬等の噴霧は、必要最小限にとどめること。

イ　保存上の留意事項

　　資料の保存に当たっては、次に掲げる事項に留意し、変質防止等に努めるものとする。

(ア)　資料は、超低温槽（−80℃）で冷凍保存すること。

(イ)　組織片の保存は冷凍保存が適しており、ホルマリン固定保存は避けること。

(ウ)　資料は、他の資料との接触、混同及び漏出を防止するため、個別の容器に収納保存すること。なお、保存容器は凍結破損しないものを使用すること。

(エ)　資料を保存する場合は、各資料ごとに採取・保存年月日、事件名、資料名等を記載したラベルを貼付するなどして分類保存するとともに、保存簿冊を備え付け、保存の状態を明らかにしておくこと。

7　比較対照資料

(1)　採取上の留意事項

　　現場資料と比較対照するための資料として血液、口腔内細胞、その他の資料を新たに被疑者又は被害者等から採取する場合には、刑事訴訟法（以下「刑訴法」という。）等の定めに従い適切に行うものとする。

　なお、資料の採取に当たっては、鑑定に必要な量を採取するものとする。

(2)　鑑定残余資料の取扱い

　　上記(1)の比較対照資料について、鑑定後に残余が生じた場合には、次により措置するものとする。

ア　鑑定処分許可状等により被疑者の身体から採取した資料については廃棄すること。

イ　被疑者又は被害者等から任意提出を受けた資料については、任意提出書の提出者処分意見欄の記載に従って措置することとなるが、警察の処分に委ね

2 DNA型鑑定に関する関係資料

られている場合はこれを廃棄すること。

　ウ　再採取が困難な資料については、再鑑定を考慮し、適切に措置すること。

8　鑑定記録の取扱い

　鑑定書その他鑑定結果が記録されている書類については、他の捜査書類と同様に刑訴法等の定めに従い適切に取り扱わなければならない。

資料5-2　DNA型鑑定の運用に関する指針の解釈等について（通達）（平成15年7月7日、警察庁丁鑑発第534号）

> 原議保存期間10年
> （平成25年12月31日まで）

警　視　庁　刑　事　部　長　　　　　　　　　警察庁丁鑑発第534号
各道府県警察本部長　殿　　　　　　　　　　平 成 15 年 7 月 7 日
各　方　面　本　部　長　　　　　　　　　　警察庁刑事局鑑識課長
　　　　（参考送付先）
各管区警察局広域調整部長

　　　　　　DNA 型鑑定の運用に関する指針の解釈等について（通達）

　このたび、DNA 型鑑定の運用に関する指針が改正され、「DNA 型鑑定の運用に関する指針の改正について」（平成15年7月7日付け警察庁丙鑑発第13号）をもって示達されたところであるが、改正の趣旨及び新たな指針の解釈については、下記のとおりであるので、誤りのないようにされたい。

　なお、本通達は、科学警察研究所長と協議済みである。また、本通達の施行に伴い、「DNA 型鑑定の運用に関する指針の解釈等について」（平成4年4月17日付け警察庁丁鑑発第81号）、「DNA 型鑑定の運用に関する指針の解釈等の変更について」（平成6年10月26日付け警察庁丁鑑発第291号）、「DNA 型鑑定の運用に関する指針の解釈等の一部改正について」（平成7年9月25日付け警察庁丁鑑発第202号)及び「DNA鑑定の運用に関する指針の一部改正について」（平成8年12月1日付け警察庁丁鑑発第252号）は廃止する。

第3部　資料編

記

第1　指針改正の趣旨

　　DNA 型鑑定は、高い個人識別能力を背景として、特に殺人、強姦等の凶悪犯の捜査において極めて効果的な鑑定法である。他方、DNA 型鑑定は、ヒト身体組織の細胞内に存在する DNA を分析して個人識別を行うという鑑定法であることから、鑑定の信頼性、安定性等を確保するため、統一した運用を図る必要があり、また、DNAが遺伝に関係するということから、プライバシー問題に関し、不安感を持つ人がいるなど誤解が生じやすい面があるため、これらの誤解を払拭する必要があった。このため、警察庁は「DNA 型鑑定の運用に関する指針」を制定し、DNA 型鑑定の適正な運用に努めてきたところである。

　　このたび、警視庁及び各道府県警察本部の科学捜査研究所（以下「府県科捜研」という。）にフラグメントアナライザーを整備し、これを用いた短鎖 DNA 型鑑定法を導入すること、また、DNA 型鑑定が府県科捜研に導入されてから10年を経過し、信頼性が定着してきたこと、さらに、将来的な DNA 型検査技術の急速な進歩に対し、柔軟に対処することを目的として指針を改正したものである。

第2　指針の解釈

　1　目的

　　指針は、DNA 型鑑定の適正な運用を図ることを目的として、府県科捜研において行うDNA型鑑定に関し、必要な事項を定めたものである。

　2　DNA 型鑑定の意義及び活用の目的

　⑴　意義

　　　DNA 型鑑定は、ヒト身体組織の細胞内に存在する DNA の塩基配列の多型性に着目し、これを分析することによって、個人を高い精度で識別する鑑定法である。

　⑵　活用の目的

　　　DNA 型鑑定は、血痕等の現場資料から被疑者の特定、被疑者でない者の捜査対象からの除外等の個人識別に活用することを目的とするものであり、「被疑者でない者の捜査対象からの除外」とは、容疑者全てについて DNA 型鑑定を実施しなければならない旨を意味するものではなく、誤逮捕の防

止や被疑者の絞り込み等に活用するなど DNA 型鑑定の有用性を意味するものである。

3　DNA 型鑑定についての基本的考え方

DNA 型鑑定は、現場資料に係る DNA 型と他の資料に係る DNA 型を比較対照することによって有効な活用が可能となるものである。比較対照資料としては、被疑者又は被害者の血液等、由来となる個人が証明できる資料や事件の連続性を証明する必要のある他の事件の現場資料等が考えられる。ただし、ヒト由来の比較対照資料がない場合であっても、過去の鑑定結果との比較目的等、捜査上の必要性が認められる場合には、関係所属長が協議の上、現場資料のみの DNA 型検査を実施するものとする。

なお、DNA 型鑑定は、従来の血液型鑑定と同様、個人の属する DNA 型を分析、判定し、その型を個人識別に活用するものであり、遺伝病等の有無やその内容を検査するものではなく、また、そのような目的で実施する鑑定法ではないということをよく理解しておかなければならない。

4　鑑定員

⑴　鑑定員の資格

DNA 型鑑定は、高度な専門的知識及び技能を必要とするほか、警察における統一的な運用を図る必要があることから、鑑定書の作成については、科学警察研究所長が交付する DNA 型鑑定資格認定書（以下「認定書」という。）を有する鑑定技術職員が行う。なお、認定書を有しない鑑定技術職員が検査補助者として作業に当たることは差し支えない。

⑵　鑑定員の認定

認定書は、科学警察研究所法科学研修所の所要の研修課程を修了し、DNA 型鑑定に必要な知識及び技能を修得したと認められる者に対し、科学警察研究所長が交付する。

なお、「所要の研修課程」とは、年度ごとに策定される「法科学研修所教養計画の指針」において定める DNA 型鑑定に係る課程をいう。

5　検査施設、鑑定方法等

⑴　検査施設

DNA 型鑑定に係る検査は、安全性を確保するため、空調設備及びエアシャワー付のクリーンルームを備えた DNA 型検査専用施設（以下、単に「DNA 型検査施設」という。）等において行わなければならない。

また、DNA 型検査施設は定期的に点検を行い、おおむね以下に掲げる性能の維持に努めなければならない。

ア　温度28℃を超えない程度

イ　湿度60%を超えない程度

ウ　エアークリーン度JIS清浄度クラス７程度

なお、DNA 型鑑定に係る検査工程のうち、DNA の抽出から PCR 増幅の工程は、DNA 型検査施設において行い、PCR 増幅後の工程は、少なくとも、空調設備を備えた検査施設において行わなければならない。

(2)　鑑定方法等

鑑定方法は、科学警察研究所長が指定する手順により実施するものとする。また、検査機器及び検査試薬は、科学警察研究所長が指定するものを使用するものとし、指定以外の検査機器及び検査試薬は、一般に DNA の研究目的で市販されているものを使用して差し支えない。

6　鑑定資料

(1)　鑑定対象資料

DNA 型鑑定の対象となる主な資料は、血液・血痕、精液・精液斑、精液及び膣液等の混合液・混合斑、唾液・唾液斑、毛根鞘の付いた毛髪、皮膚、筋、骨、歯、爪、臓器等の組織片である。

フラグメントアナライザーを用いた短鎖 DNA 型鑑定法は、従来の鑑定法と比べて、陳旧な資料からの鑑定が可能となった。しかし、変性が著しく、DN が分解した資料については鑑定不能となるなど、採取時の資料の状態、採取時期、保存の状態等が鑑定に大きな影響を与える。したがって、資料の早期採取に努めるとともに、長期間保存する場合には、冷凍保存等適切な保存法を選択することが必要である。

(2)　鑑定資料取扱上の留意事項

ア　採取上の留意事項

資料の採取に当たっては、資料の同一性等について疑義が生ずることのないよう、確実な立証措置を講じておく必要がある。また、細胞や細菌等の混入を防止するため、直接手指を触れないように留意するなどその取扱いを厳格にしなければならない。

(ｱ) 乾燥血痕等の採取

凶器や着衣等、持ち運びが容易なものに付着した血痕や精液斑等は、そのままの状態で採取することが原則であるが、持ち運び困難なものに付着しているなどこれにより難い場合で、乾燥して血粉状又は鱗片状を呈するなど剥離可能な場合は剥がし取って採取すること。前記の方法のいずれにもより難い場合には、蒸留水又は生理的食塩水で湿らせたガーゼ又は綿糸等に転写するなどして採取することとなるが、この場合、鑑定の容易性を考慮し、できるだけ濃い状態での採取に努めなければならない。

(ｲ) 未乾燥血液等の採取

未乾燥の又は半流動性を有する血液や精液等は、滅菌済みの注射筒等を用いて資料瓶に入れて採取すること。

(ｳ) 死体からの資料の採取死体からの資料の採取は、心臓血が最適であるが、心臓血の採取が困難又は不適当な場合は、筋、臓器（心臓、肝臓、腎臓など）等の組織片を採取すること。

なお、これらの資料は、損壊していない部分又は損壊の程度が弱い部分を選別して採取しなければならない。

(ｴ) 毛根鞘が付いている毛髪の採取毛根鞘が付いている毛髪は、個別に採取し、適切に収納するなどして毛根鞘の脱落防止を図ること。なお、収納容器については、毛根鞘が密着して剥離が困難となるものは避けなければならない。

(ｵ) ルミノール試薬等の使用限度

血痕を検索する際に使用するルミノール試薬、精液斑を検索する際に使用するSMテスト試薬等の噴霧は、その使用回数によってはDNAを破壊するおそれがあるため、その使用は必要最小限度にとどめること。

第3部　資料編

「必要最小限度」とは、おおむね2回程度をいう。

イ　保存上の留意事項

資料の保存に当たっては、資料の混同や経時変化による変質防止等に努めなければならない。

㋐　冷凍保存の原則

資料を常温で長期間保存した場合は、DNA が分解し、鑑定不能となるおそれがあるため、超低温槽（－80℃）で冷凍保存すること。

㋑　組織片の保存

組織片の保存についても冷凍保存が適しており、ホルマリン固定保存は避けること。

㋒　個別保存の原則

資料は、当然のことながら、他の資料との接触、混同及び漏出を防止するため、個別の容器に収納して保存すること。この場合、保存容器は凍結破損しないものを使用しなければならない。

㋓　保存状態の明確化資料を保存する場合は、各資料ごとに採取・保存年月日、事件名、資料名等を記載したラベルを貼付するなどして分類保存するとともに、保存簿冊を備え付け、保存の状態を明らかにしておくこと。

なお、保存簿冊の様式は特に定めず、各都道府県警察の対応とする。

7　比較対照資料

(1)　採取上の留意事項

被疑者又は被害者等から採取する比較対照資料については、新鮮血が最も有効である。ただし、口腔内細胞及びその他の資料についても、確実なDNA 資料の採取並びに適切な搬送及び保存による混入等の防止が担保されれば、新鮮血と同様に有効であると言える。

ア　血液の採取

比較対照資料として血液を採取する際は、必要以上に採取しないように心掛けること。採取した新鮮血については、検査の容易性を考慮して、凝固防止剤（EDTA等）を用いて凝固防止に努めるものとする。

2 DNA型鑑定に関する関係資料

(7) 被疑者の身体からの採血は、その形態から任意の採血には問題があるため、鑑定処分許可状の発付を得て行うこと。さらに、採血に際して被疑者の抵抗が予想される場合など、直接強制が必要な場合は、鑑定処分許可状と併せて身体検査令状の発付を得て行う必要がある。

なお、ここにいう「被疑者」には、重要参考人等容疑濃厚な者を含む。

(イ) 被害者等から採取する場合は、原則として任意提出を受けて領置することとなるが、任意性の確保について十分配意しておく必要がある。

イ　口腔内細胞の採取

口腔内細胞を比較対照資料とする場合は、証拠能力を確保するため、刑事訴訟法（以下「刑訴法」という。）等の定めに従い適切に採取すること。また、被疑者からの採取に際しては、確実な採取及び密封を行い、採取資料の汚染に十分注意する必要がある。

なお、採取は、適切な採取キットを使用し、付属の説明書に記載されている指示に従って行うこと。

ウ　その他の比較対照資料の採取

上記ア、イ以外の比較対照資料を被疑者又は被害者等から採取する場合においては、刑訴法等の定めに従い適切かつ確実な採取に心掛けるものとする。

(2) 鑑定残余資料の取扱い

比較対照資料については、鑑定後の残余資料の取扱いが問題となるため、その取扱いに関して定めたものである。その主旨は「新たに採取した比較対照資料は、原則として、適法に処分し、保存しない。」ということである。

ア　鑑定処分許可状等により採取した血液等の措置

鑑定処分許可状等により被疑者の身体から採取した血液等については廃棄することとした。ここにいう「廃棄」とは、刑訴法第121条第1項に定める押収物の廃棄処分とは異なり、鑑定処分許可状の性格上、当然に廃棄できるものをいう。すなわち、資料収集の手段、方法等は、鑑定に必要かつ相当と認められる範囲のものであることが要求されていることから、鑑定処分許可状により採取する血液等は、鑑定目的を達成する

207

ために必要相当量でなければならない。しかし、鑑定終了後、たとえ微量であっても、残量を生ずることは当然に予定されるところである。この場合、血液等の破壊という鑑定に必要な処分を許可する鑑定処分許可状の発付を受けて採取したものである以上、その処分については受鑑定人に委ねられており、これを廃棄することは当然に許容されるものと解される。

イ　任意提出を受けた血液等の措置

　　被害者等から任意提出を受けた血液等については、任意提出書の提出者処分意見欄の記載に従って措置することとなるが、警察の処分に委ねうれている場合はこれを廃棄することとした。

ウ　再採取が困難な資料の措置

　　再採取が困難な資料については、関係所属長が再鑑定の要否等を協議の上、適切に措置することとした。

8　鑑定記録の取扱い

　鑑定結果が記録された書類には個人情報が含まれるため、その取扱いに当たっては、他の捜査書類と同様に刑訴法等の定めに従い適切に行わなければならない。「刑訴法等」とは、刑事訴訟法第196条、犯罪捜査規範第9条及び国家公務員法第100条又は地方公務員法第34条をいう。

第3　施行の期日

　平成15年8月1日

2 DNA型鑑定に関する関係資料

資料5-3 DNA型鑑定実施に際しての鑑定方法等の指定について（通達）（平成15年7月7日、警察庁丁鑑発第535号）

```
原議保存期間10年
（平成25年12月31日まで）
```

警 視 庁 刑 事 部 長

各道府県警察本部長　　殿　　　　　　　　警察庁丁鑑発第535号

各 　方 　面 　本 　部 　長　　　　　　　　平 成 1 5 年 7 月 7 日

　　　　（参考送付先）　　　　　　　　　　警察庁刑事局鑑識課長

各管区警察局広域調整部長

　　　　　DNA 型鑑定実施に際しての鑑定方法等の指定について（通達）

　「DNA 型鑑定の運用に関する指針の改正について」（平成15年7月7日付け警察庁
丙鑑発第13号）により、フラグメントアナライザーを用いた短鎖DNA型鑑定の導入
に伴い、鑑定方法、検査機器及び検査試薬等について、科学警察研究所長から別添
のとおり通知を受けたので、示達する。

　なお、本通達は、本年8月1日から施行することとし、これに伴い、「DNA 型鑑
定実施に際しての検査機器等の指定について」（平成8年12月1日付け警察庁丁鑑発
第253号）、（DNA 型鑑定実施に際しての検査試薬の追加指定について」（平成10年
4月1日付け警察庁丁鑑発第71号）及び「DNA 型鑑定実施に際しての検査試薬の追
加指定について」（平成11年4月5日付け警察庁丁鑑発第71号）は廃止する。

別添　　　　　　　　　　　　　　　　　　　　　　　　　　　　　　　　　㊦

```
原議保存期間5年
（平成20年3月31日まで）
```

警察庁刑事局鑑識課長　　殿　　　　　　　警 研 発 第 7 8 号

　　　　　　　　　　　　　　　　　　　　平 成 1 5 年 3 月 2 8 日

　　　　　　　　　　　　　　　　　　　　科学警察研究所総務部長

209

第3部　資料編

フラグメントアナライザーを用いた短鎖 DNA 型鑑定の導入に伴う DNA 型鑑定方法等の指定について（通知）

みだしのことについては、フラグメントアナライザーを用いた短鎖DNA型鑑定の導入に伴い、科学警察研究所長が、別紙の通り鑑定方法、検査機器及び検査試薬を指定するので、通知する。

DNA 型鑑定方法等の指定について

全国の科捜研が統一した方法で実施する DNA 型鑑定に係わる検査は、DNA 型鑑定専用施設等において、以下に定める鑑定方法、指定検査機器及び指定検査試薬を用いて実施する。

1　鑑定方法

DNA 型検査は、以下の手順により実施する。

(1)　DNA精製

検査資料から、フェノール・クロロホルム法、DNA 精製カラム等の方法を用いて DNA を精製する。

(2)　DNA 型検査

ア　STR 型検査

(ア)　PCR 増幅

精製 DNA から、プロファイラーキット（指定検査試薬）及び PCR 増幅装置（指定検査機器）を用いて、STR 部位（D3S1358部位、vWA部位、FGA部位、TH01部位、TPOX部位、CSF1PO部位、D5S818 部位、D13S317部位、D7S820部位）を PCR 増幅する。

(イ)　検出及び型判定 PCR 増幅産物から、フラグメントアナライザー（指定検査機器）を用いて、キャピラリー電気泳動により分離し、専用ソフトウエアにより検出及び型判定する。

なお、型判定には、プロファイラーキット（指定検査試薬）に添付のアレリックラダーを指標として用いる。

ア　メロゲニン型についても、STR 型と同様に検出できる。

210

2 DNA型鑑定に関する関係資料

イ　MCT 118型検査

(ア)　PCR 増幅

精製 DNA から、MCT 118プライマー（指定検査試薬）及び PCR 増幅装置（指定検査機器）を用いて、MCT 118部位を PCR 増幅する。

(イ)　検出及び型判定

PCR 増幅産物から、電気泳動装置を用いて、ポリアクリルアミドゲル電気泳動により分離し、臭化エチジウム染色により検出する。検出された DNA バンドを写真撮影し、DNA 型解析装置により型判定する。なお、型判定には、MCT 118アレリックラダー（指定検査試薬）を指標として用いる。

(3)　検査結果

各 STR 型、アメロゲニン型及び MCT 118型は、型番号として表記する。たとえば、「D3S 1358型は15—16型である。」、「アメロゲニン型は XY 型である。」及び「MCT 118型は18—24型である。」の表記を行う。

2　指定検査機器

(1)　PCR 増幅装置

GeneAmp PCR System 9700（アプライドバイオシステムズ社製）

ThermalCycler PJ2000 / PJ480（パーキンエルマー社製）

TAKARA PCR Thermal Cycler TP2000 / TP480（タカラバイオ社製）

(2)　フラグメントアナライザー

ジェネティックアナライザー ABI PRISM 310（アプライドバイオシステムズ社製）

3　指定検査試薬

(1)　プロファイラーキット

AmpFLSTR Profiler Kit（アプライドバイオシステムズ社製）

(2)　Taq ポリメラーゼ

AmpliTaq DNA Polymerase（アプライドバイオシステムズ社製）

AmpliTaq Gold（アプライドバイオシステムズ社製）

TaKaRa Taq（タカラバイオ社製）

(3)　MCT 118プライマー

第3部　資料編

　　D1S80 primer set（ライフコード社製鑑定用）

⑷　MCT 118アレリックラダー

　　AmpliFLP D1S80 Allelic Ladder（アプライドバイオシステムズ社製）

4　機器及び試薬の管理　DNA 型検査に使用する検査機器は、定期的に点検して、性能の維持を図る。また、検査試薬に関しても、有効期限等、品質の管理を行う。

資料6　DNA型鑑定の運用に関する指針の改正について
（通達）（平成22 〔2010〕年10月21日、警察庁丙鑑発第65号）

原議保存期間10年
（平成32年12月31日まで）

警 視 庁 刑 事 部 長

各 道 府 県 警 察 本 部 長　　殿

各 　方 　面 　本 　部 　長

　　　（参考送付先）

各管区警察局広域調整部長

警 察 庁 丙 鑑 発 第 6 5 号

警 察 庁 丙 刑 企 発 第 9 0 号

平 成 2 2 年 1 0 月 2 1 日

警 察 庁 刑 事 局 長

　　　　　　　DNA 型鑑定の運用に関する指針の改正について（通達）

　DNA 型鑑定については、「DNA 型鑑定の運用に関する指針の改正について」（平成15年7月7日付け警察庁丙鑑発第13号）等に基づき統一的に運用してきたところであるが、このたび、DNA 型鑑定資料及び鑑定書等をより一層適切に取り扱い、将来の公判等における鑑定結果の信頼性を確保するため、全国の警察署に冷凍庫を整備することに合わせ、「DNA 型鑑定の運用に関する指針の改正について」を別添のとおり改正し、本年11月1日から施行することとしたので、本指針の改正の趣旨を十分理解し、その運用に遺漏のないようにされたい。

　なお、本通達は、科学警察研究所長と協議済みである。また、本通達の施行に伴い、「DNA 型鑑定の運用に関する指針の改正について」（平成15年7月7日付け警察庁丙鑑発第13号）は廃止する。

別添

DNA 型鑑定の運用に関する指針

　警視庁及び道府県警察本部の科学捜査研究所（以下「府県科捜研」という。）が行うDNA（Deoxyribonucleic acid: デオキシリボ核酸）型鑑定については、下記に定めるところによるものとする。

記

1　目的

　　この指針は、府県科捜研が行う DNA 型鑑定に関し、必要な事項を定め、もってDNA型鑑定の適正な運用を図ることを目的とする。

2　DNA 型鑑定の意義及び活用の目的

　⑴　意義

　　　DNA 型鑑定は、ヒト身体組織の細胞内に存在する DNA の塩基配列の多型性に着目し、これを分析することによって、個人を高い精度で識別する鑑定法である。

　　　なお、この鑑定は、遺伝病等の特定の遺伝形質の有無やその内容を分析するものではなく、また、そのようなことが可能な鑑定法ではないことをよく理解しておかなければならない。

　⑵　活用の目的

　　　DNA 型鑑定は、血痕等の現場資料からの被疑者の特定、被疑者でない者の捜査対象からの除外等の個人識別に活用するものとする。

3　鑑定員

　　DNA 型鑑定は、科学警察研究所の法科学研修所において所要の研修課程を修了し、DNA 型鑑定に必要な知識及び技能を修得したと認められる者に対し、科学警察研究所長が交付する DNA 型鑑定資格認定書を有する鑑定技術職員が行うものとする。

4　検査施設、鑑定方法等

　　DNA 型鑑定に係る検査は、DNA 型検査専用施設等において、科学警察研究所長が別に定める鑑定方法、検査機器及び検査試薬を用いて行わなければならない。

第3部　資料編

5　鑑定資料

(1)　鑑定対象資料

　　DNA 型鑑定の対象となる資料（以下「資料」という。）で、その主なものは次のとおりである。

　ア　血液（次のイに掲げる血液を除く。）・血痕、精液・精液斑、精液及び膣液等の混合液・混合斑、唾液・唾液斑、毛根鞘の付いた毛髪、皮膚、筋、骨、歯、爪、臓器等の組織片

　イ　被疑者又は被害者等から提出を受けた口腔内細胞、及び被疑者の身体から採取した血液

(2)　鑑定資料取扱上の留意事項

　ア　採取時等の留意事項

　　資料の採取等に当たっては、次に掲げる事項に留意するとともに、採取状況、採取経過を明らかにするなど証拠の証明力の確保に努めるものとする。また、資料を取り扱う際には、直接手指でこれに触れることのないようにしなければならない。

　　㈠　血痕、精液斑等は、可能な限り、付着したままの状態で採取すること。ただし、これにより難い場合で、乾燥して血粉状又は鱗片状を呈するなど剥離可能な場合は剥がし取り、その他の場合は、蒸留水又は生理的食塩水で湿らせた、ガーゼ片又は綿糸等に転写するなどして採取すること。

　　㈡　未乾燥の又は流動性を有する血液（(1)イの血液を除く。）、精液等は、注射筒等を用いて資料を容器に入れて採取すること。

　　㈢　死体の心臓血及び筋、臓器（心臓、肝臓、腎臓等）等の組織片については、損壊していないものを採取するよう努めること。

　　㈣　毛根鞘が付いている毛髪は、一本毎に個別に採取し、適切な容器等に入れるなどして毛根鞘の脱落防止を図ること。

　　㈤　血痕を検索する際に使用するルミノール試薬、精液斑を検索する際に使用するSMテスト試薬等の噴霧は、必要最小限にとどめること。

　　㈥　資料として被疑者又は被害者等から口腔内細胞の提出を受け、又は被疑者から血液を採取する場合には、刑事訴訟法（昭和23年法律第131号。以

214

2 DNA型鑑定に関する関係資料

下「刑訴法」という。）等の定めに従い適切に行うこと。

なお、資料の採取に当たっては、鑑定に必要な量を採取するものとする。

㈩　採取等した資料は、鑑定嘱託されるまでの間、資料の変質防止等に努めるとともに、他の資料との接触及び混同を防止するため、採取等年月日、事件名、資料名等を記載したラベルを貼付するなどして個別の容器に収納保存すること。

イ　現場資料の鑑定及び鑑定後の留意事項

㈠　鑑定はなるべく資料の一部をもって行い、当該資料の残余又は鑑定後に生じた試料（府県科捜研において鑑定に使用するため資料から採取等して分離した物をいう。以下同じ。）の残余は、再鑑定に配慮し、保存すること。この際、冷凍庫や超低温槽の活用を図ること。

㈡　資料の残余又は試料の残余は、他の資料との接触及び混同を防止するため、個別の容器・袋等に収納保存すること。

なお、保存容器は凍結破損しないものを使用すること。

㈢　㈠の保存に当たっては、資料の残余については採取・保存年月日、事件名、押収した際の資料名等を、試料の残余については同表記に加えて資料の残余との同一性を明らかにする事項を記載したラベルを貼付するなどして分類保存するとともに、保存簿冊を備え付け、保存の状態を明らかにしておくこと。

ウ　口腔内細胞等の資料の措置

(1)イに掲げる資料について、残余が生じた場合には、次により措置するものとする。

㈠　被疑者又は被害者等から任意提出を受けた口腔内細胞については、任意提出書の提出者処分意見欄の記載に従って措置することとなるが、警察の処分に委ねられている場合はこれを廃棄すること。

㈡　鑑定処分許可状等により被疑者の身体から採取した血液については廃棄すること。

6　鑑定書等の取扱い及び保管

鑑定書その他鑑定結果又はその経過等が記録されている書類については、刑訴

215

第3部　資料編

法等の定めに従い適切に取り扱うとともに、将来の公判等に備えて適切に保管しなければならない。

資料7　DNA型鑑定の運用に関する指針の運用上の留意事項等について（通達）（平成22〔2010〕年10月21日、警察庁丁鑑発第966号）

原議保存期間10年
（平成32年12月31日まで）

警 視 庁 刑 事 部 長	警 察 庁 丁 鑑 発 第 ９ ６ ６ 号
各道府県警察本部長　殿	警 察 庁 丁 刑 企 発 第 １ ９ ４ 号
各 方 面 本 部 長	平 成 ２２ 年 10 月 ２１ 日
（参考送付先）	警 察 庁 刑 事 局 犯 罪 鑑 識 官
各管区警察局広域調整部長	警 察 庁 刑 事 局 刑 事 企 画 課 長

　　　　　DNA 型鑑定の運用に関する指針の運用上の留意事項等について（通達）

　このたび、DNA 型鑑定の運用に関する指針が改正され、「DNA 型鑑定の運用に関する指針の改正について」（平成22年10月21日付け警察庁丙鑑発第65号警察庁丙刑企発第90号）をもって示達されたところであるが、同指針の運用上の留意事項等については、下記のとおりであるので誤りのないようにされたい。

　なお、本通達は、科学警察研究所長と協議済みである。また、本通達の施行に伴い、「DNA 型鑑定の運用に関する指針の解釈等について」（平成15年7月7日付け警察庁丁鑑発第534号）は廃止する。

記

1　DNA 型鑑定の活用の目的（指針2⑵関係）

　DNA 型鑑定の活用の目的にある「被疑者でない者の捜査対象からの除外」とは、容疑者全てについて DNA 型鑑定を実施しなければならない旨を意味するのではなく、誤逮捕の防止や被疑者の絞り込み等に活用するなど DNA 型鑑定の有用性を意味するものである。

216

2 DNA型鑑定に関する関係資料

2　鑑定員（指針3関係）

(1)　鑑定員の資格について

　　DNA 型鑑定は、高度な専門的知識及び技能を必要とするほか、警察における統一的な運用を図る必要があることから、鑑定書の作成については、科学警察研究所長が交付する DNA 型鑑定資格認定書（以下「認定書」という。）を有する鑑定技術職員が行う。

　　なお、認定書を有しない鑑定技術職員が検査補助者として作業に当たることは差し支えない。

(2)　鑑定員の認定について

　　認定書は、科学警察研究所法科学研修所の所要の研修課程を修了し、DNA 型鑑定に必要な知識及び技術を習得したと認められる者に対し、科学警察研究所長が交付する。

　　なお、「所要の研修課程」とは、年度ごとに策定される「法科学研修所教養計画の指針」において定める DNA 型鑑定に係る課程をいう。

3　検査施設、鑑定方法等（指針4関係）

(1)　検査施設について

　　DNA 型鑑定に係る検査は、その安全性を確保するため、空調設備及びエアシャワー付のクリーンルームを備えた DNA 型検査専用施設（以下「DNA 型検査施設」という。）等において行わなければならない。

　　また、DNA 型検査施設は定期的に点検を行い、おおむね以下に掲げる性能の維持に努めなければならない。

ア　温度　28℃を超えない程度

イ　湿度　60%を超えない程度

ウ　エアークリーン度　IS 清浄度クラス7 程度

　　なお、DNA 型鑑定に係る検査工程のうち、DNA の抽出から PCR 増幅の工程は、DNA 型検査施設において行い、PCR 増幅後の工程は、少なくとも、空調設備を備えた検査施設において行わなければならない。

(2)　鑑定方法等について

　　鑑定方法は、科学警察研究所長が指定する手順により実施するものとする。

217

第3部　資料編

また、検査機器及び検査試薬は、科学警察研究所長が指定するものを使用するものとし、指定以外の検査機器及び検査試薬は、一般的にDNAの研究目的で市販されているものを使用して差し支えない。

4　鑑定資料取扱上の留意事項（指針5(2)関係）

(1)　採取時の留意事項について

ア　乾燥血痕等の採取

凶器や着衣等、持ち運びが容易なものに付着した血痕や精液斑等は、付着したままの状態で採取することが原則であるが、持ち運び困難なものに付着しているなどこれにより難い場合で、乾燥して血粉状又は鱗片状を呈するなど剥離可能な場合は剥がし取って採取すること。前記の方法のいずれにもより難い場合には、蒸留水又は生理的食塩水で湿らせた、ガーゼ又は綿糸等に転写するなどして採取することとなるが、この場合、鑑定の容易性を考慮し、できるだけ濃い状態での採取に努めなければならない。

イ　毛根鞘が付いている毛髪の収納

毛根鞘が付いている毛髪を収納する際の収納容器については、毛根鞘が密着して剥離が困難となるものは避けなければならない。

ウ　ルミノール試薬等の使用限度

血痕を検索する際に使用するルミノール試薬、精液斑を検索する際に使用するSMテスト試薬等の噴霧については、その使用回数によってはDNAを破壊するおそれがあるため、その使用は必要最小限度にとどめること。「必要最小限度」とは、2回程度をいう。

エ　鑑定嘱託されるまでの措置

採取等した資料については、鑑定嘱託されるまでの間、必要に応じ、凍結破損しない容器に収納して、冷凍庫又は超低温槽を活用すること。

オ　口腔内細胞の提出を受ける際の措置

口腔内細胞の提出を受ける際は、滅菌等された適切な採取キットを使用するとともに、付属の説明書に記載されている指示に従って採取させた後、提出者の面前で密封を行うこと。また、採取資料を汚染することのないよう十分注意すること。

カ　血液の採取時の措置

　　血液を採取する際は、必要以上に採取しないように心掛けること。採取した新鮮血については、検査の容易性を考慮して、凝固防止剤（EDTA等）を用いて凝固防止に努めるものとする。

　　被疑者の身体からの採血は、その形態にかんがみ、鑑定処分許可状の発付を得て行うこと。さらに、採血に際して被疑者の抵抗が予想される場合など、直接強制が必要な場合は、鑑定処分許可状と併せて身体検査令状の発付を得て行うこと。

(2)　現場資料の鑑定及び鑑定後の留意事項について

ア　再鑑定に配慮した試料の残余の取扱い

　　試料の残余が生じた場合は、鑑定員が鑑定嘱託をした警察署等へ資料の残余とともに返却するものとする。この際、鑑定書等において、試料の採取部位とその残余の関係を明らかにし、鑑定後に返却した旨記載するなど、それぞれの関係性が担保されるよう配慮すること。

イ　資料の残余又は試料の残余の適切な保存

　　再鑑定（警視庁及び道府県警察本部の科学捜査研究所が行う DNA 型鑑定自体が将来高度化するなどの鑑定技術の進歩向上等を踏まえ、捜査の必要により行う再鑑定も含む。）に配慮し、警察署に備え付けの冷凍庫や超低温槽を積極的に活用すること。臓器等、超低温槽での保存が適切と判断されるものは科学捜査研究所と協議の上、適切な保存を行うこと。

　　なお、鑑定後に生じた試料の残余で再鑑定が可能と認められれば、試料の残余のみ冷凍庫等で保存することで差し支えない。

(3)　鑑定処分許可状等により採取した血液等の措置について

　　被疑者の身体から採取した血液等の「廃棄」とは、刑事訴訟法（昭和23年法律第131号。以下「刑訴法」という。）第121条第2項に定める押収物の廃棄処分とは異なり、鑑定処分許可状の性格上、当然に廃棄できるものをいう。すなわち、資料収集の手段、方法等は、鑑定に必要かつ相当と認められる範囲のものであることが要求されていることから、鑑定処分許可状により採取する血液等は、鑑定目的を達成するために必要相当量でなければならない。しかし、鑑

第3部　資料編

定終了後、たとえ微量であっても、残量を生ずることは当然に予定されるところである。この場合、血液等の破壊という鑑定に必要な処分を許可する鑑定処分許可状の発付を受けて採取したものである以上、その処分については受鑑定人に委ねられており、これを廃棄することは当然に許容されるものと解される。

5　鑑定書等の取扱い及び保管（指針6関係）

鑑定書その他鑑定結果又はその経過等が記録されている書類には個人情報が含まれるため、その取扱いに当たっては、刑訴法等の定めに従い適切に行わなければならない。「刑訴法等」とは、刑訴法第196条、犯罪捜査規範（昭和32年国家公安委員会規則第2号）第9条及び国家公務員法（昭和22年法律第120号）第100条又は地方公務員法（昭和25年法律第261号）第34条をいう。

また、「その経過等が記録されている書類」とは、鑑定に用いた検査方法やその経過の記録（ワークシート等）、鑑定結果に関わる各種分析データ等を意味するものである。これらは鑑定の客観性・信用性を担保するものであり、鑑定内容の確認や精査等が必要となる場合に備え、適切に保管しておくこと。

資料8　警察庁におけるDNA型鑑定業務実施要領の制定について（通達）（平成27〔2015〕年3月31日、警察庁丙鑑発第11号）

原議保存期間	5年（平成32年3月31日まで）
有効期間	一種（平成32年3月31日まで）

各都道府県警察の長　殿

（参考送付先）

庁内各局部課長

各附属機関の長警察庁刑事局長

各地方機関の長

警察庁丙鑑発第11号

丙刑企発第44号

平成27年3月31日

警察庁刑事局長

警察庁におけるDNA型鑑定業務実施要領の制定について（通達）

警察庁におけるDNA型鑑定業務については、「警察庁におけるDNA型鑑定業務の実施について（通達）」（平成23年2月3日付け警察庁丙鑑発第6号ほか。以下「旧

220

2 DNA型鑑定に関する関係資料

通達」という。）により実施しているところ、この度、警察庁における DNA 型鑑定業務実施要領について別添のとおり定めることとしたので、遺漏のないようにされたい。

　なお、本通達は、科学警察研究所長と協議済みである。また、旧通達については、本通達の発出をもって廃止する。

別添

警察庁における DNA 型鑑定業務実施要領

第1　目的

　この要領は、警察庁における DNA 型鑑定業務（以下「本業務」という。）の実施に関し必要な事項を定めることを目的とする。

第2　運用体制

　本業務は、警察庁刑事局犯罪鑑識官（以下「犯罪鑑識官」という。）が管理する検査施設において、犯罪鑑識官が行う。

第3　本業務の趣旨及び内容

　1　趣旨

　　本業務は、警察庁において被疑者資料に係るDNA型鑑定を行い、当該鑑定に係る被疑者 DNA 型記録の作成、対照、整理保管という一連の業務を効率的に実施することにより、犯罪捜査に資するものとする。

　2　内容

　⑴　警視庁、道府県警察本部若しくは方面本部の犯罪捜査を担当する課（課に準ずるものを含む。）の長又は警察署長（以下「警察署長等」という。）から嘱託を受けた被疑者資料に係る DNA 型鑑定を行う。

　⑵　⑴の DNA 型鑑定により、その特定DNA型が判明したときは、DNA型記録取扱規則（平成17年国家公安委員会規則第15号）及び DNA 型記録取扱細則（平成17年警察庁訓令第8号）に基づき、被疑者 DNA 型記録の作成、対照、整理保管等を行う。

第4　鑑定体制

　1　鑑定員

221

第3部　資料編

本業務におけるDNA型鑑定（以下「本鑑定」という。）に係る鑑定員については、「DNA型鑑定の運用に関する指針」（平成22年10月21日付け警察庁丙鑑発第65号ほか別添。以下「指針」という。）３の例によるものとする。

2　検査施設、鑑定方法等

本鑑定に係る検査施設、鑑定方法等については、指針４の例によるものとする。

第5　鑑定資料

本鑑定の対象となる資料は、指針５の例により検挙した被疑者から任意提出を受けた口腔内細胞のうち、犯罪鑑識官が都道府県警察へ配付する口腔内細胞採取キット（以下「採取キット」という。）で採取されたもの（以下「鑑定資料」という。）に限る。

第6　鑑定嘱託

1　嘱託方法

警察署長等が犯罪鑑識官に対して本鑑定に係る嘱託を行うときは、次のいずれかの方法によるものとする。

⑴　郵送用の封筒に、２⑴から⑶掲げる資料（以下「鑑定嘱託書等」という。）を同封の上、書留又は簡易書留郵便により送付する方法

⑵　犯罪鑑識官の執務時間中に、鑑定嘱託書等を犯罪鑑識官が管理する検査施設に直接持ち込む方法

2　送付資料

⑴　鑑定嘱託書

⑵　DNA型鑑定事務連絡表

⑶　採取キットに同封された専用の収納袋に封入した鑑定資料

第7　鑑定

1　鑑定結果の通知

犯罪鑑識官が本鑑定を行ったときは、鑑定書を作成し、これを当該鑑定に係る嘱託を行った警察署長等に書留又は簡易書留郵便により送付するものとする。

2　鑑定書等の取扱い及び保管鑑定書等の取扱い及び保管については、指針６の例によるものとする。

2 DNA型鑑定に関する関係資料

資料9 DNA型鑑定の実施における留意事項について（通達）（平成28〔2016〕年1月27日、警察庁丁鑑発第75号）

原議保存期間	5年（平成33年3月31日まで）
有効期間	一種（平成33年3月31日まで）

警　視　庁　刑　事　部　長　　　　　　　　警　察　庁　丁　鑑　発　第75号
各　道　府　県　警　察　本　部　長　殿　　　警　察　庁　丁　刑　企　発　第10号
方　　面　　本　　部　　長　　　　　　　　平　　成　2　8　年　1　月　2　7　日
　　　　（参考送付先）　　　　　　　　　　警察庁刑事局犯罪鑑識官
科　学　警　察　研　究　所　総　務　部　長　　警察庁刑事局刑事企画課長
警　察　大　学　校　刑　事　教　養　部　長
各管区警察局広域調整担当部長

DNA型鑑定の実施における留意事項について（通達）

　先般、強姦事件の控訴審において無罪判決が言い渡され、その判決の中で当該事件について警察が実施したDNA型鑑定の信用性に疑義があると指摘された。言うまでもなく、DNA型鑑定は、犯人の特定、犯行状況の解明等に有用であり、特に昨今の公判において客観証拠による立証が重視される中、その有用性は一層高まっている。

　しかしながら、DNA型鑑定の結果が公判において立証に用いられるためには、当該鑑定所定の手法に従い適正に実施されていることはもとより、公判において鑑定の信用性についての疑義を差し挟まれることのないよう、当該鑑定の経過等を記録した書類等が適切に作成・保管されていなければならない。

　また、犯罪を立証する上でDNA型鑑定を行う必要性があり、かつ、行うこと自体が不可能なものでない場合に、これを行わないことによって捜査上の弊害も生じ得るところである。

　現在、DNA型鑑定については、「DNA型鑑定の運用に関する指針の改正について」（平成22年10月21日付け警察庁丙鑑発第65号警察庁丙刑企発第90号）等に基づき統一的に運用しているものであるが、上記のことを踏まえ、DNA型鑑定の経過等の記

223

録及び DNA 型鑑定の実施の判断について、更に下記の事項を徹底し、公判における立証に有用な DNA 型鑑定となるよう万全を期されたい。

なお、本通達は、科学警察研究所と協議済みである。

記

1　鑑定記録作成上の留意事項

　(1)　基本的留意事項

　　DNA型鑑定の経過等を記録したワークシート等は鑑定の信用性を確保するために作成する必要不可欠な書類であることを踏まえ、形式的な作成となることがないよう十分に留意しつつ、実施した鑑定の経過・手順や内容を公判において事後に検証できる程度の具体的な記載を徹底するとともに、その記載は鑑定の推移に応じてその都度手書きで行い、鑑定後にまとめて記載することのないようにし、公判における信用性の立証に耐え得るものとすること。

　(2)　ワークシート等の様式

　　ワークシート等の様式は、「DNA 型鑑定検査業務における留意事項について」（平成22年６月17日付け警察庁丁鑑発第568号）で示しているとおり、資料名、検査日時、検査内容（各工程の方法、試薬のロット番号、使用機材等）、使用チューブの記載番号等はもちろんのこと、備考欄を設けるなど、実施した各種鑑定検査記録や分析機器による分析結果を始め、鑑定結果のみならず、その経過についても記載が十分に可能なものとすること。

　(3)　ワークシート等への記載等

　　鑑定担当者は、上記１(2)の事項を漏れなく記載すること。また、鑑定の過程で特徴的な現象が見られた場合は、当該ワークシート等の備考等に確実に記載しておくこと。なお、やむを得ない事情により、ワークシート等以外の紙片等に鑑定の経過等を一時的に記載した場合には、ワークシート等にその全てを添付するとともに、ワークシート等の備考欄等に当該紙片等について、その説明を記載しておくこと。

　(4)　各種分析結果データ等の取扱い

　　鑑定担当者は、分析機器を用いて鑑定資料の分析を実施し、当該機器により数

2 DNA型鑑定に関する関係資料

値等の分析結果データを印刷した場合には、印刷物をワークシート等に貼付又は添付し、貼付等できない場合には、公判に備え適切に保管すること。

2　DNA型鑑定実施の判断

　科学警察研究所における実証の結果、資料に含まれるDNA量が微量である場合は、全部又は一部の座位でDNA型の検出に至らないときがあることが判明している。このような場合には、以降の鑑定作業を実施しないこととする判断もあり得るところである。

　しかしながら、性犯罪における被害者の膣内溶液から抽出した精子等、立証上、極めて重要な資料については、資料に含まれるDNA量が微量であることやDNAが分解されていることから、全部又は一部の座位でDNA型の検出に至らない可能性がある場合であっても、これを鑑定した結果が立証しようとする事実と矛盾する場合には消極証拠として捜査の見直しにつながる可能性があるほか、DNA型鑑定を実施することが可能であるにもかかわらず、このような極めて重要な資料の鑑定を中断した場合には、その経緯が公判において争点となるおそれもある。

　したがって、立証上極めて重要な資料については、当該資料に含まれるDNA量が微量であること等により全部又は一部の座位でDNA型の検出に至らない可能性がある場合であっても、細胞等の存在が確認された資料や定量結果が得られた資料については、必要に応じてDNA型鑑定を実施すること。

　なお、これら鑑定実施の判断に当たっては、あらかじめ鑑定部門と捜査部門が当該鑑定の必要性等について確認しておくなど、鑑定の円滑な実施に配意されたい。

3　科学警察研究所との連携

　鑑定に当たり、資料の状態を緻密に観察し、鑑定方法を慎重に検討することは当然であるが、立証上極めて重要な資料について、抽出されたDNA量が定量の結果微量である場合のほか、資料の状態を検討した結果、資料に含まれるDNAが微量である可能性や分解されている可能性があるため全部又は一部の座位でDNA型の検出に至らない可能性があるとみられる場合には、科学警察研究所等での鑑定も視野に、幅広く同研究所に相談すること。

225

第3部　資料編

資料10　DNA型鑑定資料の採取等における留意事項について（通達）（平成28〔2016〕年12月1日、警察庁丁鑑発第1246号）

原議保存期間	5年（平成34年3月31日まで）
有効期間	一種（平成34年3月31日まで）

警　視　庁　刑　事　部　長
各　道　府　県　警　察　本　部　長　殿
各　　方　　面　　本　　部　　長
　　　　　（参考送付先）
科　学　警　察　研　究　所　総　務　部　長
警　察　大　学　校　刑　事　教　養　部　長
各管区警察局広域調整担当部長

警　察　庁　丁　鑑　発　第1246号
警　察　庁　丁　刑　企　発　第149号
平　成　28　年　12　月　1　日
警察庁刑事局犯罪鑑識官
警察庁刑事局刑事企画課長

　　　　　　DNA型鑑定資料の採取等における留意事項について（通達）

　DNA型鑑定は、被疑者の特定、被疑者でない者の捜査対象からの除外等の個人識別のほか、犯行状況の解明にも活用できるものであり、特に昨今の公判において客観証拠による立証が重視される中、その有用性は一層高まっている。

　DNA型鑑定に対する信頼性を確保するためには、DNA型鑑定資料（以下「鑑定資料」という。）が技術的にも法的にも適切に採取等されていなければならないところであり、現在、そのための指針として「DNA型鑑定の運用に関する指針」（平成22年10月21日付け警察庁丙鑑発第65号、警察庁丙刑企発第90号別添）及びその留意事項に関する通達（「DNA型鑑定の運用に関する指針の運用上の留意事項等について」（平成22年10月21日付け警察庁丁鑑発第966号、警察庁丁刑企発第194号））が定められている。

　上記通達に規定のない事項についても、刑事訴訟法等の関係規定に基づいて実施する実務が定着しているが、DNA型鑑定を捜査の様々な場面においてより適正かつ効果的に活用するため、この度、鑑定資料の採取等における留意事項を取りまとめた。

　各位にあっては、上記通達に規定する事項のほか、下記の事項に留意して、適正

2 DNA型鑑定に関する関係資料

かつ効果的なDNA型鑑定の実施に遺漏のないようにされたい。

記

1 被疑者資料採取時の留意事項

⑴ 採取の必要性について

　被疑者について、本件や余罪の捜査のために必要な場合には、積極的に被疑者から鑑定資料を採取して鑑定を実施すること。

　余罪の捜査のために必要な場合とは、個別具体的に余罪事件を把握している場合のほか、検挙した被疑者について、本件の罪種、手口、態様、被疑者の言動、所持品、生活状況、前歴等のほか、関連地域における犯罪の発生状況等を総合的に勘案した結果、余罪の有無をデータベースで確認する必要性が認められる場合をいう。

⑵ 採取の手続等について

　鑑定資料の任意提出を受ける場合には、DNA型鑑定を実施してその結果を本件や余罪の捜査に利用することについて十分説明の上、任意提出書に署名、押印（指印を含む。以下同じ。）を求めるなど必要な捜査書類を作成し、専用の採取キットにより口腔内細胞の提出を受けること。この際、鑑定資料の同一性を確保するため、被疑者の面前で鑑定資料を袋等に封印し、被疑者の署名等を求めること。

　被疑者から強制的に鑑定資料を採取する場合には、鑑定処分許可状等必要な令状の発付を受けて行うこと。この場合、口腔内細胞の採取では被疑者が抵抗するなどして捜査員等のDNAが混入するおそれがあるため、鑑定資料としては視認が容易で鑑定がより確実に実施できる血液を医師により採取することが望ましいが、状況に応じて採取する資料の種別を判断すること。また、必要な捜査書類の作成や写真撮影により、採取の経過を明らかにしておくこと。

⑶ 鑑定書等の取扱い

　被疑者のDNA型鑑定に係る鑑定書その他鑑定結果又はその経過等が記録されている書類（以下「鑑定書等」という。）については、前記「DNA型鑑定の運用に関する指針」等に規定するとおり、刑事訴訟法等の定めに従い適切に取り扱うとともに、将来の公判等に備えて適切に保管し、保管の必要性が失われればこれを廃

第3部 資料編

棄することになるが、鑑定書等の保管の必要性の判断は、捜査等の進捗に応じて随時行う必要がある。特に、被疑者の DNA 型鑑定を実施したものの、遺留DNA型との不一致等により当該被疑者について嫌疑が失われて検挙に至らず、事後に別の者を検挙した場合等においては、捜査担当部門において当該被疑者に係る鑑定書等の保管の必要性を個別具体的に検討し、必要性が認められない鑑定書等については、捜査担当部門及び科学捜査研究所が緊密に連携の上、廃棄すること。

なお、DNA 型記録取扱規則（平成17年国家公安委員会規則第15号）第３条に従って被疑者DNA型記録を作成等する被疑者の範囲は従来どおりであるので留意すること。

2　遺留資料採取時の留意事項

(1)　採取の必要性等について

犯罪現場その他の場所（被害者等の身体、着衣等を含む。以下「犯罪現場等」という。）に被疑者が遺留したと認められる資料（以下「遺留資料」という。）については、罪種や事案の軽重にかかわらず、積極的にその発見及び採取に努めること。

なお、被疑者に由来する蓋然性が高く、DNA 型鑑定が可能と認められる遺留資料を採取した場合には、未鑑定のままでは公判等に影響を与えることがあるため、必要な DNA 型鑑定は確実に実施すること。

また、視認できない場合でも被疑者の体液や皮膚片等が犯罪現場等に遺留していることがあるため、実務上、粘着テープ等により犯罪現場等からくまなく資料の採取を試みることがあるが、この場合、事件とは無関係の第三者の DNA が検出される可能性が高くなること等に留意する必要がある。そのため、被疑者が接触したと推測される部分など被疑者に由来する資料が遺留されている可能性が高い箇所を的確に選定した採取に努めるとともに、資料の種別や大きさによっては、通常視認できないものでも各種資機材の使用により視認することが可能になる場合もあるので、資機材等を有効活用すること。

(2)　採取の手続等について

遺留資料の採取に当たっては、その態様に応じ、任意提出物や遺留物の領置、

228

差押え等、刑事訴訟法に基づく手続により実施し、採取に当たってガーゼや綿糸等を用いる場合には、汚染等の防止に配意して適切に処理等されているものを使用するほか、資機材を活用して資料の採取に当たる場合には、活用の都度 DNA 除去剤による洗浄を行うなど、採取機器からの汚染防止にも留意すること。

また、立会人による採取状況の確認、採取した資料の封印等により資料の同一性を確保し、手続に応じた捜査書類の作成と採取状況の写真撮影により採取の経過を明らかにしておくこと。特に、視認できない資料を遺留資料として採取した場合には、採取箇所や採取の経過を図面や写真等により客観的に明確にするなど、厳格な立証措置を徹底すること。

3　関係者からの鑑定資料採取時の留意事項

(1)　採取の必要性について

犯罪現場等から採取された遺留資料が被疑者に由来するものか否かを確認するためには、被害者等の関係者について DNA 型鑑定を実施することが必要であり、また、捜査対象者の適切な絞込みにも関係者に係る DNA 型鑑定が有効であることから、個別具体的な事案に即して捜査上の必要性が認められる場合には、関係者から鑑定資料を採取し、DNA 型鑑定を実施すること。

なお、捜査対象者を適切に絞り込むために関係者から広く鑑定資料を採取する場合には、犯罪の軽重、当該手段を採る必要性や緊急性の程度等を総合的に考慮した上で行うこと。

(2)　採取の手続等について

関係者から鑑定資料の任意提出を受ける場合には、DNA型鑑定を実施してその結果を遺留資料の特定又は捜査対象者の適切な絞込みに利用することについて十分説明のうえ、任意提出書に署名、押印を求めるなど必要な捜査書類を作成し、専用の採取キットにより口腔内細胞の提出を受けること。この際、資料の同一性を確保するため、採取の相手方の面前で資料を袋等に封印し、同人の署名等を求めること。

また、鑑定書等の事後の取扱いについて関係者の不安を生じせしめることのないよう、保管の必要がなくなったときには、警察が責任を持って鑑定書等を廃棄

第3部　資料編

処分する旨を説明し、理解を求めること。

(3)　鑑定書等の取扱い

　　DNA 型鑑定の鑑定書等は、前記「DNA 型鑑定の運用に関する指針」等に規定するとおり、刑事訴訟法等の定めに従い適切に取り扱うとともに、将来の公判等に備えて適切に保管し、保管の必要性が失われればこれを廃棄することになるが、関係者に係る DNA 型鑑定の鑑定書等は、警察活動に対する協力確保の重要性に鑑み、保管の必要性が認められなくなった場合の廃棄を特に徹底する必要がある（この場合、鑑定実施の事実及び遺留資料の DNA 型との不一致の結果のみを記載した書類は鑑定書等に含まない。）。

　　そのため、関係者に係る DNA 型鑑定の鑑定書等については、捜査担当部門において、捜査等の進捗に応じて保管の必要性について随時検討を行い、保管の必要性が認められない場合には、捜査担当部門及び科学捜査研究所が緊密に連携して確実に廃棄するとともに、概ね一年ごとに、保管が不要な当該鑑定書等が確実に廃棄されているか否かを組織的に点検するなど、廃棄の徹底を図ること。

資料11　DNA鑑定についての指針（2012年）（平成24〔2012〕年2月20日、日本DNA多型学会）

DNA鑑定についての指針（2012年）

日本 DNA 多型学会

DNA 鑑定検討委員会

目次

1．はじめに

2．定義および一般的注意

　1）　定義および分類

　2）　一般的注意

3．法医資料の鑑定

2 DNA型鑑定に関する関係資料

1) **資料の取り扱い**

 ⑴ 資料の由来および採取

 ⑵ DNA 抽出部位の選別と再鑑定への配慮

2) **検査の品質の保証**

 ⑴ DNA 抽出

 ⑵ 検査ローカス

  ⑵-1 常染色体上のローカス

  ⑵-2 Y染色体上のローカス

  ⑵-3 X染色体上のローカス

  ⑵-4 ミトコンドリアDNA多型

  ⑵-5 検査ローカスの選択について

3) **検査手技**

4) **検査者の知識および技術の確認**

5) **型判定の基準**

6) **微量な資料、高度に変性した資料、PCR 阻害物質などへの配慮**

7) **混合資料への配慮**

8) **血縁者との比較による身元確認について**

9) **鑑定書の記載について**

4．血縁鑑定について

1) **資料収集**

2) **検査ローカス、検査法について**

3) **血縁関係の判断について**

5．生物種の鑑定について

 ＊**本指針内の使用法における用語の説明**

231

第3部　資料編

平成24年2月20日

DNA 鑑定についての指針（2012年）

日本DNA多型学会

DNA鑑定検討委員会

1．はじめに

　1985 年、英国のジェフェリーズ博士の DNA 指紋法の発表以来、DNA 多型解析技術を用いた個人識別、血縁関係の推定に関する研究は、飛躍的な発展を遂げてきた。この間の研究の発展は、ヒトゲノムおよび DNA 多型に関する知識の増加、検査用機器の開発、新しい検査法の開発、検査用キットの広がりなどによりなされてきたものである。DNA 鑑定はこれらの成果のヒトの社会活動への応用であり、その適切な実施は、研究の進歩に応じて変わっていく必要がある。

　日本 DNA 多型学会は、1997年に DNA 鑑定の適切な実施に関するわが国における学会レベルの勧告として、「DNA 鑑定についての指針」をまとめ発表した。この指針は、学問の進歩や社会の要請に応えて適切に改訂されるべきものとして、発表されたものである。

　近年のヒトに対する一般的な DNA 鑑定方法はキットの導入、実用化により、世界的にも一定の傾向をもって進められてきている。また、キットを用いない多型検査についても実際例に応用されている。

　日本 DNA 多型学会では、現在わが国で様々な場で多用されてきているヒトDNA鑑定の現状を踏まえ、本指針を現状に適したものに改訂することとした。なお、この指針も今後の学問の進歩と共に、適切に改訂されていくべきものである。

2．定義および一般的注意

1)　定義および分類

　この指針において、DNA 鑑定とは、刑事事件あるいは民事事件に関連して、裁判所の命令、司法警察員・検察官、民間などからの依頼を受け、各種資料中に含有される DNA を抽出し、一部の構造を解析して、ヒトの個人識別や血縁鑑定、性別や動植物種などの判定を行う鑑定業務を総称したものをよぶ。本指針は主としてヒトの DNA を対象とするが、事件の内容によってはヒト以外の生物の DNA 検査が含まれ

ることもある。

　DNA 鑑定の対象を、法医資料に代表される低分子化した DNA や微量な DNA を含む場合と、生体から直接採取し、検査に供される資料に代表される比較的高分子の DNA が回収できる場合とに分けると、その検査に際し特に注意を払いながら進めるべき点に違いがある。そこで、ここでは前者を法医資料の鑑定として取り扱い、後者は主として個人識別や血縁関係を知ることを目的に行われるため血縁鑑定として取り扱う。

2）　一般的注意

　DNA 鑑定の結果は、刑事事件であれば被告人の有罪無罪の判定に、民事の血縁鑑定であれば家族関係や検査対象者の人権などに影響する可能性が高い。したがって、鑑定人に DNA 鑑定が依頼される際には、適切な手続きをもって資料が提出される必要がある。

　DNA 情報はその内容の如何に関わらず安全に管理され、個人情報は厳重に保護されなければならない。DNA 鑑定は、犯罪の捜査など法律手続きに基づく資料の他は、関係者の同意の下で実施されるべきものである。

3．法医資料の鑑定

1）　資料の取り扱い

⑴　資料の由来および採取

　DNA 鑑定は提出された資料について実施されるものであり、鑑定人は資料の由来について直接責任を持つものではない。しかし、その検査および検査結果の評価に際しては、資料の由来、採取、保管状況などがDNA鑑定に影響を与え得る点を確認する必要がある。

資料採取から検査に至るまでの過程で確認すべきことは、以下のような点が挙げられる。

a. 資料採取時から、保管、さらに鑑定人に受け渡されるまでの検査資料の由来が明らかであること。

b. 採取時の状況―特に、湿気のある状態、乾燥した状態、気温の高さなどが資料に与える影響を考慮すること。

第3部　資料編

c. 採取後の保管状態―保管時の湿気の程度、保管温度、冷凍・冷蔵などの保存状
　態を変化させていた場合の、後の検査に与える影響を考慮すること。

d. 汚染対策―採取時から、その後の保管に至るまでのヒトによる汚染に注意され
　ていること。

　これらの注意点は、鑑定人が検査に当たり確認すべき点であると同時に、資料を
採取・保管・引渡しをする人間が注意しなければならない点にも当たる。

⑵　DNA 抽出部位の選別と再鑑定への配慮

　DNA鑑定資料は、再度収集可能なものを除き、原則的に DNA 未抽出の資料につ
き再鑑定可能な量を残す。また、資料をすべて消費する必要があるときには、そ
の必要性を説明し、鑑定結果として提示していない実験結果も求めがあれば開示
できるようにしておく。

　検査にかかる元のデータは鑑定資料の全量を消費するか否かにかかわらず、求
めがあれば開示できるように保存する。また、特に斑痕などのように、物体に付
着した資料からの DNA 検査においては、検査前と検査後の状態がわかるように写
真を残すなどの配慮をし、残余資料は他の資料と混同しないよう適切に保管し、
検査終了後に返却する。

2)　検査の品質の保証

DNA 鑑定を実施する機関は、鑑定当時の学問的背景に基づき、一般的に許容され
た検査法を鑑定に用いると共に、以下に述べる内容を考慮する必要がある。

⑴　DNA 抽出

　法医鑑定において、低分子化した DNA や微量な DNA が抽出されることが予想
される資料を取り扱う際には、僅かな量のヒトに由来する汚染が大きな影響を及
ぼす可能性がある。そのため、由来の不明な法医資料からの DNA 抽出は、鑑定作
業において最も注意が必要な過程であることを認識する。

　DNA 抽出時の一般的注意としては、試薬の入ったものを含めた器具を素手で触
れないこと、マスクを着用すること、クロスコンタミネーションを避けるため器
具や作業場所を操作目的ごとに使い分けること等を配慮すると共に、全行程に渡
り資料の取り違えの防止を念頭に作業を行う。

　DNA 抽出用資料の準備を含めた DNA 抽出手順は、すべての検査で鑑定結果に

234

記載または明示する。また DNA を定量する場合は、目的にあった適切な方法を選択する。

(2)　検査ローカス

　ヒト DNA 鑑定に用いられるローカスは現状ではマイクロサテライト（STR）多型が多い。

また、塩基の違いに由来する多型も利用できる。多数のローカスの検査には、Multiplex PCR 法が応用されている。

(2)-1　常染色体上のローカス

　常染色体上の多数のローカスを検査する際には、国内外において広く検討され、法医学的応用に際しての有用性が認められていて、日本人集団におけるアリルの出現頻度データが蓄積されており、多くの機関で追試可能なローカス（例としてCODISの13 STR ローカス）を選択し、総合して充分な識別力が得られる必要がある。常染色体 STR については市販のキットが広く用いられているが、他のマイクロサテライト（STR）、ミニサテライト、塩基の違いによるローカスも、日本人において充分な検体数で一般集団頻度が調査されているものは、その研究の進展度合いに応じて同時に利用することが可能である。

(2)-2　Y 染色体上のローカス

　男性を対象とした場合、Y 染色体上の非組み換え領域の多型は、多数のローカスの型の組み合わせ、すなわち個人のハプロタイプとして型判定できる。近年、Y 染色体STRは市販のキットが広く用いられてきているが、他にも日本人において充分な一般集団頻度が調査されている多型は、その研究の進展度合いに応じた利用が可能である。Y 染色体多型のハプログループを表す一塩基多型を主体としたローカスも、同様な条件下で利用できる。

(2)-3　X染色体上のローカス

　X 染色体 STR 多型は男性と女性で遺伝子型が異なり、それぞれの特徴を生かした応用が可能である。現在までに多数のローカスの集団調査が報告されてきていると共に、一部のローカスには市販の X-STR 検査キットも適用されており、今後の研究の進展を考慮に入れながら、目的に合わせた応用が可能である。

(2)-4　ミトコンドリア DNA 多型

第3部　資料編

　　ミトコンドリア DNA 多型は HV1、HV2 領域のデータが中心であるが、全塩基
配列情報も増加してきており、日本人におけるそれぞれの現状の調査データの範
囲内で利用可能である。ミトコンドリア DNA は1細胞当たりのコピー数が多く、
核 DNA に比べて微量な資料や高度に変性した資料等からの検出成功率が高い。得
られた型判定結果は、塩基配列の違いにハプログループを表す一定の特徴がある
ことに注意しながらデータベースと比較し、検査データを確認する必要がある。

(2)-5　検査ローカスの選択について

　　その他のローカスの検査を必要とする場合は、そのローカスの構造が明らかに
され、日本人における出現頻度が調査され、公表されているものについて、その
研究の進展度合いに応じた利用が可能である。

　　現在、法医学領域で DNA 鑑定に用いられている検査ローカスは、たんぱく質に
翻訳されないいわゆる非コード領域にあるものが多く、遺伝性疾患との関連はほ
とんど認められていないものである。コード領域にあるローカスの検査は、その
有用性と必要性がある場合には施行する。ただし、遺伝病や感染症に関連したロ
ーカスなど、その情報が社会的に個人の差別につながる可能性のある DNA 検査は、
通常の鑑定には用いない。

3)　検査手技

　検査手技については、検査ローカスの検出に適した条件を使用する必要がある。
キットを用いる場合はプロトコールに準じるが、検出に影響を与え得る変更点は記
載する。

　　キットなどによらず、鑑定人が必要性から独自で選択したローカスの検出につい
ては、同じ方法が追試可能な検査手順を記載する。また、用いる試薬や検出方法は
充分に検討されたものであり、陽性対照や陰性対照を検査して試薬の品質を確認し
たものを使用する。

4)　検査者の知識および技術の確認

　DNA 鑑定を実施する機関および鑑定人は、その検査に関する充分な知識を持ち、
しかも検査法に熟達していなければならない。そして、法廷の求めがあれば検査内
容についての根拠を提示、説明しなければならない。

5)　型判定の基準

法医資料から得られる DNA は、汚染ないし低分子化している場合も多いので、検査ではローカスごとに再現性のある結果が得られている必要がある。

現在、DNA鑑定における検査ローカスは、主としてマイクロサテライト（STR）と塩基の違いによる多型に分けられる。

常染色体のマイクロサテライト（STR）多型検査は、Multiplex PCR 産物をキャピラリー電気泳動装置を用いて電気泳動し、泳動像の解析結果から型判定される場合が一般的である。その際には、一定量のコントロール DNAを用いた一定回数の PCR で、ローカスごとに再現性のある安定した高さのピークが得られる PCR 条件を基準とする。その結果、確立された PCR 条件で、各ローカスのアリルのピークが充分な高さを持ち、ヘテロ個体のピークが均等に近い場合、PCR 条件に適した高分子 DNA が含まれていて正しい結果が得られたものと推定できる。法医資料はコントロール DNA と比較し変性の影響が表れ得るため、ピーク高およびスタターピークとの区別を考慮に入れ、再現性を含めて判定する。

塩基の違いによる多型の検出は、様々な方法が考案され実施されているため、それぞれの検出法に応じた型判定の基準がある。これらの方法については、型判定に際し、汚染、低分子化、PCR 阻害物質の影響などを考慮の上で法医資料に応用した実績があることが重要である。

6） 微量な資料、高度に変性した資料、PCR 阻害物質などへの配慮

資料の量が少なく繰り返し PCR を行うために充分なDNAが回収されていない場合、高度に変性して低分子化した DNA しか得られない場合、PCR混合液にPCR阻害物質の量が多い場合などに行った PCR 反応では、不安定なPCR 増幅を引き起こすことがある。

キャピラリー電気泳動によるマイクロサテライト（STR）検査において、不安定なPCR 増幅とは、バランスの良いアリルピークを持った再現性のある結果が得られない場合の泳動像のことを示す。つまり、一部のローカスのアリルピークの高さが極度に不均衡になる、アリルドロップアウトが生じる、ローカスが増幅されない、スタターピークが高くなる、過剰なアリルが増幅されることなどが生じたり、これらの再現性が得られないことが起こり得る。特に資料の変性により、DNA の低分子化の程度が進むにつれ、僅かな汚染の影響も大きくなり得るため、過剰なアリルが増幅

された場合は、ヒトの汚染による影響が加わった可能性も考える必要がでてくる。これらの現象は、すべてのケースに共通の統一された型判定基準は作りえないため、個々のケースで、再現性、アリルピークの高さ、スタターピークとの区別、テンプレートの状態などの情報を踏まえ、その型判定結果を考察する必要がある。

塩基の違いによる多型は、検出法により検査結果の表れ方は異なるが、微量な資料、高度に変性した資料、PCR 阻害物質の量が多い場合などは、2 つのアリルが均等に PCR 増幅されない現象も起こり得ることも考慮のうえ、PCR 増幅結果の意味を考察する必要がある。

7) 混合資料への配慮

法医鑑定資料の採取に当たっては、資料採取時のみでなく採取後にも関係者による汚染を防ぐ必要があるが、検査の結果、関係者による汚染の可能性がある場合にはその対象者と区別するための対策が必要となる。さらに、状況によっては資料採取前から複数のヒト由来の細胞が混在した混合資料である可能性も考慮しなければならないこともある。

Multiplex PCR 法によるマイクロサテライト（STR）多型の検出時に、非特異的な微弱ピークやスタターピークを除いても 1 ローカスに 3 本以上のピークが検出されるなど、混合資料であることが疑われた場合、検査結果のみから混合前の各資料の型を特定することは困難である。例えば、検査結果から被疑者の DNA に由来するピークが含まれる予想が説明できたとしても、それは数多くの組み合わせの中の一解釈であることを考察する必要がある。混合資料と考えられる場合の泳動像の解釈は、現状ではすべてのケースに共通する統一された基準は存在しないため、ケースごとに適切な表現をするよう努めなければならない。

8) 血縁者との比較による身元確認について

身元不明者の身元を確認する目的で DNA 鑑定を行う際に、該当者と考えられる人物の DNA が回収できる資料が入手できない場合には、その血縁者との血縁関係を調べる必要が出てくる。その際は、次項の「血縁鑑定について」の指針に沿って、適切に資料の提供を受け、検査し、その結果を評価する。

9) 鑑定書の記載について

鑑定書の作成を求められる場合、鑑定の日時、場所、資料の性状、検査方法・経過、

2 DNA型鑑定に関する関係資料

検査結果、考察、結論等を非専門家である関係者にも理解できるように、簡潔平明に記載するよう努力する。必要に応じて表現および記載項目を限定することも可能であるが、詳細な説明や検査記録の提供を求められれば適切に対処する。

4．血縁鑑定について

本指針において血縁鑑定とは、複数の人物由来の DNA の検査結果を比較し、生物学的に期待される血縁関係を示すか否かを検討する方法をよぶ。常染色体多型であればメンデル遺伝の法則に合致するか否か、Y染色体多型、X染色体多型、ミトコンドリア DNA 多型であればそれぞれの遺伝様式に合致するか否かを検討しその確率から血縁の有無を判定する。

血縁鑑定の場合、生体から直接採取した資料であれば高分子の DNA が得られると考えられるところから、法医資料の鑑定で示したような PCR 増幅の成否に関する問題点は基本的 に考える必要はない。ただし、身元不明者の個人識別や死亡した人間との血縁鑑定など、遺体から得た資料を検査する場合、DNAの状態によっては、法医資料の PCR 増幅における 問題点に準じた注意が必要となる。

1）　資料収集

生体から資料を採取する場合は、検査の内容や目的について資料提供者に充分な説明を行い、文書でインフォームド・コンセントを得るなどの、適切な手続きをとる。15歳以下の未成年者に関しては、親権者等の同意を文書で得てから実施する。刑事事件で強制的に検査する必要がある場合は、裁判所が発付した身体検査令状や鑑定処分許可状を提示して行う。

生体からの鑑定資料採取は、血液資料のみでなく、口腔粘膜擦過資料等の生体にとって低侵襲性の収集方法でも、適切な取り扱いがなされていれば、多くの場合、前記「⑵検査　ローカス」の項で示した一般的な多型検査が可能である。資料採取の際には、資料が提供者のものであることを証明できる状況を残す。

対象者が死亡していたり、行方がわからない場合、対象者に由来する在宅資料、組織標本など、保存されていた体の一部の細胞や組織も利用可能であるが、これらは変性により DNA の低分子化が生じているため、法医資料の検査に準じた PCR 増幅における注意が必要であることを考慮に入れる。

239

第3部　資料編

資料の取り扱いは、前項の法医資料の鑑定に準じて慎重に実施する。

2）　検査ローカス、検査法について

検査に用いるローカス、検査手技などは前項の法医資料の鑑定に準じ、常染色体上のローカス、性染色体上のローカス、ミトコンドリア DNA のいずれの多型も血縁関係の証明に利用できる。一般的な親子鑑定に代表される血縁鑑定および法医資料を対象とした血縁鑑定のいずれにおいても、現状ではミトコンドリアDNA多型検査を除きマイクロサテライト（STR）多型が利用されることが多いが、塩基の違いによる多型も必要に応じて利用が可能である。

常染色体上の多型は男女の区別無く親から子に遺伝するため、一般的には、多数の常染色体 STR 多型検査を基本に血縁関係を検討する。その中で、男性を介した系統の血縁関係の確認には Y 色体 STR ハプロタイプが利用可能で、女性を介した系統の血縁関係の確認にはミトコンドリア DNA 多型が利用できる。多数のローカスの X 染色体 STR 多型は父から女児には X 染色体の一部を除く、ほぼ全体がハプロタイプとして伝わり、母から子には相同染色体間の組み換えを考慮したハプロタイプが伝わる可能性があり、それぞれに合致するケースに応用できる。

これらの多型の検査法は、法医資料の鑑定の検査手技の項の記載に準じる。

3）　血縁関係の判断について

常染色体多型を用いた血縁関係の判定は、多数のローカスのそれぞれの検査結果がメンデル遺伝の法則に合致しているか否かを検討し、血縁関係の有無を評価する。

親子間で血縁関係に矛盾のある場合、真の親子間でありながらローカスの突然変異が生じた可能性もあるため、一般的に 1 ローカスでのアリル不一致（孤立否定）で血縁関係は否定されない。このような場合には、突然変異率を考慮したり、検査ローカスを増やしたり、性染色体・ミトコンドリア DNA 型の検査を併用するなどの対応を考慮する。これらの検討の結果、矛盾があれば血縁関係は否定される。現状で多用されている STR 型の場合、ローカスごとの妥当な突然変異の出現率が示された際には、それらを加えて検討されていくことが望ましい。

親子間で血縁関係に矛盾がない場合は、排除率や尤度比・肯定確率を計算し、その結果から血縁の存在の確実性を評価する。評価の方法にはHummel の解釈が広く知られているが、これは DNA 多型を想定していない時期に提唱された父権肯定確率

の評価法であり、現状で行われている多数のローカスを用いた STR 検査では、Hummel の最高度の確率よりはるかに高い値が得られるため、今後適切な判断基準が示されていくことが望ましい。肯定確率や尤度比による評価で、理論上、血縁関係を100%肯定することは不可能なので鑑定結果の表現には配慮する。

　同胞や半同胞、隔世代の血縁鑑定の場合、常染色体多型の検査で充分に高い尤度比・肯定確率が得られた場合、適切な表現で評価する。充分に高い値が得られなかった場合、性染色体の多型やミトコンドリア DNA 多型検査を併用し、その結果から考察する。

　血縁鑑定で性染色体上のローカスおよびミトコンドリア DNA を検査した場合、現状のデータベースの出現頻度を示す必要があるが、その判断は常染色体多型検査による尤度比・肯定確率と区別して評価する。

5．生物種の鑑定について

　本指針において生物種の鑑定とは、ヒト DNA鑑定においてヒト以外の生物との区別や生 物種を知ることが必要と想定した場合を意味する。ヒト以外の動植物等の識別を主目的にした DNA 鑑定については、目的に適した指針が作成されることが望ましいが、いずれの場合も現状で種が判明した場合、可能であれば標準和名に学名を併記するなど、種の同定などに際し関連学会や研究機関に照会し、研究の進展に即した表現にすることが望ましい。

＊本指針内の使用法における用語の説明

　クロスコンタミネーション：DNA 抽出時の外来の DNA による汚染。

　ローカス：Locus。染色体上の特定の座。

　Multiplex PCR 法：多数ローカスの同時 PCR 増幅法。

　STR：Short Tandem Repeat。マイクロサテライトと同義。法医学では主として3-5塩基の直列反復配列のこと。

　CODIS の13 ローカス：Combined DNA Index System。CODIS はアメリカ連邦捜査局（FBI）にに により管理されている、DN プロファイルとして検索可能な DNA データベースシステム。コアになる13常染色体上の STR ローカスが提

唱され、世界的に広く応用されている。

ミニサテライト：十数塩基〜数十塩基の直列反復配列のこと。MCT118（D1S80）は代表例。

アリル：Allele。対立遺伝子。

ハプロタイプ：Haploid genotype。1本の染色体上の複数のローカスの型を組み合わせて表した型。

ハプログループ：Haplogroup。共通する多型を持つものをグループ化したもの。Y染色体多型の場合は共通する一塩基多型を主体とした特定のマーカーを持つことでグループ化されており、ミトコンドリア DNA 多型は共通する塩基置換の組み合わせでハプログループが推定できる。

HV1、HV2：Hypervariable region 1、Hypervariable region 2。ミトコンドリアDNAの配列のうち遺伝子をコードせず、個人的変異が大きい領域につけられた名称。16569塩基からなるミトコンドリアDNAのうち、HV1は16025番目から16400番目付近を含む領域を呼び、HV2は概ね73番目から315番目の間を含む領域を呼ぶことが多い。

核DNA：細胞核の中にある染色体の DNA。

スタターピーク：Stutter peak。STR の本来のアリルピークの通常1リピート前に現れる小さなピークで、本来のアリルの副産物。

付録
「写真で見るDNA型鑑定の実際」

1　鑑定試料の血液採取
2—1　フェノール・クロロホルム法による血液からのDNA抽出
2—2　QIAamp ® DNA Micro Kit による血液からのDNA抽出
3　PCR（Polymerase Chain Reaction）法
4　STR多型の検出
参考　精液斑の鑑定

＊ここでは、①採血した血液について、②DNA抽出、③PCR法、④STR多型の検出を行っています。一般に性的犯罪に関連する下着の精液斑からの精液の証明とDNA型鑑定例が多いので、参考までにその検査法の一部を最後に収録してあります。

企画：押田茂實（日本大学医学部社会医学系法医学分野）
撮影協力：鉄　堅（日本大学医学部社会医学系法医学分野）

付録「写真で見るDNA型鑑定の実際」

　　　岩上悦子（日本大学医学部社会医学系法医学分野）
　　　飯酒盃勇（日本大学医学部社会医学系法医学分野）
　　　岡部健一（弁護士）・贄田健二郎（弁護士）
撮影場所：日本大学医学部法医学教室
撮影日時：2009年12月17日・24日
著作権者：押田茂實＋現代人文社

1　鑑定試料の血液採取

服装チェック、帽子・マスク・手袋
諸注意（使用するマイクロピペット・遠心分離機など）
氏名、記名のチェック（取り違えの防止）

鑑定試料の血液採取

諸注意（使用するマイクロピペットの扱いなど）

244

付録「写真で見るDNA型鑑定の実際」

② 溶液Ⅰ0.5mlとNP-40 20μlを入れ、よく混合する。

⑥ 上、中層を新しいチューブに入れる。
下層：赤→黄
上層：白

2—1 フェノール・クロロフォルム法による血液からのDNA抽出（約1時間位）

① 全血0.5 ml（抗凝固剤：EDTA3Na約3 mg/ml）を1.5 mlチューブに入れる。
② 溶液Ⅰ0.5 ml と NP-40 20μlを入れ、よく混合して8,000回転、4℃で10分間遠心分離する。（細胞膜を溶かす）
③ デカンテーション法で上清を捨てる。
（沈査を捨てないよう、ゆっくりと上清を捨てる）
④ 溶液Ⅱを300μl入れ、チップ先端を切ったものでよく混ぜ合わせる。
⑤ 飽和フェノール300μlを入れ、よく混合して、12,000回転、4℃で2分間遠心する。（核膜を溶かす）
⑥ 上、中層を新しいチューブに入れる。　　　下層：赤→黄　上層：白

245

⑤と⑥を3回繰り返し

⑦　Phenol：Chloroform：Isoamyl alcohol（25：24：1）液300μlを加え、よく混ぜ合わせてから12,000回転、4℃で2分間遠心する。

⑧　中間層、上層を取って、Chloroform：Isoamyl alcohol（24：1）液300μlを加え、混ぜ合わせて12,000回転、4℃で2分間遠心する。

⑨　上層だけ取り、約2.5倍量である100％エタノール500μlを加え、よく混和する。（純粋のDNAを集める、DNAが肉眼で見える）

⑩　12,000回転、4℃で10分間遠心する。

⑪　デカンテーション法で上清を捨てる。

⑫　70％冷エタノール500μlを加え、沈殿したDNAを洗浄し、12,000回転、4℃で10分間遠心する。

⑬　上層のエタノールを捨てて、残っているDNAを乾燥させる。

⑭　TE buffer（緩衝液）または滅菌水25～50μlを入れる。

⑮　65℃で5～10分間加温して、DNAを溶かす。

　　　　| DNA 抽出終了 |

⑯　DNA濃度を測定する。測定器械（NanoDrop® Spectrophotometer、ND-100）

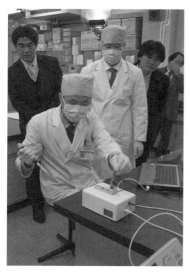

⑯DNA 濃度を測定する。
　測定器械（NanoDrop® Spectrophotometer、ND-100)

付録「写真で見るDNA型鑑定の実際」

2—2　QIAamp ® DNA Micro Kit(50) による血液からのDNA 抽出

DNA 抽出キット

　QIAamp® DNA Mico Kit プロトコール：少量の血液からのゲノム DNA 分離

　EDTA、クエン酸、ヘパリンなどの抗凝固剤で処理した 1 〜100 μl の全血から DNA を分離するためのプロトコール。

準備　服装チェック
- サンプルを室温に戻す（15〜25℃）。
- 溶出用 Buffer AE あるいは蒸留水を室温に戻す。
- インキュベーターを56℃にセットする。
- Buffer AW1 および AW2 を調製する。
- Buffer AL あるいは Buffer ATL が沈殿物を形成している場合には70℃に温めて静かに撹拌し、沈殿物を溶かす。

247

付録「写真で見るDNA型鑑定の実際」

操作手順

① 1.5mlのマイクロ遠心チューブに1～100μlの全血をピペットで入れる。

② Buffer ATL を加えて最終容量を100μlにする。

③ 10μlのProteinase K を添加する。

④ 100μlのBuffer AL を添加後、ふたを閉めボルテックスで15秒間混ぜる。

⑤ 56℃で10分間インキュベートする。

⑥ 1.5mlチューブを数秒間遠心してふたの内側に付いたサンプルを集める。

⑦ 50μlのエタノール（96～100％）をサンプルに添加し、ふたを閉め、15秒間ボルテックスで完全に混和する。室温で3分間インキュベートする。

⑧ 1.5mlチューブを数秒間遠心してふたの内側に付いたサンプルを集める。

⑨ QIAamp MinElute Column にいれてふたを閉め、8,000回転で1分間遠心する。QIAamp MinElute Column を新しい2mlのコレクションチューブにセットし、ろ過液を含むコレクションチューブを捨てる。

⑩ QIAamp MinElute Column を静かに開き、500μlのBuffer AW1 を添加する。8,000回転で1分間遠心する。QIAamp MinElute Column を新しい2mlのコレクションチューブにセットし、ろ過液を含むコレクションチューブを捨てる。

⑪ QIAamp MinElute Column を静かに開き、カラムの縁を濡らさないように500μlの Buffer AW2 を添加する。ふたを閉めて6000×g（8000rpm）で1分間遠心操作する。QIAamp MinElute Column を新しい2mlのコレクションチューブにセットし、ろ過液を含むコレクションチューブを捨てる。

⑫ メンブレンを完全に乾燥させるために、14,000回転で3分間遠心する。

⑬ QIAamp MinElute Column を新しい1.5mlのマイクロ遠心チューブにセットし、ろ過液を含むコレクションチューブを捨てる。QIAamp MinElute Column のふたを静かに開き、20～100μlの Buffer AE（あるいは蒸留水）をメンブレンの中央に添加する。

⑭ ふたを閉めて室温（15～25℃）で1分間インキュベートする。14,000回転で1分間遠心する。

DNA 抽出終了

付録「写真で見るDNA型鑑定の実際」

3 PCR（Polymerase Chain Reaction）法

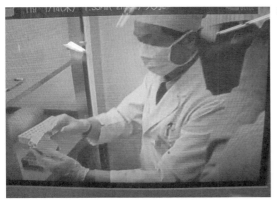

①前処理

②PCR装置にセット

③PCR装置の作動

器械

(手順、必要時間)

自動的に PCR 増幅

AmpFℓSTR® Identifiler™PCR Amplification Kit（Applied Biosystems社）を用いてUser's Manual に従って、D8S1179、D21S11、D7S820、CSF1PO（Human c-fms proto-oncogene for CSF-1 receptor gene）、D3S1358、TH01（Human tyrosine hydroxylase gene）、D13S317、D16S539、D2S1338、D19S433、vWA（Human von Willebrand factor gene）、TPOX（Human thyroid peroxidase gene）、D18S51、D5S818、FGA（Human alfa fibrinogen）の15座位の常染色体 STR 多型と性染色体の Amelogenin 座位の PCR 増幅を行い、STR 多型の解析には、ABI PRISM® 310ジェネティックアナライザを用い、キャピラリー電気泳動を行い、GeneMapper ID v 3.2ソフトに基づいて、それぞれの型判定を実施した。

①クリーンベンチでの前処理

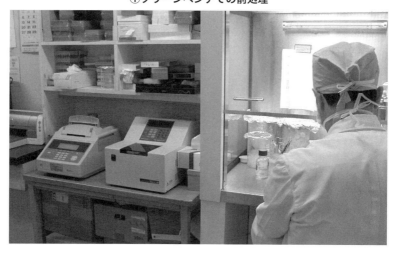

4　STR多型の検出

　STRの検査法として2種類があり、一つは従来のポリアクリルアミドゲル電気泳動法で、もう一つはキャピラリー電気泳動法である。前者は手作業で銀染色法を用い、一回におおよそ1～3ローカスを検出できる。後者のキャピラリー電気泳動法は機械の検出器により結果を記録し、一回に15箇所のローカスを検出でき、現在多用されている。

・キャピラリー電気泳動法
　機械の進歩が著しい（ABI PRIZM ®310ジェネティックアナライザ、Applied Biosystems 3130ジェネティックアナライザ）

　①サンプルの前処理　　　　　（陽性対照・陰性対照・検体）
　②入力、生データの表示　　　（35～40分／1サンプル）
　③結果の出力・印刷
　④エレクトロフェログラム（チャート）のチェック

STR多型検出器（左奥）とコンピュータ（中央）

付録「写真で見るDNA型鑑定の実際」

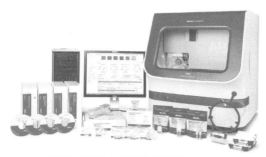

Applied Biosystems 3130ジェネティックアナライザ

STR 多型検出後、コンピュータを操作してエレクトロフェログラム（チャート）を出力する

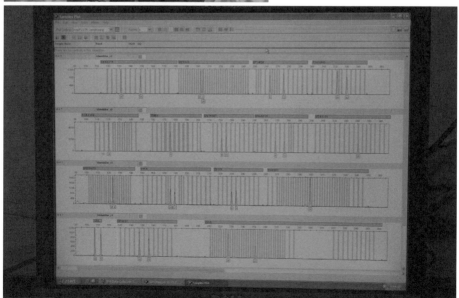

画面上のエレクトロフェログラム

付録「写真で見るDNA型鑑定の実際」

参考　精液斑の鑑定

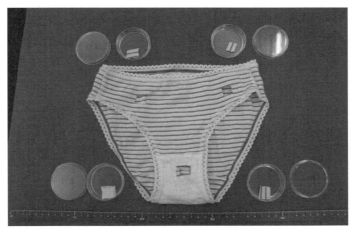

1　鑑定試料の観察と試料採取

　　　下着の精液斑、ガーゼの精液斑

　①全景・部分（拡大）写真撮影（下にメジャーを入れて撮影する）

　②試料採取部位の写真撮影

　③試料の採取（検体と陰性対照）

　④試料採取後の部位写真撮影（検体と陰性対照）

　⑤採取試料の写真撮影（検体と陰性対照）

2　予備試験

　①紫外線照射

　②SM テスト

　　　酸性ホスファターゼに関する定性試験。

　　　　【試薬】1 液　　α-Naphthylphosphoric acid

　　　　　　　 2 液　　Diazonium o-dianisidine

　　　　　　　 0.2M 酢酸緩衝液（pH 5）

【方法】

① 1液と2液を等量混合し、酢酸緩衝液で8倍に希釈する。

②希釈液を検体に滴下する。

③判定（陽性ではアゾ色素生成により鮮やかな紫色を呈する）。

3　確認試験（精子の証明）〜顕微鏡検査・写真撮影（400倍）

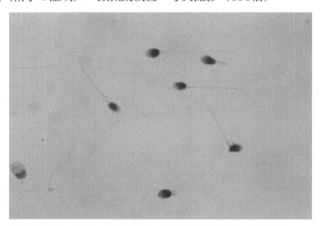

精子の写真（オピッツ法〔Oppits〕による発色、400倍）

4　DNA型検査

①血液からのDNA型検査と異なり、被害者（女性）と加害者（精液）の混合斑痕の場合には両方の型が精液斑などから検出されます。精液のみのDNA型を検出する方法も施行されています。

②犯人逮捕前に試料から犯人の精液の型が検査されて判明しているか。
　（犯人の精液を誤って混入される可能性のないことの証明）

索　引

【あ】

足利事件……8, 15, 44, 62, 70, 74, 77, 80, 81, 90, 94, 102, 114, 116, 136, 153, 155

アメロゲニン……………………8, 76

アリール……15, 19, 40, 74, 141, 187, 191

アレリックラダーマーカー……15, 189

飯塚事件………………………8, 138

閾値………………………45, 52

123ラダーマーカー………………15

123マーカー………………136, 138

遺伝子座（ローカス）……7, 15, 19, 27, 85

イノセンス・プロジェクト……54, 93, 97, 138

陰性対照………33, 35, 36, 79, 85, 109, 171

HLADQA1（HLADQα）………17, 138, 171

ACTBP2………………………141

SM テスト……………………253

SLP 法………………………9, 191

STR 多型……20, 26, 29, 41, 76, 85, 91, 132, 243, 251

STR 多型 9 座位………………8

STR 多型15座位………………8

X 染色体 STR…………………30

NRC 勧告………………………96

MLP 法………………………9, 190

MCT118……15, 16, 17, 114, 117, 136, 138

エレクトロフェログラム（チャート）………28, 37, 39, 42, 43, 45, 67, 81, 84, 86, 108, 109, 153, 154, 251

塩基対………………………21, 189

塩基配列……5, 13, 15, 20, 22, 26, 70, 74, 187

汚染……22, 33, 37, 40, 60, 64, 85, 88, 93

小田原強盗殺人事件………………90

【か】

ガイドライン………………8, 129, 159

核 DNA………………5, 6, 21, 22, 143

科警研……25, 65, 80, 109, 115, 117, 122, 140, 153

科捜研……25, 65, 100, 124, 129, 134, 169

鑑定員………………65, 67, 170, 171

鑑定事項……38, 39, 66, 68, 77, 140

索引

鑑定試料……13, 37, 38, 77, 94, 243, 244, 253

鑑定の結果（結論）…38, 60, 78, 139, 141, 143, 146, 148, 150

鑑定のチェックポイント……………37

鑑定方法……………11, 37, 57, 75, 84

北方連続殺人事件…………………90

キャピラリー電気泳動図…14, 16, 67, 101, 109, 251

ゲル電気泳動…………14, 16, 18, 171

検査ノート（鑑定ノート・検査メモ）……41, 86, 110, 111, 112, 122, 188

検体………………………………95

検量線………………52, 121, 125

口腔粘膜………62, 68, 77, 100, 102

個人識別法…………………3, 7, 12

孤立否定………………92, 128, 240

混合斑痕………………30, 38, 39

コンタミネーション…22, 33, 37, 40, 88, 89, 156, 189, 190, 192

【さ】

再鑑定（再検査）の保証…38, 40, 89, 95, 97, 118, 122, 159, 160, 166, 180, 181, 183, 184, 194

再現実験……………………………134

再現性………9, 37, 38, 122, 161, 189, 194

裁判員裁判………111, 113, 127, 145

サザンブロット…………………11

鎖長多型……………13, 69, 70, 141

Threshold Line…………………52

サンプル……………61, 75, 93, 247

シークエンス…………16, 22, 67, 84

紫外線照射……………………253

Ct 値……………………………52

出現頻度………38, 40, 41, 73, 74, 94, 131, 136

証拠能力………40, 62, 95, 102, 114, 116, 123, 124, 125

常染色体…7, 11, 29, 76, 80, 84, 250

試料・資料……………………75

真核生物………………………5

シングルローカス（SLP）…9, 11, 15, 191

精液班……………………253

精子確認試験……………………68

性染色体…………5, 7, 76, 158, 250

性犯罪……………………30, 94

全量消費…37, 40, 94, 118, 123, 161

増幅曲線………51, 52, 121, 124, 151

【た】

ダイレクトシークエンス…11, 74, 78, 79, 80, 81

短腕……………………………74

長腕……………………………74

陳旧な資料……………4, 6, 189

257

索引

TH01……………………………18

DNA 型鑑定の運用に関する指針……8,
46, 62, 64, 65, 75, 107, 159,
169

DNA 型鑑定の限界………………91

DNA 型鑑定の証拠能力………95, 114,
116, 117, 127

DNA 型鑑定の証明力……90, 95, 114,
118, 125

DNA 型鑑定の対象………………12

DNA 型記録取扱規則………………75

DNA 型データベース………………63

DNA 型判定……………14, 108, 154

DNA 鑑定についての指針（1997年）……
8, 54, 75, 86, 89, 111, 119, 122,
159, 161, 163, 169, 186, 193,
194

DNA サイズマーカー…………15, 172

DNA 指紋法…………………3, 186

DNA 精製キット…………………13

DNA 増幅…………14, 16, 58, 60, 67

DNA 多型の分類…………………11

DNA 抽出………14, 60, 76, 78, 79, 80,
188, 243

DNA 抽出液………………………50

DNA 定量検査………121, 151, 189

DNA 濃度…………………………246

DNA フィンガープリント法………3, 9

DNA 分離………………………14, 247

ドットブロット……11, 17, 18, 19, 191

【な】

日本DNA多型学会…70, 75, 86, 89,
94, 106, 108, 111, 119, 122,
159, 160, 162, 176, 186, 193,
194

乳腺外科医事件……50, 129, 134, 149

認定書………………………65, 170

【は】

ハイブリダイゼーション……17, 19,
171, 192

配列多型………11, 13, 17, 19, 69, 70,
74, 76

犯罪捜査規範…………………66, 69, 94

反対尋問…………124, 126, 131, 157

PM 型…8, 11, 19, 53, 171, 172, 178

PCR（増幅法）………3, 14, 23, 24, 25,
78, 249

PCR 産物………………………14, 42

フィンガープリント法……………3, 9

フェノール・クロロフォルム法…13,
243, 245

プライマー…………14, 16, 20, 24, 25

プローブ（標識試薬）………9, 18, 19

ヘテロ接合体……………………190

ヘテロプラスミー………………22

法医学分野……………3, 4, 5, 193

258

索引

保存簿················120, 121, 206, 216
保土ヶ谷事件·····························139
ホモ接合体······························190

【ま】

マイクロサテライト·······11, 76, 141,
　191
マルチプレックス···4, 5, 18, 20, 21,
　24, 26, 27
マルチプレックス STR········4, 18, 20,
　26, 27
マルチローカス（MLP）···········9, 11
ミトコンドリア···········5, 6, 21, 57
ミトコンドリア DNA···5, 6, 7, 21, 22,
　29, 74, 76, 78, 84, 90, 146, 147
ミトコンドリア DNA 多型·····11, 21,
　22, 29, 76
みどり荘事件····················126, 140
ミニサテライト··················191, 192
毛髪鑑定······························140

【や】

陽性対照····33, 35, 36, 37, 39, 79, 85,
　98, 156, 189, 251
予備試験····························68, 253

【ら】

ラダーマーカー·······14, 16, 189, 191
リアルタイム PCR·········51, 125, 149

リピートユニット············18, 20, 26
例規通達··························106, 107
レーザー検出器··························14
ローカス（遺伝子座）·····7, 13, 14, 20,
　24, 30, 34, 35, 40, 41, 42, 85,
　91, 92, 94, 131, 187

【わ】

ワークシート········46, 119, 121, 128,
　129, 133, 150, 151
Y 染色体 STR·························78, 80
Y 染色体 STR 多型·······················29

259

◎編著者プロフィール

押田茂實（おしだ・しげみ）

日本大学医学部法医学名誉教授。1942年、埼玉県生まれ。東北大学医学部卒業。医学博士。足利事件、東電女性社員殺人事件などさまざまな事件に関する法医解剖、DNA鑑定、薬毒物分析、重大事件・災害での遺体検案、医療事故分析・予防対策など、50年にわたって法医学現場の第一線で活動。主な著作に、『実例に学ぶ医療事故』（医学書院、2000年）、『Q&A見てわかるDNA型鑑定』（共著、現代人文社、2010年）、『法医学現場の真相』（祥伝社新書、2010年）、『医療事故はなぜ起こるのか』（共著、晋遊舎新書、2013年）、『法医学者が見た再審無罪の真相』（祥伝社新書、2014年）、『死体からのメッセージ』（洋泉新書、2018年）などがある。

岡部保男（おかべ・やすお）

弁護士。1941年、北海道生まれ。北海道大学法学部卒業。第21期司法研修所修了。日本弁護士連合会人権擁護委員会委員長などを歴任。主な著作に、『再審』（共同執筆、共同編集、日本評論社、1977年）、『続再審』（同、1986年）、『誤判原因の実証的研究』（共著、現代人文社、1998年）、『DNA鑑定と刑事弁護』（同、1998年）、『Q&A見てわかるDNA型鑑定』（同、2010年）などがある。

泉澤章（いずみさわ・あきら）

弁護士。1966年、青森県生まれ。法政大学法学部卒業。第48期司法研修所修了。日本弁護士連合会人権擁護委員会第1部会（再審・誤判）部会長、日本弁護士連合会人権擁護委員会えん罪原因究明第三者機関設置に関する特別部会事務局長などを歴任。主な著作に、『えん罪原因を調査せよ——国会に第三者機関の設置を』（共著、勁草書房、2012年）、『日本版「司法取引」を問う』（共著、旬報社、2015年）などがある。

水沼直樹（みずぬま・なおき）

弁護士。1979年、群馬県生まれ。東北大学法学部・日本大学大学院法務研究科卒業。日本法医学会／日本DNA多型学会／日本医事法学会／日本がん・生殖医療学会（兼理事）ほかの各会員。主な著作として、「医療事故調査制度と皮膚科医」（日本皮膚科学会雑誌125巻9号〔2015年〕）、「医療機関の行う事故調査における注意点について（特集 新しい医療事故調査制度における事故調査）」（麻酔67巻11号〔2018年〕）、「応招義務の歴史的展開と診療拒絶の可否（特集 医師の応招義務について）」（医療判例解説56号〔2015年〕）ほか。

GENJIN刑事弁護シリーズ25

Q&A見てわかるDNA型鑑定〔第2版〕

2010年4月20日　第1版第1刷
2019年6月10日　第2版第1刷

編著者　押田茂實・岡部保男・泉澤章・水沼直樹
発行人　成澤壽信
発行所　株式会社現代人文社
　　　　〒160-0004　東京都新宿区四谷2-10　八ッ橋ビル7階
　　　　振替　00130-3-52366
　　　　電話　03-5379-0307（代表）
　　　　FAX　03-5379-5388
　　　　E-Mail　henshu@genjin.jp（編集）／hanbai@genjin.jp（販売）
　　　　Web　http://www.genjin.jp
発売所　株式会社大学図書
印刷所　株式会社ミツワ
装　丁　Malp Design（陳湘婷）

検印省略　PRINTED IN JAPAN　ISBN978-4-87798-725-1 C2032
©2019　OSHIDA Shigemi, OKABE Yasuo, IZUMISAWA Akira & MIZUNUMA Naoki

本書の一部あるいは全部を無断で複写・転載・転訳載などをすること、または磁気媒体等に入力することは、法律
で認められた場合を除き、著作者および出版者の権利の侵害となりますので、これらの行為をする場合には、あら
かじめ小社また編集者宛に承諾を求めてください。